国家社科基金
GUOJIA SHEKE JIJIN HOUQI ZIZHU XIANGMU
后期资助项目

使于四方

秦汉使者与帝国的社会治理和边疆经略

The Envoys' Missions of Social Governance
and Border Management of Qin-Han Dynasties

李斯 著

中国人民大学出版社
·北京·

"边地出土文献所见秦汉使者研究"

（项目批准号：16FZS005）最终成果

国家社科基金后期资助项目
出版说明

后期资助项目是国家社科基金设立的一类重要项目，旨在鼓励广大社科研究者潜心治学，支持基础研究多出优秀成果。它是经过严格评审，从接近完成的科研成果中遴选立项的。为扩大后期资助项目的影响，更好地推动学术发展，促进成果转化，全国哲学社会科学工作办公室按照"统一设计、统一标识、统一版式、形成系列"的总体要求，组织出版国家社科基金后期资助项目成果。

全国哲学社会科学工作办公室

序

　　李斯所著《使于四方：秦汉使者与帝国的社会治理和边疆经略》即将面世，作为对这一学术主题有所关心的读者，很愿意在这里说几句肯定的话。

　　作为国家社科基金后期资助项目"边地出土文献所见秦汉使者研究"（项目批准号：16FZS005）的最终成果，这部学术专著按照起初论证时的设定，以边地出土文献作为基本学术信息来源，结合历史文献的相关内容，进行了尽可能取材全面、视角开阔、考论详备的研究，表明作者坚持以文物"证据"为主要考察资料，遵循实证原则的学术立场。这种立场，也体现了作者秉承科学精神的治学态度，值得赞许的良好学风。

　　从全书的内容看，结构设计是比较合理的。"绪论"之后，辨明使者名义及相关概念，分述内地使者与社会治理、边地使者与边疆经略，又讨论了秦汉"间使"问题。可以说，考察了与秦汉使者有关的主要历史与文化问题。只是将"秦始皇与求仙使者"部分列于"间使"题下，或许有的读者会以为不尽合理。而"以直指绣衣使者为例"，是否可以说明"汉代使者特征"，或许也存在一定疑问。其实，大多数学者与他们的学术著作，可能都难以与所有的读者实现全面的沟通，对许多问题有不同理解是正常的。能够合理选定论题，就关键问题提出新见，视野有所开拓，认识有所提升，理念有所升华，对此前的研究有所推进，特别是能够对读者的思考有所启示，就是值得称许的。李斯《使于四方：秦汉使者与帝国的社会治理和边疆经略》一书，因此可以看作一部成功的学术论著。作者尝试将秦汉使者更多地作为一个历史群体予以考察，探讨使者群体在秦汉政治与历史发展进程中所扮演的角色，努力方向是正确的。作者注重传世典籍和出土文献的结合，注意数据统计和现象的分类归纳，同时重视对于政治学、统计学、民族学、考古学等学科方法的借鉴和运用，这些做法的成效，体现在书中陈述的诸多学术新识之中。

作者在论述中，多次使用"统一帝国"的说法，也说到"两千余年的帝制时代"，书题也明确标示"秦汉使者与帝国的社会治理和边疆经略"。书中亦频繁出现"秦帝国""汉帝国"词语。"帝国"一词在中国古代史研究中的使用，是一个存在争议的问题。这里或许有必要就有的学者明确表示反对使用"帝国"概念的态度，谈一点个人看法。

多有师长学者在课堂授业、会议发言和日常交谈中发表过不同意以"帝国"指称中国古代政权的意见。他们有时在表达中提示古代中国没有后世西方"帝国主义"这种政治存在，以为"帝国""帝国主义"的出现，有其时代条件。也有学者从另外的角度考察"帝国"这一概念在中国古代史研究中的适用性问题。论者指出：在研究中，尤其是在与"疆域""国家的构成方式"等问题有关的研究中，将王朝称为"帝国"是错误的。在清代晚期之前的中文文献中，几乎从未将历代王朝以及本朝称为"帝国"。论者以为：在很多研究中使用的"中华帝国""帝国""清帝国"等语词，实际上只是一种时间和空间的界定，即王朝存在的时间和王朝直接控制的空间，因此对这些研究本身不会产生太大的影响，如"中华帝国晚期的城市"等。不过在这些研究中，完全可以用"王朝时期""清朝直接统治的地域"等语词，于是，建议今后在有关"王朝"时期的研究中都应当避免使用"帝国"一词，且要慎用"国家"一词。于是主张在分析时尽量不使用"帝国""国家"这类具有近现代西方意涵的语词。①

其实，"帝国"可以看作指代强势政权的符号，不一定界定"时间和空间"。关心秦汉时期历史文化的朋友都知道，自"秦并天下，立号为皇帝"②，新的政治格局出现，政治史也进入了新的阶段。而秦人作为皇帝制度的发明者，"秦并天下"，是特别重视"帝"这一名号的。秦昭襄王十九年（前288年），"王为西帝，齐为东帝，皆复去之"③。《史记》卷四三《赵世家》说，"秦自置为西帝"④。当时还有"秦为西帝，燕为北帝，赵

---

① 成一农、陈涛：《王朝是"帝国"吗?》，《云南大学学报（社会科学版）》2022年第1期。

② 《史记》卷八六《刺客列传》，中华书局，1959年，第2536页。司马迁笔下"秦并天下"之说，又见于《史记》卷二八《封禅书》，第1366、1371页；《史记》卷三七《卫康叔世家》，第1605页。

③ 《史记》卷五《秦本纪》，中华书局，1959年，第212页。《史记》卷七二《穰侯列传》第2325页："昭王十九年，秦称西帝，齐称东帝。"

④ 《史记》卷四三《赵世家》，中华书局，1959年，第1816页。

为中帝，立三帝以令于天下"①的说法。秦、齐放弃"帝"号，《史记》卷四四《魏世家》的说法是："秦昭王为西帝，齐湣王为东帝，月余，皆复称王归帝。"② 所谓"归帝"，即废止了"帝"的称号。黄歇上书说秦昭襄王，有"迟令韩、魏归帝重于齐，是王失计也"语。司马贞在"索隐"中说："谓韩、魏重齐，令归帝号，此秦之计失。"③ 可知"齐湣王为东帝"是秦的策略。帝号使用尽管短暂，却标示了政治史的转换。正如柳诒徵所说："周赧王二十七年十月，秦昭王称西帝。十二月，齐湣王称东帝。虽皆复称王，天下已非周有矣。"④

虽秦、齐"皆复称王归帝"，然而司马迁在称颂秦昭襄王的政治功绩时使用了"昭襄业帝"的话语方式。"业帝"的说法，又见于《史记》同一篇章，用来肯定汉高祖刘邦在秦王朝之后继续皇帝制度的功业："诛籍业帝，天下惟宁，改制易俗。"⑤

秦始皇在确定"皇帝"名号时，是特别在意这个"帝"字的。《史记》卷六《秦始皇本纪》写道："秦王初并天下，令丞相、御史曰：'……寡人以眇眇之身，兴兵诛暴乱，赖宗庙之灵，六王咸伏其辜，天下大定。今名号不更，无以称成功，传后世。其议帝号。'"于是，丞相王绾、御史大夫冯劫、廷尉李斯等皆曰："昔者五帝地方千里，其外侯服、夷服，诸侯或朝或否，天子不能制。今陛下兴义兵，诛残贼，平定天下，海内为郡县，法令由一统，自上古以来未尝有，五帝所不及。臣等谨与博士议曰：'古有天皇，有地皇，有泰皇，泰皇最贵。'臣等昧死上尊号，王为'泰皇'，命为'制'，令为'诏'，天子自称曰'朕'。"然而秦王政决定："去'泰'，著'皇'，采上古'帝'位号，号曰'皇帝'。他如议。"于是，"制曰：'可。'"⑥

不知道秦始皇"其议帝号"的指示当时是否如此明确。既然已经言"其议帝号"，王绾、冯劫、李斯这些秦始皇最亲近的助手为什么会忘记"帝"字，以"泰皇"为"尊号"。然而秦王政本人"号曰'皇帝'"的决断，形成了影响中国历史两千多年的定制。

---

① 《史记》卷六九《苏秦列传》，中华书局，1959年，第2270页。
② 《史记》卷四四《魏世家》，中华书局，1959年，第1853页。
③ 《史记》卷七八《春申君列传》，中华书局，1959年，第2392页。
④ 柳诒徵撰，蔡尚思导读：《中国文化史》，上海古籍出版社，2001年，第328页。
⑤ 《史记》卷一三〇《太史公自序》，中华书局，1959年，第3302页。
⑥ 《史记》卷六《秦始皇本纪》，中华书局，1959年，第236页。

称"秦并天下"①之后的秦制为"帝制"②，称秦始皇创立的秦王朝为"秦帝国"，似乎不存在什么异议。瞿兑之《秦汉史纂》著于1944年，是较早问世的一部秦汉史研究专著，其中总结秦始皇统一后的政治建设，即题"帝国之新制"。③

有关"帝国"的不同意见，似乎是围绕中国帝制时代晚期的历史评价而生成的。④也有欧洲学界16世纪初即尝试用欧洲的帝国观来识别中国的说法。"帝国""带着军事暴力的意涵"，"帝国和王国都是君主政体，但二者处于不同的级别。帝国或帝王涉及更大的地域空间，视野更广阔，而王国或国王涉及的要有限、狭窄得多"⑤。而门多萨《中华大帝国史》则以为黄帝（Vitey）"使他们的国家成为一个帝国"⑥。这当然符合秦始皇"上古""五帝"之说。而《史记》卷一《五帝本纪》："太史公曰：学者多称五帝，尚矣。"司马贞在"索隐"中说："尚，上也，言久远也。然'尚矣'文出《大戴礼》。"⑦

汉代严遵所著《老子指归》卷五《为无为》载："是以圣人，不为有，不为亡，不为死，不为生，游于无有之际，处于死生之间，变化因应，自然为常。故不视而明，不听而聪，扶安天地，饰道养神。提挈万物，帝国治民，解情释意，俱反始真。"⑧这里的"帝国"，"帝"应当理解为动词。《老子指归》所见"帝国"与我们这里讨论的"帝国"不同。但是似乎并不能说"在清代晚期之前的中文文献中，几乎从未将历代王朝以及本朝称为'帝国'，检索《四库全书》电子版，也基本没有'帝国'一词。也并非如有的学者所说，"虽然以'帝国'作为关键词进行检索，能检索到318条记录，但其中绝大部分结果实际上都不是'帝国'一词，而是由于

①《史记》卷二八《封禅书》，中华书局，1959年，第1366、1371页。
②南越王赵佗"自尊号为南越武帝"，"乃乘黄屋左纛，称制，与中国侔"，与中央王朝和解后，宣布"去帝制黄屋左纛"。《史记》卷一一三《南越列传》，中华书局，1959年，第2969、2970页。傅嘏政论所谓"帝制宏深，圣道奥远"也可以参考，见《三国志》卷二一《魏书·傅嘏传》，中华书局，1959年，第622-623页。
③瞿兑之：《秦汉史纂》，中国联合出版公司，1944年。
④欧立德：《传统中国是一个帝国吗？》，《读书》2014年第1期；曹新宇、黄兴涛：《欧洲称中国为"帝国"的早期历史考察》，《史学月刊》2015年第5期。
⑤陈波：《现代早期欧洲认定"中华帝国"的进程：以内外路径的交互影响为重点》，《社会科学研究》2017年第5期。
⑥门多萨撰，何高济译：《中华大帝国史》，中华书局，1998年，第16页。
⑦《史记》卷一《五帝本纪》，中华书局，1959年，第46、47页。
⑧严遵著，王德有点校：《老子指归》，中华书局，1994年，第77页。

古汉语缺乏标点形成的类似于'皇帝国号'这样的检索结果"①。

例如，《艺文类聚》卷五一引梁任昉《初封诸功臣诏》："自非群才并轨，文武宣翼，将何以启兹景祚，弘此帝图。"② "弘此帝图"，有的版本作"弘此帝国"。③ "图""国"字形相近，容易错讹。但是言"弘此帝国"，上下文义也是合理的。还有其他一些文例，都确实使用的是"帝国"一词。如唐《开元占经》卷一五《月占五·月晕列宿同占六》："石氏曰：月晕房心，帝国有兵庙堂……"④ 又如王勃《江宁吴少府宅饯宴序》："遗墟旧壤，数万里之皇城；虎踞龙盘，三百年之帝国。"蒋清翊注："《隋书·薛道衡传》：郭璞云：'江表偏王三百年，还与中国合。'"⑤ 此外，又有张何《早秋望海上五色云赋》："壮瑞图之旧箓，应乐府之新声。似帝乡之迢递，冀有司而见行。悠悠帝国三千里，不托先容谁炫美。希君顾盼当及时，无使霏微散成绮。"⑥ "三百年之帝国"，"悠悠帝国三千里"，都是唐人使用"帝国"一词的典型文例。宋人言及"帝国"者，则有《黄氏日钞》卷五五《读诸子·文中子》："若夫帝国战德，皇国战无为，德与无为，而以战言，虽老子未尝道。"⑦ 则又出现"帝国""皇国"等级有异的不同说法。

看来，古代文献基本没有"帝国"一词之说，是并不确实的。

否定"帝国"这一概念在中国古代史研究中的适用性的学者认为，虽然"帝国"一词并没有非常精准的科学定义，但通常"帝国"指的是领土非常辽阔，统治或支配的民族、人口众多，拥有极大的影响力的强大国家。从今人看来，用这一概念来称呼历代王朝，尤其是那些强盛的王朝似乎并无不妥。但是帝国和王朝存在两个根本性的差异。至于是怎样的根本性的差异，论者指出：第一，"帝国"无论地域多么辽阔，但都有着一定的范围，而"王朝"的地域则涵盖了整个"天下"。需要强调的是，这种"涵盖"，并不是要去直接占有，而是名义上的"占有"，即"普天之下莫非王土"，只是除"华"和"九州"之外，其他的"蛮夷"之地，并不值得去关注。第二，虽然"帝国"之间必然存在争斗，但大部分"帝国"在

① 成一农、陈涛：《王朝是"帝国"吗?》《云南大学学报（社会科学版）》2022年第1期。
② 欧阳询撰，汪绍楹校：《艺文类聚》，上海古籍出版社，1965年，第916页。
③ 欧阳询撰：《艺文类聚》，宋绍兴刻本，第1368页。
④ 瞿昙悉达编，李克和校点：《开元占经》，岳麓书社，1994年，第181页。
⑤ 王勃著，蒋清翊注：《王子安集注》，上海古籍出版社，1995年，第246页。
⑥ 李昉等编：《文苑英华》，中华书局，1966年，第57页。
⑦ 黄震撰：《黄氏日钞》，元后至元刻本，第1066页。

名义上是可以并存的，或者并存是帝国之间的一种可以接受的状态。但对于"王朝"而言，同一时期，在名义上，"王朝"只有一个。虽然很多时候，存在多个"王朝"并存的局面，且这些"王朝"之间由于无力消灭其他"王朝"，因此对于这种"并存"在表面上达成了一些"默契"，但在内部话语上，则都一再否认其他"王朝"存在的合理性①，且都力求最终要消灭其他"王朝"。

论者写道：总体而言，就空间结构和政治结构方面的"疆域"和"天下秩序"而言，"帝国"与"王朝"是根本不同的。基于此，在研究"疆域""国家的构成方式"等问题时，将"王朝"称为"帝国"是错误的，因为这样会将一些对"帝国"的认知潜移默化地带入"王朝"的研究中。②

现在看来，断言"将'王朝'称为'帝国'是错误的"这种意见，还有讨论的必要。

李斯所著《使于四方：秦汉使者与帝国的社会治理和边疆经略》书题出现"帝国"，书中论说亦多使用"帝国"一词，就秦汉史研究的学理出发，我以为并没有什么错误。当然，关于"王朝""帝国"用词是否合理的辨析，可以专文讨论。

虽然我们举出了"帝国"语词早期出现的例证，但是在传统政治史记述以及通常的政论中确实并不常用"帝国"一词。但是，"王朝"同样并非史籍文献所见常用语汇。只能说"王朝"，不能说"帝国"，"将'王朝'称为'帝国'是错误的"这样的意见，要增强说服力，可能还需要更充分的论证。

以上就李斯《使于四方：秦汉使者与帝国的社会治理和边疆经略》一书简单谈了一些随想，不能说是全面的评价。还有一点想法也愿意在这里和读者交流。从"使者"在秦汉文献中出现的频次以及在秦汉政治史中起到的作用来看，"使者"应是当时社会生活中比较活跃的身份。本来应当作为拙著《秦汉称谓研究》③的研究对象的，然而拙著却未能有所讨论。这正证明了我时常表达的意见，秦汉史研究论题无穷之多，个人即使做再多的努力也无法兼及。人届衰年，这样的感念愈为深切。当然，生存一

---

① 原文此句下有注：参见黄纯艳：《绝对理念与弹性标准：宋朝政治场域中对"华夷"和"中国"观念的运用》，《南国学术》2019 年第 2 期。
② 成一农、陈涛：《王朝是"帝国"吗？》，《云南大学学报（社会科学版）》2022 年第 1 期。
③ 王子今：《秦汉称谓研究》，中国社会科学出版社，2014 年。

天，就要继续读书思考。这里可以借用汉初据说致使"尉佗慑怖"[1]，"百越来宾"[2] 的著名成功"使者"陆贾的一段话以自勉："君子博思而广听，进退顺法，动作合度，闻见欲众而采择欲谨，学问欲博而行己欲敦，见邪而知其直，见华而知其实，目不淫于炫耀之色，耳不乱于阿谀之辞，虽利之以齐、鲁之富而志不移，谈之以王乔、赤松之寿而行不易，然后能一其道而定其操，致其事而立其功也。"[3]

王子今

2024 年 4 月 2 日

① 《史记》卷九七《郦生陆贾列传》司马贞"索隐"，中华书局，1959 年，第 2707 页。
② 《汉书》卷一〇〇下《叙传下》，中华书局，1962 年，第 4249 页。
③ 王利器：《新语校注·思务》，中华书局，1986 年，第 163 页。

目　录

绪　　论

第一节　研究对象与相关研究成果概述

秦汉时代是中国历史上首个统一的多民族国家形成和发展的重要阶段。在此时期，不仅国家意识与"大一统"观念得以初步形成，外来文明与华夏文明之间的碰撞、冲突与融合也达到了极为频繁和宽广的程度。自张骞"凿空"西域以来，"陆上丝绸之路"沿线使者往来络绎不绝，"丝绸之路"逐渐成为一条横跨亚欧大陆的文化彩桥，促进了华夏族群与周边族群和地区的政治、经济、文化往来。考察这一复杂多样的历史进程，不应忽视"使"在其中所扮演的特殊角色与发挥的历史作用。

事实上，秦汉时期的确是一个"使者相望于道"[①] 的时代。在当时的帝国大地上，几乎每时每刻都奔忙着级别不同、任务各异的使者。使者之名，古已有之，如《周礼·秋官》所载"大行人"与"小行人"等。[②] 但先秦时期的使者多为列国往来的外交使节，或如《说苑·奉使》所谓"出境可以安社稷、利国家者，则专之可也"[③]。然而到了秦汉时代，无论是使命的种类，还是使者的数量都大为增加了。这一重大变化，自然是与统一帝国的建立与发展相适应的，而且对后世影响至为深远。

还有必要对本书所用"使者"概念做一说明。《说文解字》："使，伶也。从人，吏声。"又曰："伶，弄也。从人，令声。"司马迁《报任安书》曰："文史星历近乎卜祝之间，固主上所戏弄，倡优畜之，流俗之所轻

---

① 《汉书》卷六一《张骞传》，中华书局，1962年，第2694页。
② 孙诒让撰，王文锦、陈玉霞点校：《周礼正义》，中华书局，1987年，第2945-3008页。
③ 刘向撰，向宗鲁校证：《说苑校证》，中华书局，1987年，第292页。

也。"可见所谓使者，本为君主近臣，是临时派遣而肩负某项使命之人。虽然"史"与"使"本为一字，但最早的"史"，恐怕还不是后世所谓的"掌书之官"。例如，内藤湖南就提出"史"字含有武事之意，陈梦家先生认为"史"字像持兵器捕兽之状，胡厚宣先生进而提出"殷代的史为武官说"①。王贵民先生取"中"为兵器之说，认为"史"字像田猎之形，与"事"字同源："殷周以前，史字原为事字，故大小官名及职事之名，本从事出。"② 故阎步克先生就此推断，"史"本有"受命"之意，史官往往具有君主顾问的身份。③ 因此，但凡受命而出、因事而遣的"使者"，不论其出使是受命于皇帝、宗室、中央官员，抑或诸侯国、地方行政机构，都在本书的考察范围之内。

就出使范围而言，使者又可粗略分为内地使者和边地使者。前人研究多侧重于内地使者。近年又有学者提出"皇帝使者"的概念，谓汉代使者之范围十分广泛，如干预司法、贬免赏罚、征召说降、视察救灾、监督官吏、发兵监军、领护外族、祭神求书等，几乎涉及国计民生的各个方面。④ 若以重要程度而论，这两大类使者的作用其实是不相上下的。内地使者传递信息，沟通上下，是维系帝国日常统治的重要纽带；边地使者远赴绝域，交通中外，是确保边疆安全的有力屏障。在秦汉帝国的日常统治和边疆经略过程中，使者究竟扮演了怎样的角色？这是本书想要着力探讨的问题。

传统的政治史和制度史研究或为材料所限，关注点多侧重于皇室贵族和中央机构之类的上层建筑。近年来，地不爱宝，考古发现时有新收获，又使得学界萌生"眼光向下"思潮，地方行政和基层社会成为研究热点。然而，两种视角或许在方法论上都有缺陷。前者注重宏大叙事，力图从长时段考察中探求社会变迁，但往往失于笼统，不足以反映历史的全部细密精微之处；后者的缺陷则是容易以偏概全，局部认识的简单拼接未必就是真实的全貌。常见的例子如以边地屯戍机构的组织形式来比附内地郡县乡里行政体系，实际上由于军政相分和内外有别，边塞和内地可能各有一套统治体系和运转制度，在当时各行其是，并行不悖。因此，就政务运行和

---

① 胡厚宣：《殷代的史为武官说》，载《全国商史学术讨论会论文集》（《殷都学刊增刊》），1985 年。内藤湖南说及陈梦家说均见胡文所引。

② 王贵民：《说御史》，载《甲骨探史录》，三联书店，1982 年。

③ 阎步克：《乐师与史官》，三联书店，2001 年，第 36 - 39 页。

④ 廖伯源：《使者与官制演变——秦汉皇帝使者考论》，文津出版社，2006 年。

信息传递来说，似乎更应该关注"中层"，而使者作为帝国统治的纽带，在其中发挥的作用和影响不容忽视。黄仁宇先生以"大历史观"研究中国历史，认为传统官僚政治的症结在于重道德而轻技术，尤其是在具体数目上无法实现有效管理，他写道，"所有重要的数字已经不能对照，而下面则是亿万不识字的农民，社会上又缺乏普遍的中层机构"①，这导致古代中国走上了与西欧完全不同的发展道路。若将此论核之宋明以降的吏胥之害，还是不无道理的，但却似乎并不符合早期中国的真实情况。②

秦汉王朝在持久有效地管理辽阔帝国方面积累了具有世界意义的经验，除了制度上的相沿成习，更多的是观念革新和应时变化。《论衡·别通》曰："汉所以能制九州者，文书之力也。"③ 虽然文书行政是帝国统治体系的一个重要组成部分，但也不能对其作用估计过高。纷繁复杂的旧有宗族、地域和社会势力的长期存在，决定了国家对基层社会不可能实行直接、完全的有效控制，唯有在整合民间秩序与利用民间势力的基础上，国家权力才得以向广大乡里社会推进，进而实现对民众的统治。秦始皇在法家思想的影响下，强行消除地域差别，想要全面、彻底实行自上而下的乡里控制的做法远未成功，秦王朝甚至二世而亡，主要原因也正在于此。而汉代统治者吸取亡秦教训，与时迁移，应物变化，立俗施事，因而能长治久安。正如陈苏镇先生所总结的："汉朝在步秦后尘再建帝业的过程中，经过反复探索与实践，终于找到了在千差万别的民间乡俗、区域文化和民族传统之上实现文化整合的唯一可行的道路，确立了进行这一整合的基本模式和机制。"④ 从关注"中层"的视角出发考察秦汉使者，或许也是值得尝试的。

从"使者"到"使职"的发展线索，对于认识汉唐间以及整个帝制时代的官僚制度和皇权政治，应当都具有重要意义。对于早期官僚政治的精密结构和行政体系的发达程度而言，或许正如马克思在《〈政治经济学批判〉导言》中所说，希腊是"正常的儿童"，而中国则是"早熟的儿童"。⑤ 然而令人奇怪的是，早期帝国的"理性行政因素"何以未能持续保持，反而退化至具体数字都无法管理？这是一个类似于"李约瑟难题"

① 黄仁宇：《赫逊河畔谈中国历史》，三联书店，1997年，第159页。
② 蒋非非：《简牍史料与早期中华帝国理性行政——以里耶秦简"祀先农"简为例》，载《甘肃省第二届简牍学国际学术研讨会论文集（上）》，上海古籍出版社，2012年，第408－418页。
③ 黄晖：《论衡校释》，中华书局，1990年，第591页。
④ 陈苏镇：《〈春秋〉与"汉道"——两汉政治与政治文化研究》，中华书局，2011年，第618页。
⑤ 《马克思恩格斯全集》第12卷，人民出版社，1962年，第762页。

的疑问，为了探求其答案，也许可以从汉唐以来使者职权的演变寻找到一些线索。使者的使命从先秦时期相对简单的"使于四方，不辱君命"，发展到秦汉时代各种临时性的差遣，涉及政治、军事、经济、外交、文化等社会生活各个方面，几乎无所不包，这一变化是与统一帝国的建立和发展相适应的。也正是出于维持帝国日常统治和运转的需要，使者的名号和任务逐渐增多，有的进而成为固定职掌和官称，如刺史、西域都护、使匈奴中郎将、护羌校尉等，特别是到唐宋时期，各种名目繁多的使职与差遣，成为各级行政机构得以运转的主要部件。

关于帝制时代官僚政治演变的主要原则，有学者用十六个字加以概括，即"君主近臣，代起执政，品位已高，退居闲曹"①。汉唐时期使职发展的历史轨迹也大致如此。使职侵夺有司权力造成的危害在唐代已经有所显露，或如《唐会要》卷七八苏冕所说："洎奸臣广言利以邀恩，多立使以示宠，克小民以厚敛，张虚数以献忧，上心荡而益奢，人怨结而成祸。使天子有司，守其位而无其事，受厚禄而虚其用。宇文融首倡其端，王锐继遵其轨，杨国忠终成其乱。"②唐长孺先生论述"南朝化"问题时指出："唐代职官制度的显著变化乃是使职差遣官的产生，这完全是一种新的变化，我们在南北朝都看不到这种现象。"③但如果我们将考察的阶段上溯到秦汉时代，就会发现这一时期已经出现了使职演变的某些痕迹。就各种使命和临时差遣的数量而言，秦汉时期也远远超过前代，应该说这也是一种全新的变化。前辈学者曾以"佛为一大事因缘出现于世"概括宋明儒学的产生在中国哲学史乃至中国文化史上的重要意义④，由此可见历史研究中会通思想的不可或缺。而就中国历史整体而言，最具深远意义的大事还应是秦汉大一统帝国的建立和发展。因此，从使者的演变过程这一"大事因缘"出发，不仅可以深化对秦汉时代的历史认识，也使得从中国历史的固有逻辑来理解其变迁过程显得更为可行，而不至于为某些外来理论所囿。例如，日本学者向来推崇、在国际学界广为人知的"唐宋变革论"，如果从使职发展这一角度考察，就会发现唐宋之间的官僚政治其实有着极强的延续性和稳定性，并未出现根本性的变化。正如阎步克先生所揭示：经过数千年积累而形成的"历史惯性"，仍将在宏观层次上深刻影

---

① 李俊：《中国宰相制度》，台湾商务印书馆，1966年，第239页。

② 《唐会要》卷七八《诸使杂录上》，上海古籍出版社，1991年，第1701页。

③ 唐长孺：《魏晋南北朝隋唐史三论——中国封建社会的形成和前期的变化》，武汉大学出版社，1992年，第491页。

④ 陈寅恪：《金明馆丛稿二编》，上海古籍出版社，1980年，第250页。

响未来中国的发展方向。① 从制度史观所强调的长时段和连续性来看，秦汉使者研究也许有其特殊意义与价值。

有必要说明的是，以往学界对于"使者"的定义多偏重于对外交流，即中央王朝派往境外的外交使者，而对入境使者和内地使者关注不够。从近年发布的简牍材料来看，仅就秦汉外交使者而言，也有进一步研究的必要。本书作为从内、外两方面全面论述秦汉使者的综合研究，有比较明显的原创意义。不仅重视分析和使用传世文献，也对近年来大量出现的简牍材料予以较多的关注和思考。对于简牍材料中有关使者称谓、职权与出行待遇等相关内容，结合既往研究做了力所能及的搜集、整理和分析工作。由于本研究侧重政治制度与文化，传统的历史学考证方法自不必说，还较多地借鉴了政治学与考古学的研究视角，运用统计学的有关理论，搜集和整理秦汉时期使者出行的相关数据。此外，本书注重宏观考察与个案研究相结合，对以往不为人所熟知的使者群体做了考察，例如女性使者及其侍从、首批横跨亚欧大陆的使团、秦统一进程中与秦末动乱中的间谍使者等，也尝试从心态史、文化史的视角对其历史活动与影响予以评析。秦汉使者数量众多，使命庞杂，出使范围遍及帝国疆域内外，故汉代史籍有所谓"使者相望于道"的记载。就考古学信息而言，边地出土文献提供了许多重要的第一手资料，但就既有研究来看，尚缺乏整体而系统的梳理，特别是有关传世文献与出土文书中关于西域使者往来记载的异同及其比较研究还较为薄弱。书中所涉及秦汉使者的称谓、设置与职权变化等情况并不完备，特别是在传世典籍与出土文献的比较研究方面，还有进一步充实和提高的空间。关于秦汉使者称谓、功能、活动及其评价等问题，学界业已取得了不少研究成果，概述如下：

一、使者的身份、职权与称谓

近年来以秦汉使者为题的专著有廖伯源先生的《使者与官制演变——秦汉皇帝使者考论》。该书视角独特，引证丰富，考论精当，是传统制度史研究的力作，但也存在不足之处。例如，该书所引材料几乎全部来自正史，对于二十余年来相关简牍材料均未能利用，相关书评也委婉地指出了这一不足。② 事实上，由该书后记可知，廖先生坦承该书的主体部分写于二十余年前，因自觉无新见解，故搁置长达二十年，至退休时为不留遗

① 阎步克：《中国古代官阶制度引论》，北京大学出版社，2010年，第8页。
② 张荣芳、曹旅宁：《廖伯源〈使者与官制演变——秦汉皇帝使者考论〉出版》，《中国史研究动态》2008年第1期。

憾，故整理成书。该书通过排比史料，整理出百余种汉代不同使职类型，并指出汉代使者与官制演变之两大特征：临时差遣之使职转变为固定职掌及新官职，专职使者转变为行政官员。但该书对于使者个人属性的分析稍显不足，前引阎步克先生的关于使者用车的研究已经提示我们，各类使者的等级、待遇和特权似乎是一个长期被人忽视的问题，这与出使方式和出使目的之间的关系如何，还可以结合传世文献和考古资料加以讨论。汉代使者和使职类型空前增多，关于其产生的历史原因及影响，或许可以将这一变迁过程置于当时社会大背景之下予以分析。

汉代由临时出使演变为专职使者，多出于边疆经略与经济、文化等交流的需要。类似职官的演变，有学者指出："西汉王朝时期的护乌桓校尉、护羌校尉以及东汉王朝时期的护匈奴中郎将等，这些官职或机构不仅是管理边疆或边疆民族的专门机构，而且也都是由使职发展而来的，最初是代表最高统治者到边疆民族地区传达诏令或具体处理某些事务，后随着边疆民族臣属关系的加深，使者出使频繁，逐渐转变为常设官职。"① 有学者认为："护羌使者"在敦煌悬泉汉简中凡十见，且从宣帝时一直延续到西汉末，因而不是临时性增设的官职；其秩比二千石，不是护羌校尉所派使者或其属官，而是"随事而设"并配合护羌校尉行动的独立官职。② 但有学者认为二者不过是同一官职的不同称谓而已，且其全称应为"护羌使者校尉"。③ 因此，有学者认为：西汉护羌校尉有一个由临时设置到常设官职的转变过程。"护羌校尉是出于使者应该说是没有疑问的，也就是说护羌校尉在武帝元鼎六年（前111年）开始设置时带有使者性质，是临时设置；而到神爵二年之后大约完成了由临时设置到常设官职的转变过程。"④ 有学者持类似看法："护羌校尉由使者演变而来，持节领护西羌，故往往又被称为护羌使者或主羌使者。"⑤

有学者通过对比研究，认为汉代使职具有三个特点：称谓不够规范，主管经济事务的使职很少，边疆地区设置了主管当地军政的使职。特别是汉代所设置的使职多集中在礼法及军事方面，而经济生产类的使职很少，这一点

① 李大龙：《都护制度研究》，黑龙江教育出版社，2003年，第345页。
② 胡平生、张德芳：《敦煌悬泉汉简释粹》，上海古籍出版社，2001年，第156-157页注；初师宾：《悬泉汉简羌人资料补述》，载中国文物研究所编：《出土文献研究》第6辑，上海古籍出版社，2004年，第184-185页。
③ 高荣：《敦煌悬泉汉简所见河西的羌人》，《社会科学战线》2010年第10期。
④ 李正周：《从悬泉简看西汉护羌校尉的两个问题》，《鲁东大学学报（哲学社会科学版）》2009年第5期。
⑤ 刘国防：《西汉护羌校尉考述》，《中国边疆史地研究》2010年第3期。

与唐宋时期的情况有明显区别。① 有学者基于"出使职能命名"方式，统计出两汉使者有二十余种②，虽然在数量和规模上无法与唐、宋时代名目繁多的使职差遣相比，但这毕竟是秦汉时代所产生的新变化。

二、出使边地的使者

这类使者一般为中央政府派出的外交使节，其主要使命是增进与加深周边国家、地区以及不同文化族群间的交流和联系。关于秦汉外交使者的论著，有黎虎《汉唐外交制度史》③ 和李大龙《汉唐藩属体制研究》④。黎著在其上编"汉代外交制度"中重点探讨了汉代的外交决策制度、外交专职机构和外交关涉机构，对汉唐外交决策和管理体制的运行及演进做了较为系统的研究。该书对大鸿胪的建置及沿革有较好的梳理，但将西域都护、使匈奴中郎将、度辽将军和护乌桓校尉等视为具有外交职能的边境镇抚机构，恐怕还值得商榷。因为这些职务大多带有临时性的使职性质，与常设机构还是有所不同的。李著将其称为"特设管理机构"，视作两汉王朝藩属体制的一个特殊组成部分，在认识上有所推进，但还不够全面。⑤而从使者往来的视角考察汉唐藩属观念和藩属体制的形成与发展，是该书一大特色。还有一些有关古代外交和西域历史的论著和学位论文，也或多或少地涉及秦汉外交使者，但比较零散，多为概括叙述。⑥

---

①　宁志新：《隋唐使职制度研究（农牧工商编）》，中华书局，2005 年，第 39 页。

②　宁志新：《隋唐使职制度研究（农牧工商编）》，中华书局，2005 年，第 16 - 17 页。

③　黎虎：《汉唐外交制度史》，兰州大学出版社，1998 年。

④　李大龙：《汉唐藩属体制研究》，中国社会科学出版社，2006 年。

⑤　例如"西域都护"，就机构而言，应说"西域都护府"比较适宜。参见王子今：《评李大龙著〈汉唐藩属体制研究〉》，载《秦汉边疆与民族问题》，中国人民大学出版社，2011 年，第 522 页。

⑥　相关论著：余太山：《两汉魏晋南北朝与西域关系史研究》，中国社会科学出版社，1995 年；马大正：《中国边疆经略史》，中州古籍出版社，2000 年；马曼丽：《中国西北边疆发展史研究》，黑龙江教育出版社，2001 年；厉声、李国强主编：《中国边疆史地研究综述》，黑龙江教育出版社，2002 年；崔明德：《中国古代和亲史》，人民出版社，2005 年；殷晴：《丝绸之路与西域经济——十二世纪前新疆开发史稿》，中华书局，2007 年。硕士学位论文：王宏谋：《贵霜帝国及其与两汉的关系》，西北师范大学硕士学位论文，2004 年；韩晓燕：《齐鲁士人与两汉政治》，山东师范大学硕士学位论文，2005 年；崔丽芳：《西汉使匈奴、西域使者研究》，兰州大学硕士学位论文，2006 年；张琼：《汉武帝应对侍从群体研究》，华中师范大学硕士学位论文，2007 年；申远：《汉代中郎将研究》，湘潭大学硕士学位论文，2008 年；任艳荣：《"张骞凿空西域"历史现象再探讨》，中央民族大学硕士学位论文，2009 年；陈佳佳：《外来文明与汉晋洛阳社会》，陕西师范大学硕士学位论文，2011 年；卢元章：《二十世纪后半期的汉武帝研究》，天津师范大学硕士学位论文，2017 年；黄聪：《汉晋时期戊己校尉研究》，江西师范大学硕士学位论文，2019 年。博士学位论文：特日格乐：《西北简牍所见汉匈关系若干问题研究》，内蒙古大学博士学位论文，2007 年；刘永强：《两汉时期的西域及其经济开发研究》，西北师范大学博士学位论文，2009 年；谢绍鹢：《秦汉西北边地治理研究》，西北大学博士学位论文，2010 年；刘振刚：《西汉边疆与民族地理问题考辨》，南开大学博士学位论文，2014 年。

关于边地使者的官衔，有学者认为多为郎官和大夫。① 外交使节的选拔方式，主要有募、自请、举荐、征、指派等。② 关于和亲公主，有学者通过个案研究和对比，指出她们能否在政治、军事和外交等方面有所作为，一方面要受时代条件的制约，也与其个人见识、素质、能力、水平有一定关系。③ 有学者认为"昭君精神"不应有排他性，因为民族团结、和平友好是一项不可能由任何人所独立完成的伟大事业。应当承认，细君公主所面对的客观环境和条件较为不利，但她继承和发扬了中华民族和平友好的对外交往传统，为促进中原同西域的政治、经济、文化等领域的广泛交流做出了自己的贡献。④ 对外交使者的个案研究和历史评价一直为学界所关注⑤，王子今通过分析苏武、张骞事功不同，但在后世文化评价中却颇为悬殊的现象，认为这反映了传统价值文化上德重于功的取向，也透露出长久以来中国人对于外事的轻视。⑥ 这对于我们应如何评价秦汉外交使者的历史活动及其影响具有重要启示。

三、入境使者

就入境使者而言，有学者从动态角度考察古代的来华使节，总结出一个较为明显的规律性现象：各国来华使节的人数与频次与中央帝国的盛衰状况、中央王朝对外经略意图的不同侧重，以及派遣使者来华各国的社会发展程度和需求有着较为密切的联系。⑦ 西域与两汉中央王朝的使节往来，学界已有一些研究成果，其中涉及两汉王朝的西域政策、两汉王朝对西域的管辖、两汉西域的屯田与经济开发、两汉与西域之间的多方面交流。⑧ 近年来由于西北汉简相关资料的发布，在认识上又有望进一步推进。有学者整理了敦煌汉简中乌孙、鄯善、山国、于阗、大月氏、康居、大宛、莎车、疏勒、精绝、危须、车师等国与汉朝往来的使者记录，发现

---

① 贾雪枫：《汉使身份考》，《文史杂志》2002 年第 6 期。

② 黎虎：《汉代外交使节的选拔》，《兰州大学学报（社会科学版）》2002 年第 6 期。

③ 黎虎：《解忧公主与王昭君比较研究》，《西域研究》2011 年第 1 期。

④ 王庆宪：《西汉遣往匈奴、乌孙的和亲使者》，《云南师范大学学报（哲学社会科学版）》2002 年第 6 期。

⑤ 例如有关张骞的个案研究，可参见施新荣、赵欣：《张骞西使研究概述》，《中国史研究动态》2002 年第 1 期；王宏谋：《月氏西迁与张骞西使新论》，《石河子大学学报（哲学社会科学版）》2003 年第 4 期。

⑥ 王子今：《张骞和苏武：汉代外交的双子星座》，《光明日报》2006 年 4 月 4 日。

⑦ 何芳川：《古代来华使节考论》，《北京大学学报（哲学社会科学版）》2005 年第 3 期；收入《何芳川教授史学论文集》，北京大学出版社，2007 年，第 318 - 341 页。

⑧ 李炳泉：《十年来大陆两汉与西域关系史研究综述》，《西域历史》2009 年第 4 期。

乌孙与汉朝之间经常互派使者，使者有权调河西五郡之衣物、钱谷等，以供应大军之需。可以用大司农印封下文书，可见权力之大。西域各国派人出使汉朝时，汉朝在沿途所设的传置都要给予接待。悬泉置迎送乌孙使者的接待记录，有的特意标明"自来"，内容包括为来往使者提供饮食、车马等便利。①

关于使者出行的翻译问题，近年来学界也有所关注。自张骞"凿空"西域，鉴于西域复杂的文化、语言和政治军事环境以及双方互相遣使往来交流的需要，汉代以降的中央王朝一般都在西域仿照中央机构设了专司翻译的职官。② 西域都护所辖绝大多数区域和城邦中都设有"译长"这一职官，其品阶虽然较低，但所发挥的重要作用不应忽视。③ 王子今对汉文化扩张过程中的"重译"理想和"重译"记录进行了考察，指出在理解汉代"大一统"意识成熟和普及的文化条件的基础上关注"重译"现象，应当是适宜的。④ 有学者也尝试从翻译史的角度来解读秦汉外交使者的语言翻译实践活动及其意义，论述了"重译"现象产生的具体原因及其影响。⑤

四、使者信物

关于使者信物，有学者对符、节、传的实物形态及其作用加以讨论，指出有节就表示权重，无节就说明权轻。汉人重节的风气，至魏晋时还有所保留。在发兵场合，符重于节，但符节并不抵触。传有关传和将传之分，前者为出入关凭信，后者为指挥军队的信物。⑥ 有学者认为尹湾汉墓出土的"武库永始四年兵车器集簿"中所见"乌孙公主诸侯使节"是楚国派往乌孙的使者完成使命后回复上交的使节，一直在彭城的武库保存，来往于汉地和乌孙之间的使者可能具有多重身份。⑦ 有学者认为，汉代发兵有四种信物：虎符、节、羽檄、诏书。虎符要与诏书同时使用，节的使用则没有地域限制，羽檄曾一度独立作为发兵信物，表示情况紧迫。西汉中

① 汪桂海：《敦煌简牍所见汉朝与西域的关系》，载武汉大学简帛研究中心编：《简帛》（第一辑），上海古籍出版社，2006年。
② 马燕：《回族在新疆近代翻译事业中的贡献》，《赤峰学院学报（科学教育版）》2011年第7期。
③ 俄琼卓玛：《汉代西域译长》，《西域研究》2006年第2期。
④ 王子今：《"重译"理想与"重译"记录》，载《秦汉边疆与民族问题》，中国人民大学出版社，2011年，第421-430页。
⑤ 李楠、王建光：《试论张骞通西域时的语言翻译》，《兰台世界》2011年第22期。
⑥ 杨鸿年：《汉魏制度丛考》，武汉大学出版社，2005年，第277-289页。
⑦ 谢绍鹢：《江苏尹湾汉简所见的武库与使节辨析》，《西域研究》2009年第2期。

央对地方控制力强，调兵权掌握在皇帝手中，东汉地方统兵权与调兵权逐渐合一，虎符发兵之制很大程度上被破坏，节不断流行起来。① 这为我们理解使者与皇权消长提供了一个值得借鉴的视角。有学者对东汉官员持节进行探讨，认为东汉时期国家使官员持节是实行统治的重要方式。东汉国家设置的持节官有长期持节官和临时持节官，后者主要参与国家的礼仪、军事、外交、安抚等活动，其意义就在于能够更有效地贯彻国家的统治意志。东汉末年，将军持节的形式开始出现变化，其所包含的意义也已经有所不同，这已经开了魏晋时期将军具有使持节、持节、假节三种持节方式的端绪。②

使者所持之"传"，是使者所持有的通关证明，东汉后似又称为"过所"。陈直先生认为，"传与过所必须相辅而行"，"符传在西汉虽然联称，然在过所文书中，言传不言符"。③《周礼·地官·司关》："凡所达货贿者，则以节传出之"，郑玄注："商或取货于民间，无玺节者，至关，关为之玺节及传出之，其有玺节亦为之传，传如今移过所文书。"④ 如著名的"鄂君启节"，其功能应该与之类似，为楚王授予楚国使者的通关凭证。⑤使者所用传，有时也称为"符致"。李均明先生认为"传"适用地区广而"致"通常只适用于指定地点。⑥ 目前所见使者所用出入关凭证，似都以"传"为主。

竹使符或者由于材质原因难于存世，但虎符却一直都有发现。⑦ 前人图录和序跋中对虎符形制、使用制度和铭文特征有所涉及。⑧ 近三十年来，学界对于新发现的杜虎符、新郪虎符有较多的关注。这一时期对于各种馆藏和出土虎符的介绍以及辨伪的文章也不少。⑨ 大部分学者都注意到

①　陶新华：《汉代的"发兵"制度》，《史学月刊》2000 年第 2 期。

②　张鹤泉：《东汉持节问题探讨》，《史学月刊》2003 年第 2 期。

③　陈直：《汉晋过所通考》，《历史研究》1962 年第 6 期。

④　孙诒让撰，王文锦、陈玉霞点校：《周礼正义》，中华书局，1987 年，第 1107 页。

⑤　有学者认为，其主要作用在于经济方面（商旅免税），且不需合验。参见于省吾：《"鄂君启节"考释》，《考古》1963 年第 8 期；杨小英：《"鄂君启节"所见楚史三题研究》，《江汉论坛》2004 年第 4 期。

⑥　李均明：《汉简所反映的关津制度》，《历史研究》2002 年第 3 期。

⑦　郑雅坤：《谈我国古代的符节（牌）制度及其演变》，《西北大学学报（哲学社会科学版）》1985 年第 1 期。

⑧　罗振玉：《历代符牌图录》，中国书店，1998 年；王国维：《观堂集林》卷十八，中华书局，2006 年。

⑨　罗福颐：《杜阳虎符辨伪》，《文物》1982 年第 3 期；陈尊祥：《杜虎符真伪考辨》，《文博》1985 年第 6 期；王关成：《东郡虎符考》，《考古与文物》1994 年第 1 期；王关成：《再谈东郡虎符辨伪》，《考古与文物》1995 年第 2 期。

虎符长度不一的情况，但并未就此进行深入研究。① 汉代基本严格执行了以虎符发兵的制度，无虎符发兵、伪造和私自携带虎符离开辖区均是大罪。有论者认为虎符制度松弛时仅仅以玺书或诏令发兵，恐怕只是个别时期的特例，似乎还可以再讨论。②

五、使者待遇

由于《二年律令》中《传食律》和《津关令》的发布，学者对于使者出行的具体情况和相关规定又有新的认识。③ 有学者通过整理传信的文书格式，认为传信要求调动传车马为持传者服务，大体有送迎两种方式。一种是由前一置或传舍派官吏马匹乃至传车将使者送至下一置或传，另一种则是后一置或传舍根据通知派官吏持传马及传车去前一置迎接使者。各种"传车"使用的规则当与使者的身份高下以及使命的紧急程度有关。"传车马"主要服务于朝廷使者，"传舍"则无论朝廷、郡县使者均可使用。置的官吏迎送使者时，可自带口粮，亦可由接待方出口粮，但自带口粮可能更为多见。④

有学者讨论了传食的来源、供给量和供给对象，认为其中包括主羌使者、护羌都吏、戊己校使者等中央和地方使者，以及外国使者和出嫁公主。⑤ 有学者认为在某一传舍享受传食的顿数亦与使者的任务有关，而享受传食的随从数量则与使者的官秩或爵位成正比。从《二年律令·置吏律》对持传使者权力的限制来看，汉廷对于使者在外的活动颇不放心。⑥ 中央王朝的各种直属机构也经常派遣属吏到郡县处理各种事务，尽管相关记载较少见于传世文献，但从官僚机构和行政管理的实际运作考虑，此种情形在当时帝国的日常统治中或许是较为普遍存在的。简牍中有关使者利用传舍的记录，应当置于帝国统治的脉络中加以考察，由此可以从更为多元和深远的层面理解当时的制度设计及其实际执行情况，或许也有望丰富

---

① 时瑞宝：《西汉鲁王虎符》，《考古与文物》1988 年第 3 期；景名晨、刘晓华：《咸阳发现汉齐郡太守虎符》，《文博》1990 年第 6 期。

② 朱翠翠：《秦汉符信制度研究》，上海师范大学硕士学位论文，2009 年。

③ 李均明：《汉简所反映的关津制度》，《历史研究》2002 年第 3 期。

④ 侯旭东：《西北汉简所见"传信"与"传"》，《文史》2008 年第 3 辑。

⑤ 赵岩：《论汉代边地传食的供给——以敦煌悬泉置汉简为考察中心》，《敦煌学辑刊》2009 年第 2 期。

⑥ 侯旭东：《汉代律令与传舍管理》，载卜宪群、杨振红主编：《简帛研究（二〇〇七）》，广西师范大学出版社，2010 年。

和深化我们关于各种制度变迁的历史意义的认识。① 除"传舍"之外，汉代"郡国邸"也是各类使者在执行任务时的中转站，如追捕罪犯、递送囚犯和护送外国使者等。尹湾六号墓出土汉简的五号木牍记录了县级官员外出公干的多项任务，其中多为临时性差遣。而使者在途经郡邸时，存在夹带私货以牟利的可能，这也是值得关注的经济现象。②

六、使者作用及历史影响

有学者从政府推动儒学传播的角度对汉代中期以后的遣使巡行进行了探讨，认为中央政府派遣使者"巡行"地方的主要意图和任务在于观览风俗、体察民情、宣扬教化和举荐贤良等，更重要的是将皇帝关怀下民之情传布四方。其政治前提就是充分了解各地不同的文化特色，为因俗施政做准备，进而因地制宜地实现儒学的社会化，推进文化的大一统格局。③ 然而，也有学者就此提出不同看法，认为应当根据不同历史阶段的政治、经济、社会等具体情势来分析巡行使者的主要职能和历史作用，不能一概而论。作为中央政府对地方实行监察职能的一种特殊方式，不应忽视西汉巡行使者曾经发挥的实际效用，也可将其视为国家行使管理职能外的一种补充手段。但其能否切实发挥作用，与整个社会环境和政权稳固程度密切相关。如果社会危机已经深化到一定程度，派遣巡行使者不仅收效甚微，甚至会适得其反。④

本书的主要设想是从内、外两个层面全面分析秦汉使者的历史作用和社会影响。作为中国历史上统一的多民族国家奠基、形成和发展的重要阶段，秦汉时期所具有的开创意义不言而喻。在空前辽阔的疆域内，派遣使者是保障帝国内外信息交流、沟通和传递得以顺利完成，以及国家统治和管理持久有效的重要手段。举凡内政外交，任何一条政令的上通下达，几乎都有使者的参与。使者活动不仅促进了国家行政力量渗透到乡里基层，而且对从中央到地方的官僚体系形成了有效监督，使得文化整合和国家统一真正成为可能。当时发达的交通系统为使者往来提供了便利条件。使者活动不仅使国家权力下达到各个地方，也促进了汉文化自中心地域向周边

---

① 侯旭东：《传舍使用与汉帝国的日常统治》，《中国史研究》2008 年第 1 期。

② 侯旭东：《从朝宿之舍到商铺——汉代郡国邸与六朝邸店考论》，载《甘肃省第二届简牍学国际学术研讨会论文集（上）》，上海古籍出版社，2012 年，第 45 - 56 页。

③ 夏增民：《遣使巡行制度与汉代儒学传播》，《华中科技大学学报（社会科学版）》2008 年第 4 期。

④ 陈成军：《试谈西汉巡行使者的职能和作用》，《中国历史博物馆馆刊》2000 年第 1 期。

扩张，从而对秦汉时人"天下"观念的形成和发展有重要塑造作用。

就派出机构而言，可分为中央使者与地方使者。前者主要指以皇帝或中央名义派遣的使者，而后者则包括诸侯国和地方行政机构派出的使者。就出使范围而言，又可分为内地使者和边地使者。前者主要指中央王朝派往内地并肩负特定使命的使者，后者指出使边地之使者，也有学者称之为"外交使者"，其内涵和定义或许还可进一步斟酌和探讨。本研究也会涉及部分入境的外来使者。

另外需要说明的是，除了传统意义上的外交使者，和亲公主及其侍从似乎也可视为使者。例如远嫁乌孙的江都公主和解忧公主，有学者将其视为"常驻使节"，其作用体现于具有持节出使之身份和庞大的陪同使团，通过常驻于和亲国之日常活动了解与掌握该国的国情和动态，为朝廷决策提供情报和建议，乃至直接参与谈判、斡旋等使命。① 尹湾汉墓出土的"武库永始四年兵车器集簿"有"乌孙公主诸侯使节九十三"，正是和亲公主与汉朝消息往来频繁的证明。② 就出使国内的使者而言，除以皇帝和中央机构名义派出的使者之外，地方使者也值得关注，例如诸侯国使者和郡国上计吏。从临时派遣的角度而言，领兵征伐的将军也具有鲜明的使者特征。汉武帝时创设监军使者，王莽也常用使者监军，至东汉光武帝后渐成定制。秦汉史籍又有"间使"之称，对此，前人关注似乎不多。相对于公开派遣的使者，"间使"更多地带有秘密使者的性质，不仅行踪诡秘，而且任务重要，甚至能够对当时政治和历史走向产生重大影响，因而也有考察的必要。

第二节 "二重证据法"与新材料的发现和解读

从 20 世纪初以来，西北边地陆续有重要出土文书发现，其中与本书研究直接相关的考古资料主要有：居延汉简、肩水金关汉简、悬泉汉简、额济纳汉简、敦煌汉简、疏勒河流域出土汉简、楼兰尼雅出土文书、武威汉简等。这些出土文书中所包含的历史信息十分丰富，其中关于秦汉使者往来的档案记录尤为珍贵，对其进行系统整理与研究，不仅是本书的重要

① 黎虎：《和亲女的常驻使节作用——以汉代为中心》，《江汉论坛》2011 年第 1 期。
② 袁延胜：《尹湾汉简〈武库永始四年兵车器集簿〉所见西域史事探微》，《西域研究》2008 年第 1 期。

研究内容之一，而且是进一步扩展相关研究的重要基础。例如，关于早期丝绸之路的开辟与形成问题，虽然传世文献也有一些记载，但从近年所见边地出土文献来看，包含较为丰富的中外使者往来记载，因此还有进一步整理与挖掘的空间。

一、"二重证据法"的提出

比较传世史籍与出土文献中秦汉使者记载的异同，也是历史学"二重证据法"的应用之一。作为考古学文化的实物遗存，简牍文字中相关史料的发现，对于边地出土文献与边疆经略研究无疑具有重要价值。1925 年，王国维先生在《古史新证·总论》中提出了著名的"二重证据法"，使传统历史文献研究在理论方法上获得突破性的跃进：

> 吾辈生于今日，幸于纸上之材料外，更得地下之材料。由此种材料，我辈固得据以补正纸上之材料，亦得证明古书之某部分全为实录，即百家不雅驯之言亦不无表示一面之事实。此二重证据法，惟在今日始得为之。虽古书之未得证明者，不能加以否定，而其已得证明者，不能不加以肯定，可断言也。①

对于王国维在史学方法论上的创新变革，有学者赞誉为"山重水复疑无路"的传统考据学"辟出又一新境界"。② 陈寅恪先生继承和发扬了王国维有关"二重证据法"的学术路径，极为重视新材料的发现和整理，进而提出一个著名观点："一时代之学术，必有其新材料与新问题。取用此材料以研究问题，则为时代之新潮流。治学之士，得预此潮流者，谓之预流。此古今学术史之通义，非彼闭门造车之徒，所能同喻者也。"③ 推敲文意，"新材料"和"新问题"，可以理解为构筑一时代新学术的两大关键支柱。去浮华、疾虚妄、取信征实、厚积薄发，取用新材料以研究问题，是陈寅恪一贯的优良学风。他在 20 世纪 30 年代这样总结王国维等人倡导发起的新学术风格的时代特征："一曰取地下之实物与纸上之遗文互相释证"，"二曰取异族之故书与吾国之旧籍互相补正"，"三曰取外来之观念以固有之材料互相参证"。值得注意的是，他认为这一全新的研究视角与理

---

① 王国维：《古史新证》，清华大学出版社，1994 年。
② 叶舒宪：《国学方法论的现代变革》，《文史哲》1994 年第 3 期；叶舒宪：《神话与民间文学的理论建构》，《海南师院学报》1998 年第 1 期。
③ 陈寅恪：《陈垣〈敦煌劫余录〉序》，载《中央研究院历史语言研究所集刊》第 1 本第 2 分，1930 年；后收入《陈寅恪文集》之三《金明馆丛稿二编》，上海古籍出版社，1980 年。

论创获，应当"足以转移一时之风气"。①

二、"三重证据法"的两种解读

在"二重证据法"得到普遍认同和应用的基础上，又有学者提出了新的"三重证据法"。在此领域，李学勤先生堪称集大成者。他在一次关于"走出疑古时代"的发言中，谈到"两种考古证据"。他指出："王静安先生是讲'二重证据法'，最近听说香港饶宗颐先生写了文章，提出'三重证据法'，把考古材料又分为两部分。这第三重证据就是考古发现的古文字资料。如果说一般的考古资料和古文字资料可以分开，那么后者就是第三重证据。像楚简就是第三类。考古学的发现基本上可以分为两种，一种是有字的，一种是没字的。有字的这一类，它所负载的信息当然就更丰富。有字的东西和挖出来的一般东西不大相同，当然也可以作为另外的一类。""当然，今天更重要的东西还是带文字的东西。带文字的发现，即第三重证据，是更重要的，它的影响当然特别大。王静安先生讲近代以来有几次大的发现，都是带文字的材料。""王静安先生说，中国历代发现的新学问都是由于有新的发现。他举的例子很多，最重要的是汉代的孔壁中经和西晋的汲冢竹书，都是地地道道的古书。这些古书发现之后，对于中国文化和学术的发展起了很大的推动作用，这种作用到今天还能看到。"同时，李学勤先生又提示我们："没有字的东西，在我看来，对于精神文化的某一方面，甚至于对古书的研究也很有用。""考古发现的东西，或者遗址，或者墓葬，或者建筑，或者服饰，或者各种器物的形制，都可以印证古书。而印证古书的一个很重要的目的是可以了解古书的真伪。"② 对于古代社会和人类历史的真实性而言，文字记载固然包含了最为丰富的历史信息。但也不应忽视"没有字的东西"即各种"考古发现的东西"所能提供的历史参证作用。这一论断已经获得历史学及其相关学科的大多数学者的普遍认同。③ "考古学能印证历史文献，更重要的是提供文献所没有的材料，使人们直接接触古代文明的遗存。例如东周时代周和各主要诸侯国的都城，古书有不少描写记述，现在这些城市遗址的发掘，不仅证实了文献记载，又告诉我们很多新的知识，如城市的具体布局、建筑的技术等

---

① 陈寅恪：《王静安先生遗书序》，载《金明馆丛稿二编》，上海古籍出版社，1980 年，第 219 页。

② 李学勤：《走出疑古时代》，辽宁大学出版社，1997 年，第 3—5 页。

③ 王子今、宋超：《21 世纪中国史学实证研究的前景》，《史学月刊》2001 年第 5 期；王子今：《国学的实证原则》，《石家庄学院学报》2015 年第 2 期。

等。墓葬的制度和随葬的物品，加深了对古代礼制的认识。出土的大批文物，是文化史、艺术史上的瑰宝，也是科学技术史研究的珍贵依据。"① 自"二重证据法"提出后近百年的中国学术史的发展表明，深植于中国文化传统中的实证原则，仍然不断滋养着后来的学人及其学术生命。

值得注意的是，有学者提出另一种不同的"三重证据法"，即在运用"二重证据法"的基础上，再加上文化人类学的相关资料与理论方法的运用。在此领域，叶舒宪先生是较早的先行者。他曾经写道："超越二重证据的研究实践在建国以前的学术界已经积累了一大笔丰硕成果。"他又认为："假如把王氏的《观堂集林》同郭沫若的《甲骨文字研究》稍加对照，从'二重'到'三重'的演进轨迹也就一目了然了。"通过简单统计不难发现，郭沫若在该书《序录》中主要列举了 14 种参考书，"除前 9 种为甲金文专著外，后 5 种却都是域外著作，如恩格斯的《家庭、私有制和国家的起源》、叶列妙士的《古代东方精神文化纲要》、威德讷尔的《巴比伦天文学概览》第 1 卷等。这些外文文献说明郭沫若已在尝试某种跨文化的人类学研究思路，而他所倚重的恩格斯的著作本身就是人类学史的经典文献。可以说从'二重证据'到'三重证据'的演进在某种程度上正是考据学、甲骨学同人类学相沟通、相结合的结果"。此外，叶舒宪又列举以闻一多《高唐神女传说之分析》、卫聚贤《古史研究》、李玄伯《中国古代社会新研》、徐旭生《中国古史的传说时代》等为代表的一些经典之作，提出中国学术的未来发展趋势即在于"把本国本民族的东西放置在人类文化的总格局中加以探讨，这将是顺应时代发展趋势的一种融通中西学术的有效途径"。② 我们还可以看到，鲁迅在 20 世纪 20 年代关于中国文学史的研究③和朱光潜在 20 世纪 40 年代关于诗歌起源的研究④，都不同程度地运用了能够体现原始社会真实面貌的"第三重证据"去分析、阐释，并试图解决古代典籍上聚讼纷纭的难题，这一论证方式实际已经超出了传统考据学的视野。相关研究所取得的考据成就和理论创获，也得益于人类学、考古学等学科的启示。

秦汉使者的文化遗存，以各种不同的复杂面貌存留于世，其发展脉络

① 李学勤：《东周与秦代文明》，文物出版社，1984 年，第 10 页。
② 叶舒宪：《人类学"三重证据法"与考据学的更新》，载《诗经的文化阐释》（"中国文化的人类学破译"之二），湖北人民出版社，1994 年，第 1—16 页。
③ 鲁迅：《汉文学史纲要》，载《鲁迅全集》（第 9 卷），人民文学出版社，1981 年。
④ 朱光潜：《诗论》，三联书店，1984 年。

在后来的文明进程和历史长河中也并不平衡和明晰，甚至可以看到一度断流的现象。因此，细心地考察目力所及的所有历史文化信息，应当是必要且可行的。因此，李学勤先生特别重视那些具有特殊意义的"史料"："有的论著认为，考古学的收获仅仅代表历史上的物质文化，这个观点恐怕是失之片面的。被称作锄头考古学的田野工作所得（除出土的古代书籍外），固然都是物质的东西，可是这些物质的东西又是和古代的精神文化分不开的。无论是建筑遗址，还是墓葬发现的各种器物，都寄托着古人的思想和观念，通过这些物质的东西，可以看到当时的时代精神。"[①] 相关论断具有相当的历史合理性，是令人信服和值得信从的。正如王子今先生所说："处理好考古收获中文字资料和非文字资料保留的历史文化信息的关系，是今天的历史学者特别是上古史学者必须面对的工作。"[②] 为了实现对于相关史实的合理阐释，在关注新发现文物史料的同时，研究者亦应重视传世典籍的深入发掘和准确解说，并自觉应用"二重证据法""三重证据法"乃至"多重证据法"进行相互比较、参证与解读。

第三节　秦汉使者研究的视角和方法

本书以边地出土文献和传世典籍中的相关记载为依据，尝试将秦汉使者更多地作为一个历史群体予以考察。为此，我们采取宏观论述与个案分析相结合的方法，力图将其置于长时段的历史背景中予以贯通研究，展现其发展脉络，而不是仅将秦汉四百余年的历史当作一个扁平的静态画面予以叙述。使者之名，古已有之，但作为一个历史性的概念，其内涵和外延在古代中国的发展历程中又呈现出不断变化和与时更新的趋向。在两千余年的帝制时代，使者这一群体所发挥的作用与影响不容忽视，这在秦汉时期似乎表现得尤为明显。为了从内、外两个层面较为全面地分析秦汉使者的历史作用和社会影响，我们选取若干具有典型代表意义的视角来切入，借此探讨使者群体在秦汉政治与历史发展进程中所扮演的角色。在研究过程中，注意微观与宏观的结合，既要核准史实，又要深入剖析，注意数据的统计和现象的分类归纳，并注重传世典籍和出土文献的差异对比，同时

---

① 李学勤：《东周与秦代文明》，文物出版社，1984年，第379页。
② 王子今：《匈奴经营西域研究》，中国社会科学出版社，2016年，第23页。

重视对于政治学、统计学、民族学、考古学等学科方法的借鉴和运用。

一、三条研究线索

具体而言，主要有这样三条研究线索。

使者起源固然颇为久远，但其概念以及称谓与使命类型在先秦两汉时期有着较大变化，此构成本书的第一条研究线索："常"——"变"。由先秦两汉使者概念的演变不难看出，先秦使者类型与使命内容较为单一。从春秋时期的聘问专对，到战国时期的游说纵横，使者的称谓与概念有所扩展。而汉代则出现了一个重要的新变化：无论是使者的数量，还是使命的种类都大为增加了。这不仅反映为使者类型和称谓的极大丰富，也由汉代使者的资格与派遣方式的多样化及使命类型的复杂化而有所体现。简牍材料在此方面提供了某些新的认识。西汉刘向所著《说苑》有《奉使》篇，作为汉代最早记述使者活动的专章，反映出汉人印象中出使应持有的态度以及需要遵守的原则。汉代使者因事权置，临时特设，但其权力甚大，涉及范围较广，几乎无所不包。其中以汉武帝创设的"直指绣衣使者"影响最大，由此可以较为清晰地反映出汉代使者的整体特征。

在统一帝国建立与发展的初始阶段，各种制度尚未全面定型，如何管理空前庞大的疆域与众多的人口，保障国家权力有效地渗透于地方与基层社会，是秦汉统治者重点关注的难题，此构成本书的第二条研究线索："上"——"下"。主要讨论内地使者在中央与地方的信息传递中所起到的特殊作用，以及国家权力与基层社会之间的相互渗透。两汉时期是郡县制逐渐定型和完善的阶段，为了保障信息传递通畅，政务运行顺利，中央政府经常派遣使者"循行"地方，其使命内容较之前代有所发展，对后世影响深远。遣使循行与郡国上计均是中央与地方传递信息、加强沟通与联系的重要方式，也是促使国家权力渗透于基层社会的有效手段。前者通过自上而下的方式，监察吏治，考核治绩，以加强中央对地方行政的控制；后者通过自下而上的方式，反馈信息，举荐贤才，以增进中央对于地方情况的了解。二者相辅相成，进而为施政于民提供必要的决策基础。在某些特定历史阶段，使者活动与皇权消长和地方吏治的互动关系呈现出较为复杂的面貌。例如上计使者的某些不法行为，涉及汉代地方行政与政治文化中的阴暗面，也会产生消极作用。使者本为有事权置，事毕则罢，但在某些使者身份演变的过程中，逐渐出现了两大变化：使者职权的固定化，以循行使者演变为刺史最为典型；使者名号的虚衔化，以大夫这一使者名号演变为后世的"散官"最为典型。

随着统一帝国的出现及其疆域的不断扩大，中华民族与周边文化族群和地区的接触日益频繁。在此时期，不仅国家意识观念得以初步形成，外来文明与华夏文明之间的碰撞、冲突与融合也达到了极为频繁和宽广的程度，此构成本书的第三条研究线索："内"——"外"。主要探究边地使者的出使活动。在华夏文化自中心地域向周边扩张的过程中，边地使者远赴绝域，交通中外，不仅是确保边疆安全的有力屏障，也对秦汉时人的"天下"观念的形成和发展起到了重要的塑造作用。同时，本研究也尝试对其出使动机、出使心态以及出使体验等精神层面的因素做些分析，对于以和亲公主及其侍从为代表的女性使者，也给予一定关注。

秦汉史籍可见"间使"之称，既有研究对于这类秘密使者的关注似乎不多。相对于公开派遣的使者，"间使"行踪散布于史籍当中，不易为人注意。但其任务重要，甚至能够对当时政治和历史走向产生重大影响。秦帝国的崩溃，应与六国"间使"的活动有重要关系。而汉代"间使"的历史形象较为复杂，主要表现为辩士、间谍和刺客。通过对其进行考察，也许有助于更全面地认识秦汉使者的整体形象。

二、研究的旨趣

司马迁在《报任安书》中曾自述其撰述《史记》之旨趣："究天人之际，通古今之变，成一家之言。"这当然是很高的境界，非常人所能企及。虽不能至，心向往之，我们也希望朝着这一方向做一点微薄的努力。法国年鉴学派大师马克·布洛赫在《历史学家的技艺》中写道："历史学以人类的活动为特定对象，它思接千载，视通万里，千悠百态，令人销魂，因此它比其他学科更能激发人们的想象力。"① 唐代诗人常建诗云："曲径通幽处，禅房花木深。"如果将已经消逝的历史世界比作一个不透光的房间，为了一窥究竟，人们想方设法在其墙壁上打开一扇扇窗户，虽然从每扇窗户射入的每一束光线都只能照亮房间的某一部分，但对于探求历史真实的漫长征途来说，每一次迥然有异的感知与体验都弥足珍贵。一位历史学家的睿智感悟，也许仍对我们有所启示："最令人激动、最有创意的历史研究应该挖掘出事件背后我们的前人所经历和体验的人类生存状况。这类研究有过不同的名字：心态史、社会思想史、历史人类学，或文化史（这是我的偏好）。不管用什么标签儿，目的是一个，即理解生活的意义：不是

———————————

① 马克·布洛赫：《历史学家的技艺》，张和声、程郁译，上海社会科学出版社，1992年，第10页。

去徒劳地寻找对这一伟大的哲学之谜的终极答案，而是从前人的日常生活和思想观念中去探求和了解前人对此问题的回答。"①

　　求真务实既是历史学的本质属性，也是历史学者的终极追求。尽管一代有一代之学术，一代有一代之学人，但如果梳理中国学术发展的基本脉络，可以看到"后出转精"的趋势自是题中应有之义。为了攀登追寻终极历史真相的高峰，我们自然应当充分吸收和借鉴前辈学者的研究成果，但这并不意味着故步自封、因循守旧而裹足不前。傅斯年曾经特别强调中国学术传统中"考定辨疑的精神"②。实际上，古人治学心得在某种程度上已为我们开辟了新的路径："所以观书者，释己之疑，明己之未达。每见每知所益，则学进矣。于不疑处有疑，方是进矣。"③ 王国维词云："人间总是堪疑处，惟有兹疑不可疑"，似乎恰好体现这位自号"人间"的近代史学大家对人生万象、世间百态与古史真实的永无止境的追索与探求。这一闪耀着明哲思辨光芒的学术精神，自是我们应当努力学习和效仿的典范。当然，限于学术涵养的不足与解读相关文献的困难，我们或许仍旧难以避免"取法于上，仅得其中；取法于中，不免为下"④。但无论如何，我们以为这是一个值得尝试和探索的努力方向。

　　秦汉时代是我国历史上统一的多民族国家初步形成和发展的时期。在此过程中，使者所发挥的作用不可忽视。使者循行地方、班宣风化，又举实臧否、考核官吏，不仅促进了国家行政力量渗透到乡里基层，而且对从中央到地方的官僚体系形成了有效监督，使得文化整合和国家统一真正成为可能。举凡内政外交，任何一条政令的上通下达，几乎都有使者的参与。邓广铭先生曾说治史有四把钥匙，即职官、地理、年代和目录，对后来治史者尤具启示意义。本书选定"使者"这一研究主题，意图在于以此为切入点，从诸如皇权政治与官僚体系、行政运作与社会治理、华夏文明与域外文明的互动关系等视角进行考察，从而为描绘秦汉时代的历史画卷和感受古代中国的社会风貌，打开另一扇视窗。

---

　　① 罗伯特·达恩顿：《拉莫莱特之吻：有关文化史的思考》，萧知纬译，华东师范大学出版社，2011年，第6-7页。
　　② 傅斯年：《历史语言研究所工作之旨趣》，载《中央研究院历史语言研究所集刊》第1本第1分，1928年。
　　③ 《宋元学案》卷十八《横渠学案下·高平门人·献公张横渠先生载·横渠理窟》，中华书局，1986年，第758页。
　　④ 《资治通鉴·唐纪十四·太宗文武大圣大广孝皇帝下之上·二十二年》，中华书局，1956年，第6251页。

第一章　秦汉使者名义及相关概念

使者之名，古已有之，且在历史上长期存在。然而，秦汉时代一个重要的变化是：无论是使者的数量，还是使命的种类都大为增加了。这不仅反映为先秦两汉使者概念的丰富和扩展，也反映为使者的资格与派遣方式的多样化及使命类型的复杂化。

第一节　先秦两汉使者概念的演变

廖伯源先生《使者与官制演变——秦汉皇帝使者考论》一书开头便说："凡是受某人委派为代表，以其名义干事，皆可称为某人之使者。故使者之范围非常广泛，任何稍为复杂之人类社会，皆有使者之存在；所以使者之起源，可不予讨论。"① 然而，所谓"使者"，首先是一个历史概念。使者之名虽古已有之，但其含义却并非一成不变。考察先秦两汉时期使者概念的起源与沿革，有助于增进对于秦汉使者这一群体的总体认识。

一、先秦使者概念——从聘问专对到游说纵横

《册府元龟》卷六五二《奉使部·总序》概述历代"奉使""遣使"沿革：

> 《周官》小行人之职，掌使适四方，达天下之六节。又，行夫掌邦国传遽之小事，凡其使也，必以旌节，使于四夷，则为之介。故聘礼有使者上介、次介之名。春秋战国，虽或兵交，而使在其间矣。自周及秦，尝以岁八月遣辀轩之使，采异代方言。又其事也，汉制，奉玺书使者乘驰传，则使者之称其来旧矣。武帝遣中郎将建节，往谕巴

---

① 廖伯源：《使者与官制演变——秦汉皇帝使者考论》，文津出版社，2006年，第1页。

蜀，乃副使者，驰四乘之传。又遣谒者及博士、大夫、谏官、御史、廷尉、太仆、丞相掾等分行按察，故有直指使者及八使美俗清诏之名。由汉而下，靡常厥官，委寄之殊，沿袭不一，盖因时而建置，非著令于悠久。等威制度，随委任之轻重；僚属吏员，称职务之大小。唐室以降，踵事增名。则有巡察、黜陟、采访、处置、按察、宣劳之类，分道而往，领命尤重。大率以交聘敌国，通接殊邻，劳来远方，安辑新附，慰抚兵役，分给赈赐。采风俗之厚薄，询民事之劳逸，究吏治之能否，察狱讼之冤正。搜访遗滞，刺举奸滥，或购求坠简，或奉行宠典，于以宣畅皇风，敦喻诏旨，广天听而斯远，俾物情之无拥。若乃智略宏远，机用周敏，洽闻英藻，清节慎行，揖让而中节，往复而合指，引荐良士，纠劾非法，感慨而自请，闵悼修途；纵横而有辞，用能专对，乘便见机而必果，处危握节而靡渝。绩效著闻，望实昭显。增原隰而有耀，被奖饰以攸宜，允谓使乎，斯可尚已。乃至縻居他境，邂逅物故，契阔奄忽，人所共叹。其有乖违上意，遘受深耻，专己而无检，黩货而弗厌，有损国威，乃罹邦宪。是故历代遣使，诚难其人，必简帝心，以将明命者尔。凡奉使部二十七门。①

其实，关于"使者"的起源，或许还可追溯得更为久远一些。早在夏朝时期，商族还作为夏王朝的"诸侯"时，已有"使人"往还于夏、商之间。《艺文类聚》卷一二引《帝王世纪》云："及夏桀无道，罪谏者，汤使人哭之，桀囚汤使于夏台，而后释之。"有学者基于殷商甲骨文相关资料指出，多处记载"史"或可释为"使"，"史人"应即"使人"，这些"使""使人"中应有不少是商王朝与周边方国和部落所派遣的使者。作为外交人员之"使人"，其主要使命是在战时负责传达和联络以及国家间的和平友好联系。②

从字形来看，"史"与"使"原为一字。故《甲骨文字典》说，"史"字实为"事"字之初文，后世复分化孳乳为史、吏、使等字。《说文》曰"史，记事者"，"吏，治人者"，"使，令也"，谓以事任人也，故事、史、吏、使等字应为同源之字。③《说文》："史，记事者也，从又持中，中正也。"但王国维先生对许慎此说早有考辨，并举古文中"正"诸字形为例，

---

① 王钦若等编纂，周勋初等校订：《册府元龟》，凤凰出版社，2006年，第7515页。
② 黎虎：《殷代外交制度初探》，《历史研究》1988年第5期。
③ 徐中舒主编：《甲骨文字典》，四川辞书出版社，1988年，第316-317页。

谓其为"无形之物德，非可手持"，应为"盛筴之器"，论证了"史为掌书之官"，殷商以前，"大小官名及职事之名，多由史出"①。《周礼·秋官》载"行夫"之职："掌邦国传遽之小事、媺恶而无礼者。凡其使也，必以旌节。虽道有难而不时，必达。居于其国，则掌行人之劳辱事焉；使则介之。"② 黎虎先生据此指出："史"字所持物之上部，应为旌旗之属，或即为"节"的原型。"节"作为使者之凭证或标志，见诸文献者甚多。例如，《周礼·地官·掌节》曰："货贿用玺节，道路用旌节。"郑玄注："旌节，今使者所拥节是也。"③《史记》卷八《高祖本纪》记刘邦入咸阳，子婴出降事曰："秦王子婴素车白马，系颈以组，封皇帝玺符节，降轵道旁。"《史记索隐》引韦昭云："天子印称玺，又独以玉。符，发兵将也。节，使者所拥也。"又引《说文》云："符，信也。汉制以竹，长六寸，分而相合。"又引《释名》云："节为号令赏罚之节也。又节毛上下相重，取象竹节。"④《汉书》卷七〇《傅介子传》说楼兰王安归常为匈奴间，不仅杀害汉使，甚至还"盗取节印献物"。颜师古注曰："节及印，汉使者所赍也。献物，大宛等使所献也。楼兰既杀汉使，又杀诸国使者。"⑤ 由此可见，"史"之本义当为"使"。凡被派遣、指使去做某件事，完成某种使命，均可曰"史"，而"史"又通"事"。考虑到字形与字义相近等因素，或许应当重视"使""史""以事任人"的释义。"使"之本义为职事之人，"使者"就是受命而出的办事人员。有学者据甲骨卜辞的记录认为，商王朝与周边方国和部落已经存在某种"朝贡"关系。⑥

或许由于年代久远，先秦文献所见使者以及使命类型还比较单一，主要表现为诸侯之间的互相遣使聘问。《左传·文公十八年》："穆伯如齐，始聘焉，礼也。凡君即位，卿出并聘，践修旧好，要结外援，好事邻国，以卫社稷，忠信卑让之道也。"⑦ 又如《左传·襄公元年》："凡诸侯即位，小国朝之，大国聘焉，以继好结信，谋事补阙，礼之大者也。"⑧ 至于在更为久远的传说时代，尽管当时国家还未出现，但不同部落和地区之间的使者往来或

① 王国维：《观堂集林》卷六《释史》，中华书局，1959年，第269页。
② 孙诒让撰，王文锦、陈玉霞点校《周礼正义》，中华书局，1987年，第3057页。
③ 孙诒让撰，王文锦、陈玉霞点校《周礼正义》，中华书局，1987年，第1116页。
④ 《史记》卷八《高祖本纪》，中华书局，1959年，第362页。
⑤ 《汉书》卷七〇《傅介子传》，中华书局，1962年，第3003页。
⑥ 黎虎：《汉唐外交与外交制度论略》，《传统文化与现代化》1998年第5期。
⑦ 洪亮吉撰，李解民点校：《春秋左传诂》，中华书局，1987年，第352页。
⑧ 洪亮吉撰，李解民点校：《春秋左传诂》，中华书局，1987年，第493页。

许就已经产生。例如，《史记·五帝本纪》："于是轩辕乃习用干戈，以征不享，诸侯咸来宾从。"① 司马迁提到帝舜时代的"天下明德"贤臣典范："皋陶为大理，平，民各伏得其实；伯夷主礼，上下咸让；垂主工师，百工致功；益主虞，山泽辟；弃主稷，百谷时茂；契主司徒，百姓亲和；龙主宾客，远人至……四海之内咸戴帝舜之功。于是禹乃兴九招之乐，致异物，凤凰来翔。天下明德皆自虞帝始。"② 《尚书·舜典》也有舜"宾于四门，四门穆穆"的记载。注曰："穆穆，美也。四门，四方之门。舜流四凶族，四方诸侯来朝者，舜宾迎之，皆有美德，无凶人。"③ 有学者提出，这类使者即是早期的外交人员，并认为我国具有悠久的外交发展历史：

> 西周实行"封邦建国"制度，西周王朝与封国间的一套朝觐聘问
> 制度，更为日后春秋战国时期列国之间的外交制度奠定了基础。春秋
> 时期各国在争霸战争的同时展开了频繁的外交活动，据鲁史《春秋》
> 所记的242年里，列国间的战争凡483次，朝聘盟会凡450次。这里
> 的朝聘、盟会即为外交活动。从而呈现出各种聘使、行人络绎不绝，
> 仆仆于列国之间的繁忙景象。到了战国时期，随着战争的升级，列国
> 之间的外交斗争也更为激烈，"合纵"与"连横"为代表的两种外交
> 方针策略，在国际舞台上展开了长期、尖锐的交锋与较量，从而把
> "折冲樽俎，纵横捭阖"的外交斗争艺术推进到了一个空前高峰。④

不过需要指出的是，前引所谓"外交"，已经是近代概念了。因为在中国古代文献中，"外交"似乎另有专门含义。《古今词义辨析词典》释"外交"一词："古代指人臣私自与其他诸侯国交往。"⑤《礼记·郊特牲》："为人臣无外交，不敢贰君也。"《穀梁传·隐公元年》："寰内诸侯，非有天子之命，不得出会诸侯，不正其外交，故弗与朝也。聘弓鍭矢，不出竟场，束脩之肉，不行竟中，有至尊者，不贰之也。"注："臣当禀命于君，无私朝聘之道。"疏："言臣当一一禀命，无自专之道也。"《韩非子·八奸》："是以吏偷官而外交，弃事而财亲。是以贤者懈怠而不劝，有功者隳而简其业，此亡国之风也。"⑥《史记》卷六九《苏秦列传》则明确表示

① 《史记》卷一《五帝本纪》，中华书局，1959年，第3页。
② 《史记》卷一《五帝本纪》，中华书局，1959年，第43页。
③ 王先谦撰，何晋点校：《尚书孔传参正·舜典第二》，中华书局，2011年，第72页。
④ 黎虎：《汉唐外交制度史》前言部分，兰州大学出版社，1998年，第3-4页。
⑤ 陈涛编：《古今词义辨析词典》，语文出版社，2008年，第236页。
⑥ 王先慎撰，钟哲点校：《韩非子集解》，中华书局，1998年，第58页。

"外交"乃奸臣行为："夫为人臣，割其主之地以求外交，偷取一时之功而不顾其后，破公家而成私门，外挟强秦之势以内劫其主，以求割地，愿大王孰察之。"① 由此可见，古代汉语中的"外交"一词，与我们今天所说的"外交"含义并不尽相同。但也有学者提出不同意见，由于春秋时代的周王室已经不再具备"天下共主"的经济基础和军事实力，加上晋国、齐国、郑国等诸侯也已改变政治上从属于周王室状态而成为独立国家；与此同时，楚国、秦国、吴国、越国等位居较为偏远地区的"蛮夷"部落迅速崛起、发展和成长为新兴的独立主权国家，这些国家同近代的独立主权国家相比或许并无实质区别。② 因此，"中国的春秋战国时期是一个外交实践高度发展、各种外交思想流派十分活跃的时期"，而且"这一时期的中国外交思想与西方几千年来的外交思想有很多对应点和相似性"。③

春秋时期，由于各国之间聘享、盟会较为频繁，故使者往来交涉之史例甚多，且政治色彩愈加浓厚，这要求使者首先需要具备较高的文化素养与应对才能。如《论语·子路》："诵《诗》三百，使于四方，不能专对，虽多亦奚以为？"又载子贡问曰："何如斯可谓之士矣？"子曰："行己有耻，使于四方，不辱君命，可谓士矣。"可见在孔子看来，能够成功出使而"不辱君命"，才可称得上士。这应当是当时士人心中普遍存在的观念，亦是仕宦之重要途径。但总的来看，这一时期使者的概念主要集中于各国之间的交聘盟会，即国与国之间的往来联系。使命的类型也相对单一，多为出使境外。

而到了战国时期，特别是列强相继实行变法，历史进入大国争霸的时代以后，由于国家间频繁"合纵"与"连横"的需要，游说舌辩之士开始活跃起来，所谓"布衣驰骛之时而游说者之秋也"④。这一类人，大概可视为外交使者，典型者如苏秦、张仪等人，以游说诸侯而取卿相，纵横捭阖，名显当时。对此，《孟子·滕文公下》中曾有人感慨道："公孙衍、张仪岂不诚大丈夫哉？一怒而诸侯惧，安居而天下熄。"虽然孟子本人并不认同这种观点，而主张"富贵不能淫，贫贱不能移，威武不能屈，此之谓

① 《史记》卷六九《苏秦列传》，中华书局，1959 年，第 2255 页。

② 叶自成：《中国外交的起源——试论春秋时期周王室和诸侯国的性质》，《国际政治研究》2005 年第 1 期。

③ 叶自成、庞珣：《中国春秋战国时期的外交思想流派及其与西方的比较》，《世界经济与政治》2001 年第 12 期。

④ 《史记》卷八七《李斯列传》，中华书局，1959 年，第 2539 页。

大丈夫"①。但应当指出，像这样一言合意、立取卿相的行为，其实是当时士人的普遍追求。② 《汉书·艺文志》："纵横家者流，盖出于行人之官。"③ 《文史通义·诗教上》也说："战国者，纵横之世也。纵横之学，本于古者行人之官。观春秋之辞命，列国大夫，聘问诸侯，出使专对，盖欲文其言以达旨而已。至战国而抵掌揣摩，腾说以取富贵，其辞敷张而扬厉，变其本而加恢奇焉，不可谓非行人辞命之极也。"④ 章学诚指出战国时代的纵横家"本于古者行人之官"，其游说言辞的巧妙与华丽程度，在《左传》《战国策》等典籍中已有详细而生动的反映，只不过这种"腾说以取富贵"行为并不受传统儒家观念推崇。刘向在《战国策·书录》中曾对此予以激烈抨击："孟子、荀卿儒术之士，弃捐于世；而游说权谋之徒，见贵于俗。是以苏秦、张仪、公孙衍、陈轸、代、厉之属，生纵横短长之说，左右倾侧。"这似乎反映出西汉儒术取得独尊地位以后，士人思想观念中关于奉使态度的变化，下文将对其予以考辨和分析。

二、从《说苑·奉使》看两汉使者概念的扩展

西汉刘向所著《说苑》有《奉使》篇，应是汉代最早记述使者活动的专章，或许反映出汉人印象中出使应持有的态度以及需要遵守的原则，其文曰：

> 《春秋》之辞，有相反者四：既曰大夫无遂事，不得擅生事矣；又曰出境可以安社稷、利国家者，则专之可也。既曰大夫以君命出，进退在大夫矣；又曰以君命出，闻丧徐行而不反者何也。曰此四者各止其科，不转移也。不得擅生事者，谓平生常经也；专之可者，谓救危除患也；进退在大夫者，谓将帅用兵也；徐行而不反者，谓出使道闻君亲之丧也。公子子结擅生事，《春秋》讥之，以为僖公无危事也。故君有危而不专救，是不忠也。君无危而擅生事，是不臣也。传曰："《诗》无通故，《易》无通吉，《春秋》无通义。"此之谓也。⑤

所谓"出境可以安社稷、利国家者"，反映出先秦以来使者概念的延续，即出使外国者。今本《说苑·奉使》篇所述使者，大都属于此类。从

---

① 孟子反驳的是景春的话，其人大约与孟子同时，可能也是游说诸侯的纵横之士。参见杨伯峻：《孟子译注》，中华书局，2005年，第140-141页。
② 李斯：《韩人"间秦"——韩非之死的历史真相》，《文史知识》2013年第3期。
③ 《汉书》卷三〇《艺文志》，中华书局，1962年，第1740页。
④ 章学诚著，叶瑛校注：《文史通义校注》，中华书局，1985年，第61页。
⑤ 刘向撰，向宗鲁校证：《说苑校证》，中华书局，1987年，第292-293页。

时间上来看，汉代的例子很少，只有陆贾使南越一例，其事在高祖时。不过，考虑到汉初"郡国并行"的特殊历史背景，特别是汉廷直接控制的只有内地十五郡这一事实，似乎可以认为陆贾之使南越，也具有出使外国的性质。陈苏镇先生指出："在景帝平定吴楚七国之乱以前，王国对汉朝的军事威胁始终存在，汉与王国仍是随时可能发生战争的国与国的关系。"① 陆贾虽然说服南越王"称臣奉汉约"，但自言："吾不起中国，故王此。使我居中国，何渠不若汉？"② 如此只是表面的臣服，实际上汉廷的统治力量尚无法达到南越。

汉初在处理诸侯王与宗室犯法问题上，皇帝多遣使者前往问责、收捕和审理。例如，赵相贯高谋杀刘邦未遂，刘邦疑赵王张敖与其勾结，故遣中大夫泄公"持节问之"。③ 又如《史记》卷九○《魏豹彭越列传》："梁王怒其太仆，欲斩之。太仆亡走汉，告梁王与扈辄谋反。于是上使使掩梁王，梁王不觉。捕梁王，囚之洛阳。"④ 又如淮南王刘安谋反事发，"天子使宗正以符节治王"⑤。对于一般案件，使者需要将审讯情况还报皇帝，但此类使者权力更大，可以"专断"。例如，董仲舒弟子吕步舒"持节使决淮南狱，于诸侯擅专断，不报，以《春秋》之义正之，天子皆以为是"⑥。联系到西汉所谓"诏狱"，当与这类使者有关。廖伯源先生指出："对于某些涉及后宫、宗室诸侯王与大臣的重要案件，皇帝往往特别派遣使者予以审理。此所谓'诏狱'。"⑦ 此说在汉代文献中也能找到相关线索，《汉书·景十三王传》写道，"天子遣大鸿胪、丞相长史、御史丞、廷尉正杂治巨鹿诏狱，奏请逮捕去及后昭信"⑧。《汉书补注》引周寿昌曰："凡遣官治狱曰诏狱，谓奉诏治狱也。"廖先生据此认为："使者出使，是奉诏行事，凡使者所治狱，皆得称诏狱。"此说有一定道理，但"诏狱"一词，其实在汉代有两种含义。因为古代"狱"字有两说，一指案件或诉讼，二指监狱。沈家本先生对此已有精辟考证。⑨ 宋杰先生据此对汉代

① 陈苏镇：《汉初王国制度考述》，《中国史研究》2004年第3期。
② 《史记》卷九七《郦生陆贾列传》，中华书局，1959年，第2698页。
③ 《史记》卷八九《张耳陈余列传》，中华书局，1959年，第2584页。
④ 《史记》卷九○《魏豹彭越列传》，中华书局，1959年，第2594页。
⑤ 《史记》卷一一八《淮南衡山列传》，中华书局，1959年，第3094页。
⑥ 《史记》卷一二一《儒林列传》，中华书局，1959年，第3129页。
⑦ 廖伯源：《使者与官制演变——秦汉皇帝使者考论》，文津出版社，2006年，第19页。
⑧ 《汉书》卷五三《景十三王传》，中华书局，1962年，第2432页。
⑨ 沈家本：《历代刑法考·狱考》，中华书局，1985年，第1157-1158页。

"诏狱"含义做了两种区分：其一"是以皇帝名义下诏要求查办的诉讼案件"，其二"是指关押皇帝下诏收审案犯的那种监狱"。① 汉代使者所治"诏狱"，应为前者。而"诏狱"案件主要涉及的人物范围，已有学者做了概述：诸侯王及其家属、幸臣，宫廷妇女与宗亲外戚，公卿大臣，地方大吏。并进而指出"诏狱"的历史作用："它被用于制裁不奉汉法、图谋不轨的诸侯王和违法乱制的'二千石'地方大吏，打击了以诸侯王为首的分裂叛乱集团和地方割据势力，为巩固国家的统一和维护中央集权，取得了有决定意义的效果。"② 从中央派遣使者处理诸侯王与宗室谋反，并有"专断"之权的史实来看，正是在皇权需要强化的西汉初年，《说苑·奉使》所谓"出境可以安社稷、利国家"之使者权力在司法上相应得以扩大。

汉代又有"治狱使者"之称谓。如《汉书》卷九七上《外戚传上·卫太子史良娣传》："武帝末，巫蛊事起，卫太子及良娣、史皇孙皆遭害。史皇孙有一男，号皇曾孙，时生数月，犹坐太子系狱，积五岁乃遭赦。治狱使者邴吉怜皇曾孙无所归，载以付史恭。恭母贞君年老，见孙孤，甚哀之，自养视焉。"③ 另见王莽时扬雄投阁事："时雄校书天禄阁上，治狱使者来，欲收雄，雄恐不能自免，乃从阁上自投下，几死。"④ 此类使者所治，应当也属于"诏狱"。此类使者拥有司法专断之权，更为典型的是汉武帝所创设的"直指绣衣使者"。在《史记》《汉书》中往往又称"绣衣御史""绣衣直指""绣衣执法""直指绣衣"，有时又简谓"直指"，意即"衔命直指"，或"指事而行"。称谓不同，含义皆一，都是指受中央（皇帝）派遣，奉行"捕盗""治狱"等特殊使命的使者。《汉书》卷一九上《百官公卿表上》："侍御史有绣衣直指，出讨奸猾，治大狱，武帝所制，不常置。"⑤ 陈直先生说："侍御史有绣衣直指，王莽时改绣衣为绣衣直法。有绣衣执法印，又有有绣衣执法大夫印，盖亦王莽时物。"⑥ 虽然直到西汉末年尚有直指使者活动的踪影，但考察其活跃于政治舞台，且作用于当时历史影响较大的时间段，还是汉武帝时期。

①　宋杰：《汉代的廷尉狱》，《史学月刊》2008 年第 1 期。
②　余行迈：《西汉诏狱探析》，《云南师范大学学报（哲学社会科学版）》1986 年第 3 期。
③　《汉书》卷九七上《外戚传上·卫太子史良娣传》，中华书局，1962 年，第 3961 页。
④　《汉书》卷八七下《扬雄传下》，中华书局，1962 年，第 3584 页。
⑤　《汉书》卷一九上《百官公卿表上》，中华书局，1962 年，第 725 页。
⑥　陈直：《汉书新证》，中华书局，2008 年，第 81 页。

有学者认为："在专制主义中央集权政治体制下，为加强对全国各地的管辖与控制，当时采取了许多政治、经济、军事等方面的有力举措。与此同时，汉廷中央还经常派遣使者'循行天下'，或对郡国'宣谕上旨'、传达政令；或督察地方社会治安、劝课农桑；或采探民意、考课吏员行迹等。故当时有各种名目的'使者'，而绣衣使者便是其中之一种。"① 对于武帝朝政局有重大影响的政治事件——巫蛊之狱，时任直指绣衣使者之一的江充曾参与其中。据其本传，江充先以谒者使匈奴还，"拜为直指绣衣使者，督三辅盗贼，禁察逾侈"。其时由于执法态度强硬，已经得罪不少贵戚子弟，且与太子亦有嫌隙。"后上幸甘泉，疾病，充见上年老，恐晏驾后为太子所诛，因是为奸，奏言上疾祟在巫蛊。于是上以充为使者治巫蛊。充将胡巫掘地求偶人，捕蛊及夜祠，视鬼，染污令有处，辄收捕验治，烧铁钳灼，强服之。民转相诬以巫蛊，吏辄劾以大逆亡道，坐而死者前后数万人。"② 其后江充"至太子宫掘蛊，得桐木人"。太子情急，"乃使客为使者收捕充等。按道侯说疑使者有诈，不肯受诏，客格杀说"③。太子"客"本非真正的"直指绣衣使者"，但之所以要冒充使者，恐怕是因为江充本为绣衣使者，不如此即无正当名义与权力将其收捕，此亦可见直指绣衣使者权力直接来源于皇帝，身份地位较一般使者而言更为尊崇和特殊。

以上是对今本《说苑·奉使》篇所述第一类使者所做的一点引申和解释，即所谓"安社稷、利国家者"。另一类使者所谓"进退在大夫者，谓将帅用兵也"的具体例证，则似乎未见于《说苑·奉使》篇的记载。对此，后世注家另有解释："白虎通王者不臣篇：'不臣将率用兵者，重士众，为敌国，国不可从外治，兵不可从内御。欲成其威，一其令。春秋之义，兵不称使，明不可臣也。'案：进退在大夫，是有不臣之义。"④《北堂书钞·奉使》中，又记载了几种汉代使者，其使命有"采代方言""循行风俗""循行州郡""发仓粟赈贫民""衣绣持斧""捕群盗"等，其使命类型较《说苑·奉使》篇有所扩展，似可增进对于汉代使者类型的认识。

---

① 黄今言：《汉代绣衣使者试释》，载《秦汉史丛考》，经济日报出版社，2008 年，第 311 - 312 页。

② 《汉书》卷四五《江充传》，中华书局，1962 年，第 2178 页。

③ 《汉书》卷六三《武五子传·戾太子刘据传》，中华书局，1962 年，第 2743 页。

④ 董仲舒著，苏舆撰，钟哲点校：《春秋繁露义证》，中华书局，1992 年，第 89 页。

三、汉代简牍中的使者

出土简牍也可见若干使者类型，且有正史所未见记载者。① 敦煌悬泉汉简可以看到"护郡使者"：

> 黄龙元年四月壬申，给事廷史邢寿为诏狱，有逮捕弘农、河东、上党、云中、北地、安定、金城、张掖、酒泉、敦煌郡，为驾一封轺传。外二百卅七。御史大夫万年谓胃成，以次为驾，当舍传舍，如律令。（A）

> 护郡使者视事史治，承合檄诣郡，告治所张掖鱳得吏马行。（B）[Ⅱ 0114（3）：447]②

又有"戊己校使者"：

> 永始三年七月戊申朔丙辰，县（悬）泉置啬夫敝敢言之，府记曰：唯正月以给戊己校使者马薪，辈□□□□。使者安之移仓曹卿，君别取□□偿如牒，敢言之。[Ⅰ 0402（4）A：8]③

《汉书》卷一九上《百官公卿表上》："戊己校尉，元帝初元元年置，有丞、司马各一人，候五人，秩比六百石。"颜师古注曰："甲乙丙丁庚辛壬癸皆有正位，唯戊己寄治耳。今所置校尉亦无常居，故取戊己为名也。有戊校尉，有己校尉。一说戊己居中，镇覆四方，今所置校尉亦处西域之中抚诸国也。"④ 所谓"戊己校使者"，应是"戊校尉使者"和"己校尉使者"的省称。

又有"护羌使者"：

> 护羌使者方行部，有以马为盗，长必坐论。过广至，传马见四匹，皆瘦，问厩吏，言十五匹送使者，太守用十匹。[Ⅱ 0215（3）L83]⑤

此类使者记载较多，或许即史籍记载之"护羌校尉"。从简牍来看，护羌使者有行部监察之权，又可以开设幕府，显示其职权较大。

---

① 以下释文主要参考胡平生、张德芳：《敦煌悬泉汉简释粹》，上海古籍出版社，2001年；谢桂华、李均明、朱国炤：《居延汉简释文合校》，文物出版社，1987年；甘肃省文物考古研究所等编：《居延新简——甲渠候官》，中华书局，1994年。

② 胡平生、张德芳：《敦煌悬泉汉简释粹》，上海古籍出版社，2001年，第35—36页。

③ 胡平生、张德芳：《敦煌悬泉汉简释粹》，上海古籍出版社，2001年，第128页。

④ 《汉书》卷一九上《百官公卿表上》，中华书局，1962年，第738页。

⑤ 胡平生、张德芳：《敦煌悬泉汉简释粹》，上海古籍出版社，2001年，第156页。

入东合檄四，其二从事田掾印，二敦煌长印。一诣牧君治所，一诣护羌使者莫（幕）府□［II 0214（1）：74］①

又有护羌都吏、护羌从事等，似为护羌使者之属吏。

出米八升，四月甲午以食护羌都吏李卿从吏……［II 0215（2）：192］

入……具币（敝）。裘一，完。履橐一，新。□薄十一，完。□一，完。□一，完□。绥和元年五月乙亥，县（悬）泉置啬夫庆受敦煌厩佐并，送护羌从事。［II 0111（1）：303］②

有学者认为："护羌使者"在敦煌悬泉汉简中凡十见，且从宣帝时一直延续到西汉末，因而不是临时性增设的官职；其秩比二千石，不是护羌校尉所派使者或其属官，而是"随事而设"并配合护羌校尉行动的独立官职。③ 但有学者认为不过是同一官职的不同称谓而已，且其全称应为"护羌使者校尉"。④ 关于护羌校尉等类似职官的演变，有学者指出："西汉王朝时期的护乌桓校尉、护羌校尉以及东汉王朝时期的护匈奴中郎将等，这些官职或机构不仅是管理边疆或边疆民族的专门机构，而且也都是由使职发展而来的，最初是代表最高统治者到边疆民族地区传达诏令或具体处理某些事务，后随着边疆民族臣属关系的加深，使者出使频繁，逐渐转变为常设官职。"⑤ 有学者认为，西汉护羌校尉有一个由临时设置到常设官职的转变过程："护羌校尉是出于使者应该说是没有疑问的，也就是说护羌校尉在武帝元鼎六年（前111年）开始设置时带有使者性质，是临时设置；而到神爵二年之后大约完成了由临时设置到常设官职的转变过程。"⑥ 持类似看法的还有："护羌校尉由使者演变而来，持节领护西羌，故往往又被称为护羌使者或主羌使者。"⑦ 认为"护羌校尉"是从"护羌使者"

① 胡平生、张德芳：《敦煌悬泉汉简释粹》，上海古籍出版社，2001年，第158页。
② 胡平生、张德芳：《敦煌悬泉汉简释粹》，上海古籍出版社，2001年，第160页。
③ 胡平生、张德芳：《敦煌悬泉汉简释粹》，上海古籍出版社，2001年，第156-157页注；初师宾：《悬泉汉简羌人资料补述》，载中国文物研究所编：《出土文献研究》第6辑，上海古籍出版社，2004年，第184-185页。
④ 高荣：《敦煌悬泉汉简所见河西的羌人》，《社会科学战线》2010年第10期。
⑤ 李大龙：《都护制度研究》，黑龙江教育出版社，2003年，第345页。
⑥ 李正周：《从悬泉简看西汉护羌校尉的两个问题》，《鲁东大学学报（哲学社会科学版）》2009年第5期。
⑦ 刘国防：《西汉护羌校尉考述》，《中国边疆史地研究》2010年第3期。

演变而来的意见，或许具备一定历史合理性。关于"护羌使者校尉"的称谓，可能还值得进一步讨论。

另有"主羌使者"，不知是否与护羌使者的具体关系如何，是一职二名，还是各有所掌？

> 朝与主羌使者、从事佐□□凡二人，往来四食，食三升，西。〔II 0215（2）：258〕①

又有"主羌史"，或与"主羌使者"有关，有学者认为是敦煌郡属吏，即"主羌掾"之副贰，其职责应是协助处理羌族事务。②

> 建昭二年二月甲子朔辛卯，敦煌太守强，守部候修仁行丞事，告督邮史众√欣、主羌史江曾、主水史众迁，谓县，闻往者府掾史书佐往来□案事，公与宾客所知善饮酒，传舍请寄长丞食或数……〔II 0216（2）：246〕③

居延汉简可见"行兵使者"：

> 记宣以十一日对候官未决谨因使奉书伏地再拜
> 幼孙少妇足下朱幼季书愿高掾幸为到临渠隧长
> 对幼孙治所●书即日起候官行兵使者幸未到　　愿豫
> 自辩毋为诸部殿（10·16B）④

又有"循兵使者"：

> 与循兵使者从事（135·2）⑤

居延新简可见"驻客使者"：

> 驻客使者甲渠鄣候（E. P. T51：227A）⑥

又有"劳边使者"：

> 坐劳边使者过郡饮适盐卌石输官（E. P. T51：323）⑦

---

① 胡平生、张德芳：《敦煌悬泉汉简释粹》，上海古籍出版社，2001年，第159页。
② 高荣：《敦煌悬泉汉简所见河西的羌人》《社会科学战线》2010年第10期。
③ 胡平生、张德芳：《敦煌悬泉汉简释粹》，上海古籍出版社，2001年，第161页。
④ 谢桂华、李均明、朱国炤：《居延汉简释文合校》，文物出版社，1987年，第15页。
⑤ 谢桂华、李均明、朱国炤：《居延汉简释文合校》，文物出版社，1987年，第224页。
⑥ 甘肃省文物考古研究所等编：《居延新简——甲渠候官》，中华书局，1994年，第192页。
⑦ 甘肃省文物考古研究所等编：《居延新简——甲渠候官》，中华书局，1994年，第199页。

又有"行塞使者"：

行塞使者劳边使者大守君柱马（E. P. T52：616）①

有学者认为："行塞是巡行检查边塞戍务的活动，它和文书往来、召会一样是当时屯戍行政的重要手段，上至中央朝廷，下至烽隧诸部都行塞，称谓不尽相同。"② 行塞使者应为朝廷派员行塞之官员，故称使者。史籍中有使者"行边"记载，如《汉书》卷一二《平帝纪》："九月戊申晦，日有蚀之。赦天下徒。使谒者大司马掾四十四人持节行边兵。"③ 使者的主要使命是检视边塞防卫与整饬武备，以备边境之警。如《汉书》卷六九《赵充国传》："宜遣使者行边兵豫为备，敕视诸羌，毋令解仇，以发觉其谋。"④《汉书》卷九六下《西域传下》说得更为具体："臣谨遣征事臣昌分部行边，严敕太守都尉明烽火，选士马，谨斥候，蓄茭草。"⑤ 所谓"劳边"，应指慰问赏赐边地吏卒。如李陵兵败，"军人分散，脱至塞者四百余人"。后武帝深悔之，"乃遣使劳赐陵余军得脱者"。⑥ 劳赐对象也包括边地少数民族，如《后汉书》卷一九《耿秉传》："明年秋，肃宗即位，拜秉征西将军。遣案行凉州边境，劳赐保塞羌胡，进屯酒泉，救戍己校尉。"⑦

有学者基于"出使职能命名"方式，统计出两汉使者有"直指使者（绣衣使者）、稻田使者、河堤使者、主历使者、护苑使者、治事使者、治狱使者、案事使者、侍祠使者、北军使者、美俗使者、风俗使者、门卫使者、护鄯善以西使者、监军使者、将作使者、清诏使等二十余种"⑧。而对于"将帅用兵"与汉代使者之关系，可能与"衣绣持斧""捕群盗"等相关，因为这类使者确有直接领兵征伐之特权。例如，《史记》卷一二二《酷吏列传》："于是天子始使御史中丞、丞相长史督之。犹弗能禁也，乃使光禄大夫范昆、诸辅都尉及故九卿张德等衣绣衣，持节，虎符发兵以兴

①　甘肃省文物考古研究所等编：《居延新简——甲渠候官》，中华书局，1994年，第268页。

②　均和、刘军：《汉简举书与行塞考》，载甘肃省文物考古研究所、西北师范大学文学院历史系编：《简牍学研究》（第2辑），甘肃人民出版社，1998年，第151页。

③　《汉书》卷一二《平帝纪》，中华书局，1962年，第354页。

④　《汉书》卷六九《赵充国传》，中华书局，1962年，第2973页。

⑤　《汉书》卷九六下《西域传下》，中华书局，1962年，第3912页。

⑥　《汉书》卷五四《李陵传》，中华书局，1962年，第2455、2457页。

⑦　《后汉书》卷一九《耿秉传》，中华书局，1965年，第717页。

⑧　宁志新：《隋唐使职制度研究（农牧工商编）》，中华书局，2005年，第16-17页。

击，斩首大部或至万余级，及以法诛通饮食，坐连诸郡，甚者数千人。"①《汉书》卷六《武帝纪》："泰山、琅邪群盗徐勃等阻山攻城，道路不通。遣直指使者暴胜之等衣绣衣杖斧分部逐捕。刺史郡守以下皆伏诛。"② 值得注意的是，此类使者派遣与领兵征伐之将军在职权与性质上已经相当接近，反映出汉代使者类型与使命的复杂化。

第二节　使者资格与特征

何人有资格担任使者，主要取决于使命类型以及选拔与派遣方式。由此不仅可以窥见皇权政治与官僚体系之间的微妙互动，而且反映出汉代使者某些新的特征，而这又是与汉代政治制度与施政风格密切相关的。

一、使者的选任与派遣

汉代各种名目的使者数量众多，使命类型几乎无所不包。使者选任与派遣也有多种形式。

1. 就派出机构而言，有中央和地方之分

中央使者当然以皇帝名义派出最多，但有两种不同情况：一为使者受天子之命而出，一为受权臣之命而出。例如霍光废昌邑王，遣使迎立新帝："光遣宗正刘德至曾孙家尚冠里，洗沐赐御衣，太仆以軨猎车迎曾孙就斋宗正府，入未央宫见皇太后，封为阳武侯。已而光奉上皇帝玺绶，谒于高庙，是为孝宣皇帝。"③ 又如《后汉书》卷七三《刘虞传》："及董卓秉政，遣使者授虞大司马，进封襄贲侯。初平元年，复征代袁隗为太傅。道路隔塞，王命竟不得达。"④ 东汉末年，董卓专权，天子不过是傀儡而已，故遣使实为权臣之意，甚至出现假借朝廷名义自为封拜之事，《后汉书》卷七二《董卓传》："卓讽朝廷使光禄勋宣璠节拜卓为太师，位在诸侯王上。乃引还长安。百官迎路拜揖，卓遂僭拟车服，乘金华青盖，爪画两𫐐，时人号'竿摩车'，言其服饰近天子也。"⑤ 当然，这些只是特殊时期的特殊情况。从制度上来说，使者的权力直接来源于皇帝。

---

① 《史记》卷一二二《酷吏列传》，中华书局，1959年，第3151页。
② 《汉书》卷六《武帝纪》，中华书局，1962年，第204页。
③ 《汉书》卷六八《霍光传》，中华书局，1962年，第2947页。
④ 《后汉书》卷七三《刘虞传》，中华书局，1965年，第2354页。
⑤ 《后汉书》卷七二《董卓传》，中华书局，1965年，第2329页。

　　两汉也有太后遣使之史例。例如汉武帝有宠臣韩嫣，"先习胡兵，以故益尊贵，官至上大夫，赏赐拟于邓通"，后因触犯太后之忌，被使者奉诏赐死。《史记》卷一二五《佞幸列传》："嫣侍上，出入永巷不禁，以奸闻皇太后。皇太后怒，使使赐嫣死。上为谢，终不能得，嫣遂死。"① 所谓"上为谢，终不能得"，表明武帝曾有营救意图，但未成功。因为根据前朝故事，天子可以遣使赦免臣下。如文帝时宠臣邓通，因得罪丞相申屠嘉险被处斩，但为文帝遣使赦出，事见《史记》卷九六《张丞相列传》：

　　　　嘉为人廉直，门不受私谒。是时太中大夫邓通方隆爱幸，赏赐累巨万。文帝尝宴饮通家，其宠如是。是时丞相入朝，而通居上傍，有怠慢之礼。丞相奏事毕，因言曰："陛下爱幸臣，则富贵之；至于朝廷之礼，不可以不肃！"上曰："君勿言，吾私之。"罢朝坐府中，嘉为檄召邓通诣丞相府，不来，且斩通。通恐，入言文帝。文帝曰："汝第往，吾今使人召若。"通至丞相府，免冠，徒跣，顿首谢。嘉坐自如，故不为礼，责曰："夫朝廷者，高皇帝之朝廷也。通小臣，戏殿上，大不敬，当斩。吏今行斩之！"通顿首，首尽出血，不解。文帝度丞相已困通，使者持节召通，而谢丞相曰："此吾弄臣，君释之。"邓通既至，为文帝泣曰："丞相几杀臣。"②

　　文帝先令邓通至丞相府谢罪，再遣使者"持节召通，而谢丞相"，当是尊崇丞相，特加礼敬之意。因为使者直接代表皇帝，丞相纵有法律令为据，也不得不网开一面，这也是使者干涉司法的一例。同样的事例还有刘邦遣使赦免萧何："是日，使使持节赦出相国。相国年老，素恭谨，入，徒跣谢。"③ 文帝遣使赦出周勃：文帝既见绛侯狱辞，乃谢曰："吏事方验而出之。"于是使使者持节赦绛侯，复爵邑。绛侯既出，曰："吾尝将百万军，然安知狱吏之贵乎！"④ 此可见使者特赦之权高于一般司法官员，但汉武帝遣使却未能赦出韩嫣，应与其时太后威权较高，武帝不愿为之引发冲突有关。西汉时，太后也可遣使者执行赦免：

　　　　顷之，太子与梁王共车入朝，不下司马门，于是释之追止太子、

　　① 《史记》卷一二五《佞幸列传》，中华书局，1959年，第3195页。
　　② 《史记》卷九六《张丞相列传》，中华书局，1959年，第2683－2684页。
　　③ 《史记》卷五三《萧相国世家》，中华书局，1959年，第2018－2019页。
　　④ 《史记》卷五七《绛侯周勃世家》，中华书局，1959年，第2073页。

梁王无得入殿门。遂劾不下公门不敬，奏之。薄太后闻之，文帝免冠谢曰："教儿子不谨。"薄太后乃使使承诏赦太子、梁王，然后得入。文帝由是奇释之，拜为中大夫。①

不过此处赦免对象并非一般官员，而是太子与梁王，可能因为事发地点在司马门之内，且涉及宗室，文帝不便亲自出面，故以太后名义下诏遣使。

在皇帝驾崩、中枢权力出现真空之际，太后临朝听政，其使者尤显尊贵。例如哀帝驾崩，无嗣继位，"太皇太后即日驾之未央宫收取玺绶，遣使者驰召莽。诏尚书，诸发兵符节，百官奏事，中黄门、期门兵皆属莽"②。王莽大权加身后，又"使谒者以太后诏即阙下册"赐死时为大司马的哀帝宠臣董贤。不过由于王莽本为外戚，其秉政时诸多使命虽以太后名义下达，但也很难说没有王莽的授意。例如王莽欲专断朝政，于是"令太后下诏曰"："他事，安汉公、四辅平决。州牧、二千石及茂材吏初除奏事者，辄引入至近署对安汉公，考故官，问新职，以知其称否。"③《汉书》卷九九上《王莽传上》又说："每有水旱，莽辄素食，左右以白。太后遣使者诏莽曰：'闻公菜食，忧民深矣。今秋幸孰，公勤于职，以时食肉，爱身为国。'"④ 如此掩耳盗铃的行为，几近于政治作秀了。又如霍光欲立昌邑王为帝，于是"承皇太后诏，遣行大鸿胪事少府乐成、宗正德、光禄大夫吉、中郎将利汉迎昌邑王贺"⑤。这也是权臣假借太后名义下诏遣使而达成个人政治目的之事例。

东汉皇帝多幼年继位，故太后权重，正如范晔所评论："东京皇统屡绝，权归女主，外立者四帝，临朝者六后，莫不定策帷帟，委事父兄，贪孩童以久其政，抑明贤以专其威。"⑥ 幼帝驾崩，无子继位，太后遣使迎立新君已成制度，例如《后汉书·天文志中》："后一年，元兴元年十月二日，和帝崩，殇帝即位一年又崩，无嗣，邓太后遣使者迎清河孝王子即位，是为孝安皇帝。"⑦ 太后临朝，遇有吉凶疑难之事，亦会遣使询问臣

① 《史记》卷一〇二《张释之冯唐列传》，中华书局，1959年，第2753页。
② 《汉书》卷九九上《王莽传上》，中华书局，1962年，第4044页。
③ 《汉书》卷九九上《王莽传上》，中华书局，1962年，第4049页。
④ 《汉书》卷九九上《王莽传上》，中华书局，1962年，第4050页。
⑤ 《汉书》卷六八《霍光传》，中华书局，1962年，第2937页。
⑥ 《后汉书》卷一〇上《皇后纪上》，中华书局，1965年，第401页。
⑦ 《后汉书·天文志中》，中华书局，1965年，第3237页。

下，如《后汉书》卷三〇上《杨厚传》：

> 初，安帝永初二［三］年，太白入北斗，洛阳大水。时统为侍中，厚随在京师。朝廷以问统，统对年老耳目不明，子厚晓读图书，粗识其意。邓太后使中常侍承制问之，厚对以为"诸王子多在京师，容有非常，宜亟发遣各还本国"。太后从之，星寻灭不见。又克水退期日，皆如所言。除为中郎。太后特引见，问以图谶，厚对不合，免归。①

李贤注还引《袁山松书》曰："邓太后问厚曰：'大将军邓骘应辅臣以不？'对曰：'不应。'以此不合其旨。"这也反映出女主专权，外戚尾大不掉之危害。类似的例子还可见《后汉书》卷四八《徐璆传》：

> 稍迁荆州刺史。时董太后姊子张忠为南阳太守，因势放滥，臧罪数亿。璆临当之部，太后遣中常侍以忠属璆。璆对曰："臣身为国，不敢闻命。"太后怒，遽征忠为司隶校尉，以相威临。璆到州，举奏忠臧余一亿，使冠军县上簿诣大司农，以彰暴其事。又奏五郡太守及属县有臧污者，悉征案罪，威风大行。中平元年，与中郎将朱俊击黄巾贼于宛，破之。张忠怨璆，与诸阉官构造无端，璆遂以罪征。②

徐璆以荆州刺史行部，奏举贪赃枉法者，甚至在太后遣使求情时也不有所宽宥，终于因此获罪。所谓"太后遣中常侍以忠属璆"，其实就是遣使赦免张忠之意。徐璆后因张忠与宦官"构造无端"而获罪，应该与其奉法严明，拒不受使者之命，得罪贵幸有关。这不仅显示出太后之威权，也可见在皇权政治处于失序状态时，太后使者对行政运作与官僚系统的侵害。

附带一提，汉代也可见皇后遣使之史例。《史记》卷九《吕太后本纪》："太后以吕产女为赵王后。王后从官皆诸吕，擅权，微伺赵王，赵王不得自恣。王有所爱姬，王后使人酖杀之。"③ 这是诸侯国王后的例子，但赵王后为吕产之女，其遣使杀人或系吕后之意。

2. 就使者官衔而言，有故官与加官出使之别

两汉史籍所见出使记录，以直接称"使者"为最多，其余有记使者官衔者。廖伯源先生认为："使者为皇帝之代表，皇帝欲派遣何人为其代表，

合意即可，故使者之官衔无任何限制，即任何官员皆可为使者。……自丞相以下各级官员，至公卿府之掾史小吏，及宫廷官员如大夫、博士、郎吏、尚书、谒者、黄门等，甚至地方官吏，莫不可为使者。"①

虽然使者有官衔较为常见，但也有特殊情况，即不称本官，而称故官，多见于中央官员。例如，《史记》卷一二二《酷吏列传》："于是天子始使御史中丞、丞相长史督之。犹弗能禁也，乃使光禄大夫范昆、诸辅都尉及故九卿张德等衣绣衣，持节，虎符发兵以兴击，斩首大部或至万余级，及以法诛通饮食，坐连诸郡，甚者数千人。"② 此处只说"故九卿"，不明其具体官衔。但武帝时设置的"绣衣使者"，是奉行"捕盗""治狱"等特殊使命的使者。《汉书》卷一九上《百官公卿表上》："侍御史有绣衣直指，出讨奸猾，治大狱，武帝所制，不常置。"③ 所谓"出讨奸猾，治大狱"，多为治狱司法之事，所遣使者应以明习律令者为优。九卿之中，最合适的人选似乎就是廷尉了。汉代也可见以"故廷尉"为使者，如《汉书》卷七《昭帝纪》："（元年）闰月，遣故廷尉王平等五人持节行郡国，举贤良，问民所疾苦、冤、失职者。"④ 此处所记使命不仅限于司法治狱，还有"行郡国，举贤良，问民所疾若"等，有的已经超越了廷尉所掌之职事，可能是出使之五人各有所主，分别行之。武帝时，又有丙吉以故廷尉右监为治狱使者：

> 丙吉字少卿，鲁国人也。治律令，为鲁狱史。积功劳，稍迁至廷尉右监。坐法失官，归为州从事。武帝末，巫蛊事起，吉以故廷尉监征，诏治巫蛊郡邸狱。时宣帝生数月，以皇曾孙坐卫太子事系，吉见而怜之。又心知太子无事实，重哀曾孙无辜，吉择谨厚女徒，令保养曾孙，置闲燥处。吉治巫蛊事，连岁不决。后元二年，武帝疾，往来长杨、五柞宫，望气者言长安狱中有天子气，于是上遣使者分条中都官诏狱系者，亡轻重一切皆杀。内谒者令郭穰夜到郡邸狱，吉闭门拒使者不纳，曰："皇曾孙在。他人亡辜死者犹不可，况亲曾孙乎！"相守至天明不得入，穰还以闻，因劾奏吉。武帝亦寤，曰："天使之也。"因赦天下。郡邸狱系者独赖吉得生，恩及四海矣。曾孙病，几

---

① 廖伯源：《使者与官制演变——秦汉皇帝使者考论》，文津出版社，2006年，第202页。
② 《史记》卷一二二《酷吏列传》，中华书局，1959年，第3151页。
③ 《汉书》卷一九上《百官公卿表上》，中华书局，1962年，第725-726页。
④ 《汉书》卷七《昭帝纪》，中华书局，1962年，第220页。

不全者数焉，吉数敕保养乳母加致医药，视遇甚有恩惠，以私财物给其衣食。①

《汉书》卷七四《丙吉传》明言"治狱使者丙吉"，可见丙吉身份为使者无疑。其被"诏治巫蛊郡邸狱"的原因，主要应与其"治律令，为鲁狱史。积功劳，稍迁至廷尉右监"的仕宦经历有关。而丙吉"闭门拒使者不纳"，得以保全后来继位为宣帝的皇孙，但为使者所弹劾，恐怕是因为丙吉所为有僭越之嫌，且等级低于武帝所遣使者，又有抗命之举有关。

至于使者官衔与使命等级之联系，似亦未形成制度化规定。有学者认为："汉使出使，基本上都以郎中令的属官的身份建节，又多以大夫或诸郎身份出使，但挂何衔，则又视使者原任职衔的高低而定，原任高，挂衔就高；原任低，挂衔就低。"② 而在可考的汉代使者名号中，似确以大夫出使最为常见。

有学者指出：汉代大夫为帝王诏命所使，还有持节出使外族、奉命率军出征、参与大案审议以及奉命赏赐功臣贵幸等任务。③ 可见大夫出使的任务，并不仅限于文职行为，也有领兵征伐之军事活动。

汉代出使西域之使者，其身份也往往具有类似双重性质。例如，最早担任西域都护的郑吉，就身兼"骑都尉"与"谏大夫"两种官号。《汉书》卷一九上《百官公卿表上》："西域都护加官，宣帝地节二年初置，以骑都尉、谏大夫使护西域三十六国。"④ 而《汉书》卷七〇《郑吉传》明言："都护之置自吉始焉。"⑤ 学界对于郑吉为初任西域都护并无异议，但对于其官称却有不同理解。有的将"都护"和"西域骑都尉"连为一官⑥，有的只含糊地说"以骑都尉谏大夫出任"⑦，有的说"由中央政府委派骑都尉或谏大夫充任"⑧，凡此种种，似都与史实有一定出入。细考汉代自郑吉以后历任西域都护者，历来都加大夫和骑都尉之号，如甘延寿曾任"谏大夫、使西域都护、骑都尉，与副校尉陈汤共诛斩郅支单于，封义成侯"。又如段会宗"以杜陵令，五府举为西域都护、骑都尉、光禄大夫，西域敬

① 《汉书》卷七四《丙吉传》，中华书局，1962 年，第 3142 页。

② 贾雪枫：《汉使身份考》，《文史杂志》2002 年第 6 期。

③ 刘太祥：《汉代巡行使的职能和作用》，《史学月刊》1997 年第 1 期。

④ 《汉书》卷一九上《百官公卿表上》，中华书局，1962 年，第 738 页。

⑤ 《汉书》卷七〇《郑吉传》，中华书局，1962 年，第 3006 页。

⑥ 吕宗力主编：《中国历代官制大辞典》，北京出版社，1994 年，第 344 页。

⑦ 李大龙：《两汉时期的边政与边吏》，黑龙江教育出版社，1995 年，第 35 页。

⑧ 《新疆简史》（第 1 册），新疆人民出版社，1980 年，第 37 - 38 页。

其威信"。由此可见，西域都护与诸大夫、骑都尉构成了一个加官组合，兼有治政和领军两项使命，这与西域都护的职掌较为复杂有关。① 不过，东汉时西域都护已由加官变为实职，有印绶是其标志之一，且显示出其职掌日益重要。

关于"西域都护"，最早似也具备使者身份，有学者就认为其前身应是"使者校尉"②。廖伯源先生认为："西域都护自初置至东汉省废，一直拥有使者之身份，亦与使匈奴中郎将等相同，为常设性之专职使者。"③这一官名的演变似反映出，汉代奉使西域者，往往先是以使者之名，后有治民之实。正如阎步克先生总结的："帝国的西疆开拓者往往同时拥有两个头衔，一文一武；文职为谏大夫、光禄大夫之类，武职为骑都尉或中郎将等等。就'使者校尉'这个官名而言，谏大夫、光禄大夫对应着'使者'，'校尉'则对应着骑都尉之类的军职。"④ 邢义田先生曾指出，"允文允武"是汉代官吏的一种典型特征⑤，若以此来看汉代使者之选任，应该也是适宜的。黎虎先生注意到汉代外交使节的人选，从先秦时期的"辩士"为主，"勇士（壮士）"次之，变为"勇士（壮士）"为主，"辩士"次之。⑥ 例如，张骞"为人强力，宽大信人，蛮夷爱之"。又班固为傅介子、常惠、郑吉、甘延寿、陈汤、段会宗等人作传，于传末称其"皆以勇略选"。由此看来，汉代使者"允文允武"之特点，从其出使之名号可以得到明显体现。既冠以大夫之名，又加郎将之号，可见其"兼资文武"。只是从东汉中后期以来，诸大夫和郎官不断虚衔化，以至于到后世转变为优抚养老之官："魏氏以来，转复优重，不复以为使命之官。其诸公告老者，皆家拜此位；及在朝显职，复用加之。"⑦

二、汉代使者特征——以直指绣衣使者为例

汉武帝在位期间，使命频繁，陆续出现了许多新的使者类型，其中似

① 有学者认为西域都护的职掌主要有：属吏之任命与领驭、督察屯田吏士、督察诸国、遣吏士分行各国、上书言事、与汉使议处西域诸事。此外，都护常受诏征调诸国及屯田士卒以平乱事，或专断擅发讨伐。参见张维华：《西域都护通考》，载《汉史论集》，齐鲁书社，1980 年，第306 - 308页。

② 余太山：《两汉魏晋南北朝与西域关系史研究》，中国社会科学出版社，1995 年，第233 页。

③ 廖伯源：《使者与官制演变——秦汉皇帝使者考论》，文津出版社，2006 年，第316 页。

④ 阎步克：《品位与职位》，中华书局，2001 年，第219 页。

⑤ 邢义田：《允文允武：汉代官吏的一种典型》，载《天下一家》，中华书局，2011 年，第224 - 284页。

⑥ 黎虎：《汉代外交使节的选拔》，《兰州大学学报（社会科学版）》2002 年第 6 期。

⑦ 《晋书》卷二四《职官志》，中华书局，1974 年，第728 页。

以"直指绣衣使者"影响最大，且能较为全面地反映出汉代使者的整体特征。这一因事权置、临时特设的使者，在《史记》《汉书》中往往又称"绣衣御史""绣衣直指""绣衣执法""直指绣衣"，有时又简称"直指"，意即"衔命直指"，或"指事而行"。称谓不同，含义皆一，都是指受中央（皇帝）派遣，奉行"捕盗""治狱"等特殊使命的使者。《汉书》卷一九上《百官公卿表上》："侍御史有绣衣直指，出讨奸猾，治大狱，武帝所制，不常置。"服虔曰："指事而行，无阿私也。"师古曰："衣以绣者，尊宠之也。"① 所谓"绣衣"，应是其独有的服饰特征，且显示出其地位和权力高于一般使者。陈直先生说："侍御史有绣衣直指，王莽时改绣衣为绣衣直法。有绣衣执法印，又有绣衣执法大夫印，盖亦王莽时物。"② 虽然直到西汉末年尚有直指使者活动的踪影，但考察其活跃于政治舞台，且作用于当时历史影响较大的时间段，还是汉武帝时期。

关于直指绣衣使者的创设背景，《史记》卷三〇《平准书》记载："自造白金五铢钱后五岁，赦吏民之坐盗铸金钱死者数十万人。其不发觉相杀者，不可胜计。赦自出者百余万人。然不能半自出，天下大抵无虑皆铸金钱矣。犯者众，吏不能尽诛取，于是遣博士褚大、徐偃等分曹循行郡国，举兼并之徒守相为利者。而御史大夫张汤方隆贵用事，减宣、杜周等为中丞，义纵、尹齐、王温舒等用惨急刻深为九卿，而直指夏兰之属始出矣。"③ 由此可知，当时盗铸之风盛行，对中央财政构成严重威胁，故遣使前往地方督促官员严厉打击经济犯罪行为，以缓解危机。所谓"坐盗铸金钱死者数十万人"，而"赦自出者百余万人"，可见因盗铸而获刑人数之多。如果联系到西汉全盛时期也不过五千余万人口，应当说这个数字比例是惊人的，也反映出当时其实已经出现较为严重的社会危机。

为此，汉武帝又特别起用了一批酷吏，《史记》卷一二二《酷吏列传》："是时赵禹、张汤以深刻为九卿矣，然其治尚宽，辅法而行，而纵以鹰击毛挚为治。后会五铢钱白金起，民为奸，京师尤甚，乃以纵为右内史，王温舒为中尉。温舒至恶，其所为不先言纵，纵必以气凌之，败坏其功。其治，所诛杀甚多，然取为小治，奸益不胜，直指始出矣。吏之治以斩杀缚束为务，阎奉以恶用矣。"④ 然而，汉武帝对地方长吏逐捕盗贼的

① 《汉书》卷一九上《百官公卿表上》，中华书局，1962年，第725-726页。
② 陈直：《汉书新证》，中华书局，2008年，第81页。
③ 《史记》卷三〇《平准书》，中华书局，1959年，第1433页。
④ 《史记》卷一二二《酷吏列传》，中华书局，1959年，第3146页。

力度仍不满意，故派遣直指绣衣使者予以监督，甚至可以诛杀不从命的郡国守相。如《汉书》卷七一《隽不疑传》："武帝末，郡国盗贼群起，暴胜之为直指使者，衣绣衣，持斧，逐捕盗贼，督课郡国，东至海，以军兴诛不从命者，威振州郡。"① 又如同为绣衣直指使者的王贺，对"逐捕魏郡群盗坚卢等党与，及吏畏懦逗遛当坐者"手下留情，"皆纵不诛"，于是"以奉使不称免"②。所谓"畏懦逗遛"，《史记》卷一〇八《韩长孺列传》又作"逗桡"。《史记集解》引《汉书音义》曰："逗，曲行避敌也。桡，顾望。军法语也。"③《汉书》卷五二《韩安国传》注引如淳云："军法，行而逗留畏懦者腰斩。"颜师古注曰："逗谓留止也。桡，屈弱也。"④ 这是对在战场上畏缩不前，贻误战机以至无法取胜的怯懦行为的处罚。

　　经济形势的长期紧张，进一步激化了本已日趋尖锐的社会矛盾。加上吏治腐败，赋役沉重，在汉武帝统治后期，直指绣衣使者的派遣显得更为频繁。

　　例如："元封四年中，关东流民二百万口，无名数者四十万，公卿议欲请徙流民于边以适之。"⑤ 这是元狩、元鼎以来不断开边兴利的结果。如《汉书》卷九六下《西域传下·渠犁传》："自武帝初通西域，置校尉，屯田渠犁。是时军旅连出，师行三十二年，海内虚耗。"⑥ 更严重的是，天汉二年（前99年）出现了规模空前的民众暴动，《史记》卷一二二《酷吏列传》记载较为详细：

> 自温舒等以恶为治，而郡守、都尉、诸侯二千石欲为治者，其治大抵尽放温舒，而吏民益轻犯法，盗贼滋起。南阳有梅免、白政，楚有殷中、杜少，齐有徐勃，燕赵之间有坚卢、范生之属。大群至数千人，擅自号，攻城邑，取库兵，释死罪，缚辱郡太守、都尉，杀二千石，为檄告县趣具食。小群盗以百数，掠卤乡里者，不可胜数也。于是天子始使御史中丞、丞相长史督之。犹弗能禁也，乃使光禄大夫范昆、诸辅都尉及故九卿张德等衣绣衣，持节，虎符发兵以兴击，斩首大部或至万余级，及以法诛通饮食，坐连诸郡，甚者数千人。数岁，

---

① 《汉书》卷七一《隽不疑传》，中华书局，1962年，第3035页。
② 《汉书》卷九八《元后传》，中华书局，1962年，第4013—4014页。
③ 《史记》卷一〇八《韩长孺列传》，中华书局，1959年，第2863页。
④ 《汉书》卷五二《韩安国传》，中华书局，1962年，第2405页。
⑤ 《史记》卷一〇三《万石张叔列传》，中华书局，1959年，第2768页。
⑥ 《汉书》卷九六下《西域传下·渠犁传》，中华书局，1962年，第3912页。

乃颇得其渠率。散卒失亡，复聚党阻山川者，往往而群居，无可奈
何。于是作"沈命法"，曰群盗起不发觉，发觉而捕弗满品者，二千
石以下至小吏主者皆死。其后小吏畏诛，虽有盗不敢发，恐不能得，
坐课累府，府亦使其不言。故盗贼浸多，上下相为匿，以文辞避
法焉。①

由此可见，面对"吏民益轻犯法，盗贼滋起"的严重局势，武帝为此
特别派遣直指绣衣使者，又设"沈命法"，以督责地方官吏逐捕盗贼。《汉
书》卷六《武帝纪》又说："泰山、琅邪群盗徐勃等阻山攻城，道路不通。
遣直指使者暴胜之等衣绣衣杖斧分部逐捕。刺史郡守以下皆伏诛。"② 又
如《汉书》卷六六《王䜣传》：

> 武帝末，军旅数发，郡国盗贼群起，绣衣御史暴胜之使持斧逐捕
> 盗贼，以军兴从事，诛二千石以下。胜之过渤阳，欲斩䜣，䜣已解衣
> 伏质，仰言曰："使君颛杀生之柄，威震郡国，今复斩一䜣，不足以
> 增威，不如时有所宽，以明恩贷，令尽死力。"胜之壮其言，贳不诛，
> 因与䜣相结厚。③

绣衣使者"持斧逐捕盗贼，以军兴从事，诛二千石以下"，王䜣为县
令，秩级最多不过千石，使者自然有权将其诛杀。但王䜣最后得以免死，
反映出使者不仅有专杀之威，而且可以便宜行事。从长远来看，这对地方
行政权力总会有一定侵蚀。

西汉末年，仍有直指绣衣使者受命而出的记载，如《后汉书》卷八一
《独行传·谯玄传》载平帝元始四年（4 年）"选明达政事能班化风俗者八
人。时并举玄，为绣衣使者，持节，与太仆任〔王〕恽等分行天下，观览
风俗，所至专行诛赏"④。又如王莽"令七公六卿号皆兼称将军，遣著武
将军逯并等填名都，中郎将、绣衣执法各五十五人，分填缘边大郡，督大
奸猾擅弄兵者"⑤。然而当时吏治腐败已经无可救药，其实直指绣衣使者
已无法发挥其应有作用："中郎将、绣衣执法在郡国者，并乘权势，传相

<hr/>

① 《史记》卷一二二《酷吏列传》，中华书局，1959 年，第 3151 页。
② 《汉书》卷六《武帝纪》，中华书局，1962 年，第 204 页。
③ 《汉书》卷六六《王䜣传》，中华书局，1962 年，第 2887 页。
④ 《后汉书》卷八一《独行传·谯玄传》，中华书局，1965 年，第 2667 页。
⑤ 《汉书》卷九九中《王莽传中》，中华书局，1962 年，第 4125 页。

举奏。"① 虽然此时期派遣的使者规模与频率有所增加，但仍然不能改变王莽政权最终覆灭的命运。东汉以降，似乎很少看到直指绣衣使者的出现，这应与遣使循行和刺史制度的逐渐定型和完善有关。

对于武帝朝政局有重大影响的政治事件——巫蛊之狱，时任直指绣衣使者之一的江充曾参与其中。据其本传，江充先以谒者使匈奴还，"拜为直指绣衣使者，督三辅盗贼，禁察逾侈"。其时由于执法态度强硬，已经得罪不少贵戚子弟，且与太子亦有嫌隙。"后上幸甘泉，疾病，充见上年老，恐晏驾后为太子所诛，因是为奸，奏言上疾祟在巫蛊。于是上以充为使者治巫蛊。充将胡巫掘地求偶人，捕蛊及夜祠，视鬼，染污令有处，辄收捕验治，烧铁钳灼，强服之。民转相诬以巫蛊，吏辄劾以大逆亡道，坐而死者前后数万人。"② 其后江充"至太子宫掘蛊，得桐木人"。太子情急，"乃使客为使者收捕充等。按道侯说疑使者有诈，不肯受诏，客格杀说"③。太子"客"本非真直指绣衣使者，但之所以要冒充使者，恐怕是因为江充本为绣衣使者，不如此即无正当名义与权力将其收捕，此亦可见直指使者权力直接来源于皇帝，身份地位较一般使者而言更为尊崇和特殊。关于江充等直指绣衣使者在"巫蛊之狱"中所扮演的历史角色，田余庆先生曾经指出："江充充当了深酷用法臣僚的代表，秉承武帝意旨，凭借党与优势，用非常手段摧毁以卫太子为代表的'守文'的政治势力，这也许就是巫蛊之狱的实质。"④ 这为我们理解直指绣衣使者在汉代政治运作与皇权稳固过程中所发挥的作用和影响，提供了重要启示。或者可以推测，汉武帝创设此类使者的初衷，也许并不仅仅是由于统治危机的出现，可能也带有某种转变政策的意图。

汉代又有"治狱使者"之称谓。如《汉书》卷九七上《外戚传上·卫太子史良娣传》："武帝末，巫蛊事起，卫太子及良娣、史皇孙皆遭害。史皇孙有一男，号皇曾孙，时生数月，犹坐太子系狱，积五岁乃遭赦。治狱使者邴吉怜皇曾孙无所归，载以付史恭。恭母贞君年老，见孙孤，甚哀之，自养视焉。"⑤ 另见王莽时扬雄投阁事："时雄校书天禄阁上，治狱使

① 《汉书》卷九九中《王莽传中》，中华书局，1962年，第4140页。
② 《汉书》卷四五《江充传》，中华书局，1962年，第2178页。
③ 《汉书》卷六三《武五子传·戾太子刘据传》，中华书局，1962年，第2743页。
④ 田余庆：《论轮台诏》，载《秦汉魏晋史探微》，中华书局，2004年，第42页。
⑤ 《汉书》卷九七上《外戚传上·卫太子史良娣传》，中华书局，1962年，第3961页。

者来，欲收雄，雄恐不能自免，乃从阁上自投下，几死。"① 此类使者拥有司法专断之权，史籍虽未明言，可能也是绣衣使者。

有学者这样总结各种"使者"与当时政治形势的关系，"在专制主义中央集权政治体制下，为加强对全国各地的管辖与控制，当时采取了许多政治、经济、军事等方面的有力举措。与此同时，汉廷中央还经常派遣使者'循行天下'，或对郡国'宣谕上旨'、传达政令；或督察地方社会治安、劝课农桑；或采探民意、考课吏员行迹等。故当时有各种名目的'使者'，而绣衣使者便是其中之一种"②。由此可见，直指绣衣使者本为因事权置，临时特设，但权力甚大，使命较广，不仅可以治狱诛杀，监督官吏，还可以领兵征伐，体现出汉代使者因事权置、得以专断的鲜明特征。关于这一点，还可以结合领兵征伐之将军来予以比较和分析。

大庭脩先生指出："衣绣持斧"的直指使者，其实可以说就是"被委以专杀权的、以将军位为标准的戒严司令官"③。而汉代将军的鲜明特征之一就是有事则设，不常置。《汉书》卷一九上《百官公卿表上》："前后左右将军，皆周末官，秦因之，位上卿，金印紫绶。汉不常置，或有前后，或有左右，皆掌兵及四夷。"④《后汉书·百官志一》："将军，不常置。本注曰：掌征伐背叛。比公者四：第一大将军，次骠骑将军，次车骑将军，次卫将军。又有前、后、左、右将军。"又曰："世祖中兴，吴汉以大将军为大司马，景丹为骠骑大将军，位在公下，及前、后、左、右杂号将军，众多，皆主征伐，事讫皆罢。"⑤ 前引使者"发兵以兴击"，已经显示出使者身份与将军具有相当的一致性，在史籍中又作"以军兴"，又如《汉书》卷一〇《成帝纪》："夏六月，颍川铁官徒申屠圣等百八十人杀长吏，盗库兵，自称将军，经历九郡。遣丞相长史、御史中丞逐捕，以军兴从事，皆伏辜。"⑥ 所谓"以军兴"，即指军兴法，实际上是军法。而使者所拥有的包含专杀权在内的强大权力，很容易使人联想到《史记》卷六五《孙子吴起列传》中有关"将在军，君命有所不受"的记载：

①　《汉书》卷八七下《扬雄传下》，中华书局，1962年，第3584页。
②　黄今言：《汉代绣衣使者试释》，载《秦汉史丛考》，经济日报出版社，2008年，第311-312页。
③　大庭脩：《秦汉法制史研究》，林剑鸣等译，上海人民出版社，1991年，第299页。
④　《汉书》卷一九上《百官公卿表上》，中华书局，1962年，第726页。
⑤　《后汉书·百官志一》，中华书局，1965年，第3563页。
⑥　《汉书》卷一〇《成帝纪》，中华书局，1962年，第314页。

孙子武者，齐人也。以兵法见于吴王阖庐。阖庐曰："子之十三篇，吾尽观之矣，可以小试勒兵乎？"对曰："可。"阖庐曰："可试以妇人乎？"曰："可。"于是许之，出宫中美女，得百八十人。孙子分为二队，以王之宠姬二人各为队长，皆令持戟。令之曰："汝知而心与左右手背乎？"妇人曰："知之。"孙子曰："前，则视心；左，视左手；右，视右手；后，即视背。"妇人曰："诺。"约束既布，乃设铁钺，即三令五申之。于是鼓之右，妇人大笑。孙子曰："约束不明，申令不熟，将之罪也。"复三令五申而鼓之左，妇人复大笑。孙子曰："约束不明，申令不熟，将之罪也；既已明而不如法者，吏士之罪也。"乃欲斩左右队长。吴王从台上观，见且斩爱姬，大骇。趣使使下令曰："寡人已知将军能用兵矣。寡人非此二姬，食不甘味，愿勿斩也。"孙子曰："臣既已受命为将，将在军，君命有所不受。"遂斩队长二人以徇。①

《史记》卷六四《司马穰苴列传》中也有"将在军，君令有所不受"②的说法。《白虎通·三军》亦云："大夫将兵出，不从中御者，欲盛其威，使士卒系心也。故但闻将军令，不闻君命也，明进退在大夫也。"大庭脩先生认为，或许正是由于将军的专杀之权过于强大，才是其"不常置"的主要原因。

汉人据《春秋》之义，将"大夫以君命出，进退在大夫"作为奉使准则之一，似乎受到自董仲舒以来思想传统的影响。《春秋繁露·精华》云：

> 难者曰：《春秋》之法，大夫无遂事。又曰：出境有可以安社稷、利国家者，则专之可也。又曰：大夫以君命出，进退在大夫也。又曰：闻丧徐行而不反。夫既曰无遂事矣，又曰专之可也。既曰进退在大夫矣，又曰徐行而不反也。若相悖然，是何谓也？曰：四者各有所处。得其处，则皆是也，失其处，则皆非也。《春秋》固有常义，又有应变。无遂事者，谓平生安宁也。专之可也者，谓救危除患也。进退在大夫者，谓将率用兵也。徐行不反者，谓不以亲害尊，不以私妨公也。此之谓将得其私，知其指。故公子结受命往媵陈人之妇于鄄，道生事，从齐桓盟，《春秋》弗非，以为救庄公之危。公子遂受

---

① 《史记》卷六五《孙子吴起列传》，中华书局，1959年，第2161页。
② 《史记》卷六四《司马穰苴列传》，中华书局，1959年，第2158页。

命使京师，道生事，之晋，《春秋》非之，以为是时僖公安宁无危。故有危而不专救，谓之不忠；无危而擅生事，是卑君也。故此二臣俱生事，《春秋》有是有非，其义然也。

有学者认为，这一解释反映了汉代公羊学家如何对待"经"与"权"、"常"与"变"的态度。

> 董氏所提炼的"《春秋》有常义，又有应变"确为精当之论。总之，如果死板地拘守"常义"，不懂灵活变通，都必将贻误大事，或是与伦理准则大相径庭。"大夫无遂事"，是通常情况下必须遵守的行为准则。但是在遇到突发情况下，又允许其有擅作主张的权利，因为必须这样做才能为国家救危除患。同样，规定"大夫以君命出，进退在大夫也"的原则，是适应于将帅领兵外出征战，往往会遇到复杂多变的情况，若一成不变地拘守事先规定的方案，必定会贻误大事，因此应当给予将帅根据多变情况作出果断决定的权利；但是若果遇到父母之丧这样的事，则应采取"徐行不返"的办法，因为国君定会安排别人前来接替职事，而不能不顾使命立刻返回，那是以私事妨公事。①

汉代史籍常见言"便宜"与"便宜从事"的说法。例如《史记》卷一〇二《张释之冯唐列传》：释之既朝毕，因前言便宜事。文帝曰："卑之，毋甚高论，令今可施行也。"② 又如《汉书》卷二九《沟洫志》："是时方事匈奴，兴功利，言便宜者甚众。"③《汉书》卷六〇《杜延年传》："吏民上书言便宜，有异，辄下延年平处复奏。"④ 所谓"便宜"，盖指权宜处置之办法。便宜乃因事而发，故多称若干事或若干条。如崔寔："明于政体，吏才有余，论当世便事数十条，名曰《政论》。"⑤ 崔寔《政论》当中也有涉及"便宜从事"的内容："且济时拯世之术，岂必体尧蹈舜然后乃理哉？期于补绽决坏，枝柱邪倾，随形裁割，要措斯世于安宁之域而已。故圣人执权，遭时定制，步骤之差，各有云设。"⑥ 可见"便宜从事"即是随机

---

① 陈其泰：《董仲舒的〈春秋〉公羊学的理论体系》，载中国哲学编辑部编：《经学今诠续编·中国哲学》第 23 辑，辽宁教育出版社，2001 年，第 252 - 253 页。

② 《史记》卷一〇二《张释之冯唐列传》，中华书局，1959 年，第 2751 页。

③ 《汉书》卷二九《沟洫志》，中华书局，1962 年，第 1686 页。

④ 《汉书》卷六〇《杜延年传》，中华书局，1962 年，第 2664 页。

⑤ 《后汉书》卷五二《崔寔传》，中华书局，1965 年，第 1725 页。

⑥ 《后汉书》卷五二《崔寔传》，中华书局，1965 年，第 1726 页。

应变、不拘常情的权变措施。不仅领兵征伐之将军需要权宜应变，汉代使者也多见"便宜从事"者。例如常惠为校尉持节出使，后"因奏请龟兹国尝杀校尉赖丹，未伏诛，请便道击之，宣帝不许。大将军霍光风惠以便宜从事"。颜师古注曰："言至前所专命而行也。"① 又如冯奉世"以卫候便宜发兵诛莎车王，策定城郭，功施边境"②。又如武帝发兵征朝鲜，军中不和，乃遣使调解："使济南太守公孙遂往正之，有便宜得以从事。"③

赵翼曾注意到汉代"奉使者亦皆非常之才，故万里折冲，无不如志"，遂能"立功绝域"的情况："其时奉使者亦皆有胆决策略，往往以单车使者，斩名王定属国于万里之外。"在列举了傅介子、文忠、段会宗等人的事迹之后，又说："此皆以单使立奇功者也。又有擅发属国兵而定乱者。"接着列举了常惠、甘延寿、陈汤、冯奉世等人的事迹，又说："此又以一使者用便宜调发诸国兵以靖反侧者也。"④

但正如邢义田先生所揭示的："允许官员便宜从事和汉代天子的集权倾向有着基本的矛盾和冲突。"⑤ 汉代政治的运行特点，既有"如律令"与"如故事"等因循稳定性，也重视"便宜从事"之类的灵活应变。这两种因素时有交织，有时也可以并行不悖，但前提是不得触及中央王朝及天子的基本权威。使者的权力来源于皇帝，也时刻受到严密监督，很多例子表明，使者如以便宜从事，尽管被证明确属当机立断，势在必行，事后仍难免"矫制"之讥，如前引冯奉世就是一个典型例子：

> 奉世死后二年，西域都护甘延寿以诛郅支单于封为列侯。时丞相匡衡亦用延寿矫制生事，据萧望之前议，以为不当封，而议者咸美其功，上从众而侯之。于是杜钦上疏，追讼奉世前功曰："前莎车王杀汉使者，约诸国背畔。左将军奉世以卫候便宜发兵诛莎车王，策定城郭，功施边境。议者以奉世奉使有指，《春秋》之义亡遂事，汉家之法有矫制，故不得侯。今匈奴郅支单于杀汉使者，亡保康居，都护延寿发城郭兵屯田吏士四万余人以诛斩之，封为列侯。臣愚以为比罪则郅支薄，量敌则莎车众，用师则奉世寡，计胜则奉世为功于边境安，

---

① 《汉书》卷七〇《常惠传》，中华书局，1962年，第3004页。
② 《汉书》卷七九《冯奉世传》，中华书局，1962年，第3300页。
③ 《史记》卷一一五《朝鲜列传》，中华书局，1959年，第2988页。
④ 赵翼著，王树民校证：《廿二史札记校证》，中华书局，1984年，第56-57页。
⑤ 邢义田：《从"如故事"和"便宜从事"看汉代行政中的经常与权变》，载《治国安邦》，中华书局，2011年，第427页。

虑败则延寿为祸于国家深。其违命而擅生事同，延寿割地封，而奉世
独不录。臣闻功同赏异则劳臣疑，罪钧刑殊则百姓惑；疑生无常，惑
生不知所从；亡常则节趋不立，不知所从则百姓无所措手足。奉世图
难忘死，信命殊俗，威功白著，为世使表，独抑厌而不扬，非圣主所
以塞疑厉节之意也。愿下有司议。"上以先帝时事，不复录。①

　　这说明汉代授以便宜之权，多属于特殊情况，并未形成制度。所谓
"安社稷、利国家者"，只是一个模糊的标准，使者对"便宜从事"应承担
的责任与事后处理的结果，几乎都是因时、因人、因事而定。

第三节　使者信物与待遇

　　为求使命顺利达成，使者一般持有信物，不仅可以便宜行事，而且使
者及其随从的个人待遇也由此得到一定保障。使者待遇主要取决于其使命
重要程度，也与其自身品位等级有关。汉代使者事功评价与其历史境遇的
差别，也是值得深思的问题。

一、使者信物

　　据说现代英语"外交"（diplomacy）一词，源于希腊语 diploma，其
意为古代希腊使者出行所持由君主所授予的证书。② 无独有偶，中国古代
使者所持主要信物为"节"，是其受命于君的证明，故使者又称"使节"。
秦汉使者的信物，主要有节、玺书、符、传和武器等。

　　1. 节

　　"节"是使者最重要的信物，受命于君，使于四方，以节为信。《周
礼·地官·掌节》："掌守邦节而辨其用，以辅王命。守邦国者用玉节。守
都鄙者用角节。凡邦国之使节，山国用虎节，土国用人节，泽国用龙节，
皆金也，以英荡辅之。门关用符节，货贿用玺节，道路用旌节，皆有期以
反节。凡通达于天下者，必有节，以传辅之。无节者，有几则不达。"郑
玄注曰："王有命，则别其节之用，以授使者。辅王命者，执以行为信。"
秦汉以降，节的种类和数量似有所减少，但在帝制时代，却是皇权至高无

---

　　① 《汉书》卷七九《冯奉世传》，中华书局，1962 年，第 3300 - 3301 页。
　　② 戈尔-布思主编：《萨道义外交实践指南》，杨立义等译，上海译文出版社，1984 年，第
8 - 9 页。

上的象征。《史记》卷八《高祖本纪》记刘邦入咸阳，子婴出降事曰："秦王子婴素车白马，系颈以组，封皇帝玺符节，降轵道旁。"《史记索隐》引韦昭云："天子印称玺，又独以玉。符，发兵将也。节，使者所拥也。"又引《说文》云："符，信也。汉制以竹，长六寸，分而相合。"又引《释名》云："节为号令赏罚之节也。又节毛上下相重，取象竹节。"①

汉节的具体构造，是用约八尺长的竹竿，再饰以三重旄牛尾毛而制成。西汉末年，刘秀曾作为更始帝之使者，"持节北渡河，镇慰州郡"。《汉官仪》注曰："节，所以为信也，以竹为之，柄长八尺，以旄牛尾为其眊三重。冯衍与田邑书曰：'今以一节之任，建三军之威，岂特宠其八尺之竹，牦牛之尾哉！'"② 不过，汉代也有节长为七尺的记载，如《后汉书》卷四八《徐璆传》记其言曰："昔苏武困于匈奴，不坠七尺之节，况此方寸印乎？"③ 汉代一尺约相当于今 0.23 米，则汉节的长度应在 1.61—1.84 米，与一个成年男子的身高接近。出使匈奴的苏武曾有"杖汉节牧羊"经历，因年深日久，以至于"卧起操持，节旄尽落"。因节为竹制，按其长度推测，握在手中应有一定重量，故有时也可作武器来使用。如《后汉书》卷八一《独行列传·温序传》：

> 六年，拜谒者，迁护羌校尉。序行部至襄武，为隗嚣别将苟宇所拘劫。宇谓序曰："子若与我并威同力，天下可图也。"序曰："受国重任，分当效死，义不贪生苟背恩德。"宇等复晓譬之。序素有气力，大怒，叱宇等曰："虏何敢迫胁汉将！"因以节挝杀数人。贼众争欲杀之。宇止之曰："此义士死节，可赐以剑。"序受剑，衔须于口，顾左右曰："既为贼所迫杀，无令须污土。"遂伏剑而死。④

护羌校尉本是使者，温序受命出使，故持有节。其"以节挝杀数人"，最后"伏剑而死"的壮烈事迹，反映出汉代使者守信重义、以身殉国的精神风貌。

节的物质形态，在秦汉时期曾有过变化。

就颜色和装饰来说，因秦尚水德，故秦节似为黑色。《史记》卷六

---

① 《史记》卷八《高祖本纪》，中华书局，1959 年，第 362 页。

② 《后汉书》卷一上《光武帝纪上》，中华书局，1965 年，第 10 - 11 页。

③ 《后汉书》卷四八《徐璆传》，中华书局，1965 年，第 1621 页。

④ 《后汉书》卷八一《独行列传·温序传》，中华书局，1965 年，第 2672 - 2673 页。

《秦始皇本纪》:"衣服旄旌节旗皆上黑。"① 汉节本为纯赤,但汉武帝时稍有更改,盖因卫太子矫诏以节发兵之故。《汉书》卷六六《刘屈氂传》:"初,汉节纯赤,以太子持赤节,故更为黄旄加上以相别。"② 对此,《汉书》卷六《武帝纪》亦曰:"初置城门屯兵。更节加黄旄。"应劭注曰:"时太子亦发节以战,故加其上黄以别之。"③ 所谓"上黄",似指节旄本有上、中、下三重,全为红色,故在第一重上又加黄旄以示区别。霍光曾上书指责昌邑王贺之罪状,其中有"变易节上黄旄以赤",颜师古注曰:"以刘屈氂与戾太子战,加节上黄旄,遂以为常。贺今辄改之。"④ 说明节之颜色与装饰不可随意更改,以免在执行使命时无所适从,发生混乱。

西汉末年,王莽篡汉,改易服色:"使节之旄幡皆纯黄,其署曰'新使五威节',以承皇天上帝威命也。"⑤ 其后光武中兴,复西汉旧制,汉节恢复到王莽改制以前的形态。袁绍曾因与董卓政见不合,怒而去节辞官,《山阳公载记》曰:"卓以袁绍弃节,改第一葆为赤旄。"对此,《后汉书·百官志三》注引《魏氏春秋》:"中平六年,始复节上赤葆。"⑥ 由此可知,汉末之节似又恢复到武帝时期所谓"纯赤"的形态。至魏末时,司马师与许允书仍有"念足下震华鼓,建朱节"之语,而当时许允"为镇北将军,假节,督河北诸军事"⑦。可见在汉魏时期,节的颜色并未发生较大变化。

使者是否都持节?从《后汉书·舆服志上》来看,使者所乘之车有"大使车"与"小使车",而大使车"持节者,重导从",又曰"无节,单导从,减半"⑧。可见使者是否持节,关系到随行车驾的等级安排。悬泉汉简"鼓令册"又可见鼓吏根据使者"持节"与"不持节"而击鼓次数有所不同,以便准备传食的简文。⑨ 又如《史记》卷一二三《大宛列传》记张骞通西域后争相出使的情况:"其吏卒亦辄复盛推外国所有,言大者予节,言小者为副,故妄言无行之徒皆争效之。"⑩ 所谓"予节",即授予旄

① 《史记》卷六《秦始皇本纪》,中华书局,1959 年,第 237 页。
② 《汉书》卷六六《刘屈氂传》,中华书局,1962 年,第 2881 页。
③ 《汉书》卷六《武帝纪》,中华书局,1962 年,第 209 页。
④ 《汉书》卷六八《霍光传》,中华书局,1962 年,第 2944 - 2945 页。
⑤ 《汉书》卷九九上《王莽传上》,中华书局,1962 年,第 4095 - 4096 页。
⑥ 《后汉书·百官志三》,中华书局,1965 年,第 3597 页。
⑦ 《三国志·魏书》卷九《夏侯玄传》正文及裴注,中华书局,1959 年,第 303 页。
⑧ 《后汉书·舆服志上》,中华书局,1965 年,第 3650 页。
⑨ 牛路军、张俊民:《悬泉汉简所见鼓与鼓令》,《敦煌研究》2009 年第 2 期,第 50 - 55 页。
⑩ 《史记》卷一二三《大宛列传》,中华书局,1959 年,第 3171 页。

节，可能当时规定正使方能持节，副使则不持节。由此似可推断，使者不一定都持节，但持节的一定是使者。例如司隶校尉，本是使者，见元帝时诸葛丰持节追捕许章事：

> 时侍中许章以外属贵幸，奢淫不奉法度，宾客犯事，与章相连。丰案劾章，欲奏其事，适逢许侍中私出，丰驻车举节诏章曰："下！"欲收之。章迫窘，驰车去，丰追之。许侍中因得入宫门，自归上。丰亦上奏，于是收丰节。司隶去节自丰始。[1]

司隶校尉以得罪贵幸而"去节"，但在其后的哀帝时期，时任司隶校尉的孙宝在上书时仍然自称："臣幸得衔命奉使，职在刺举，不敢避贵幸之势，以塞视听之明。"[2] 东汉末年，时任司隶校尉的袁绍因不满董卓专权，愤然"悬节于上东门，而奔冀州"[3]，可见东汉时司隶校尉又复持节。

2. 玺书

使者为宣达皇帝诏命，往往持有玺书。玺为天子之玺，以封缄诏书。《史记》卷八《高祖本纪》记秦王子婴出降："素车白马，系颈以组，封皇帝玺符节，降轵道旁。"《史记正义》："天子有六玺：皇帝行玺、皇帝之玺、皇帝信玺、天子行玺、天子之玺、天子信玺。皇帝信玺凡事皆用之，玺令施行；天子信玺以迁拜封王侯；天子之玺以发兵。皆以武都紫泥封，青囊白素裹，两端无缝。"[4]

秦始皇在巡游途中病危，令赵高为书赐公子扶苏曰："以兵属蒙恬，与丧会咸阳而葬。"书已封，未授使者，始皇崩。而赵高"因留所赐扶苏玺书"，更伪造了一封遗诏，"封其书以皇帝玺，遣胡亥客奉书赐扶苏于上郡"[5]。扶苏因此自杀。又《汉书》卷六三《武五子传·戾太子刘据传》："乃使客为使者收捕充等。按道侯说疑使者有诈，不肯受诏，客格杀说。"[6] 可见巫蛊之乱时，太子也曾遣使矫诏，但诏书有诈，被人识破，使者只得将其格杀。这证明使者收捕臣下，须有正式诏书才可执行。

---

① 《汉书》卷七七《诸葛丰传》，中华书局，1962 年，第 3249 页。
② 《汉书》卷七七《孙宝传》，中华书局，1962 年，第 3262 页。
③ 《后汉书》卷七四上《袁绍传》，中华书局，1965 年，第 2374 页。
④ 《史记》卷八《高祖本纪》，中华书局，1959 年，第 362 - 363 页。
⑤ 《史记》卷八七《李斯列传》，中华书局，1959 年，第 2551 页。
⑥ 《汉书》卷六三《武五子传·戾太子刘据传》，中华书局，1962 年，第 2743 页。

使者执行封赏贬免等使命时，也常用玺书。如赏赐官员，《汉书》卷六〇《杜延年传》："居岁余，上使谒者赐延年玺书，黄金二十斤，徙为西河太守，治甚有名。"[1] 如征召拜官，《汉书》卷七二《龚舍传》："后二年，莽复遣使者奉玺书，太子师友祭酒印绶，安车驷马迎胜，即拜，秩上卿，先赐六月禄直以办装，使者与郡太守、县长吏、三老官属、行义诸生千人以上入胜里致诏。"[2] 如免职，《汉书》卷九九下《王莽传下》："莽畏恶况，阴为发代，遣使者赐况玺书。使者至，见况，因令代监其兵。况随使者西，到，拜为师尉大夫。"[3]

有时史籍只提及玺书，当是省略使者之名。如冯奉世在平定羌乱过程中，与朝廷军事理念不合，"上于是以玺书劳奉世，且让之"[4]。又如《汉书》卷八九《循吏传》："故二千石有治理效，辄以玺书勉厉，增秩赐金，或爵至关内侯，公卿缺则选诸所表以次用之。"[5] 可见中央以玺书贬免赏罚官吏，一般都会派遣使者主持其事。

3. 符

《说文解字》："符，信也"。符有刻齿，可以分为两半，使者合符，得以验明其身份。如居延汉简有"从第一始大守从五始使者符合乃……"（332·12）[6]，似是说使者至郡，需将己所持符与太守之符相验，才可执行使命。

汉代使者所用符，有虎符和竹使符，主要是作为征发凭证来使用。

以虎符发兵的制度，至少战国时就已存在了。例如著名的"信陵君窃符救赵"的故事，就是信陵君使人盗得魏王之虎符，矫杀魏将晋鄙，而将其军救赵。传世虎符甚多，且在我国各地不断有发现。前人图录和序跋中对虎符形制、使用制度和铭文特征有所涉及[7]，《增订历代符牌图录》中辑录了战国至唐的兵符七十余件。近三十年来，学界对于新发现的杜虎符、新郪虎符有较多的关注，关于各种馆藏和出土虎符的介绍以及辨伪的

① 《汉书》卷六〇《杜延年传》，中华书局，1962年，第2666页。
② 《汉书》卷七二《龚舍传》，中华书局，1962年，第3084－3085页。
③ 《汉书》卷九九下《王莽传下》，中华书局，1962年，第4173页。
④ 《汉书》卷七九《冯奉世传》，中华书局，1962年，第3298页。
⑤ 《汉书》卷八九《循吏传》，中华书局，1962年，第3624页。
⑥ 谢桂华、李均明、朱国炤：《居延汉简释文合校》，文物出版社，1987年，第521页。
⑦ 参见罗振玉：《历代符牌图录》，中国书店，1998年；王国维：《观堂集林》卷十八，中华书局，2006年。

文章也不少。① 有学者认为："从实物来看，兵符在唐以前均为虎形，左右合契，右在内，左在外。汉以前文字书于符的两侧，即双符同文法。汉中叶以后，则改为文字书于符脊而中分，即单行剖半法。"② 关于秦代虎符，统一天下前有"杜虎符"③、"新郪虎符"，统一后有"阳陵虎符"。王国维先生对"新郪虎符"与"阳陵虎符"之铭文已有考释：

> 甲兵之符，右在王，左在新郪。凡兴士被甲，用兵五十人以上，必会王符，乃敢行之。燔燧事虽无会符行也。
> 甲兵之符，右在皇帝，左在阳陵。④

此为秦代使用虎符发兵的实证，调动兵士超过五十人以上，都需要出示虎符。而后汉承秦制，亦用虎符发兵。《史记》卷一〇《孝文本纪》："初与郡国守相为铜虎符、竹使符。"应劭注曰："铜虎符第一至第五，国家当发兵，遣使者至郡合符，符合乃听受之。竹使符皆以竹箭五枚，长五寸，镌刻篆书，第一至第五。"《史记索隐》引《汉旧仪》曰："铜虎符发兵，长六寸。竹使符出入征发。"⑤ 似乎虎符乃遣使发兵专用，而竹使符则多用来征发物资。而《后汉书》卷三一《杜诗传》也说："旧制发兵，皆以虎符，其余征调，竹使而已。"⑥ 这里所谓"征调"，应不仅包括征调物资，还包括征召官员。《汉书》卷九〇《酷吏传》："后左冯翊缺，上欲征延年，符已发，为其名酷复止。"应劭注曰："符，竹使符也，臧在符节台，欲有所拜，召治书御史符节令发符下太尉也。"⑦ 若有皇帝驾崩等重大事件，亦遣使者持竹使符通知郡国，如《后汉书·礼仪志下》："是日夜，下竹使符告郡国二千石、诸侯王。竹使符到，皆伏哭尽哀。"⑧

虎符为铜制，竹使符为竹制，一般都是一套五对，分藏中央与地方。

---

① 罗福颐：《杜阳虎符辨伪》，《文物》1982 年第 3 期；陈尊祥：《杜虎符真伪考辨》，《文博》1985 年第 6 期；王关成：《东郡虎符考》，《考古与文物》1994 年第 1 期；王关成：《再谈东郡虎符辨伪》，《考古与文物》1995 年第 2 期。
② 郑雅坤：《谈我国古代的符节（牌）制度及其演变》，《西北大学学报（哲学社会科学版）》1985 年第 1 期。
③ 马非百先生对此已有考订，认为是秦惠文王时期所铸造。参见马非百：《关于秦国杜虎符之铸造年代》，《史学月刊》1981 年第 1 期；另参见陈昭容：《战国至秦的符节——以实物形态为主》，《"中央研究院"历史语言研究所集刊》第 66 本第 1 分，1995 年，第 326 - 328 页。
④ 王国维：《观堂集林》卷十八，中华书局，2006 年，第 903 - 904 页。
⑤ 《史记》卷一〇《孝文本纪》，中华书局，1959 年，第 424 页。
⑥ 《后汉书》卷三一《杜诗传》，中华书局，1965 年，第 1097 页。
⑦ 《汉书》卷九〇《酷吏传》，中华书局，1962 年，第 3670 - 3671 页。
⑧ 《后汉书·礼仪志下》，中华书局，1965 年，第 3141 页。

汉代有符节令，专司保管之任。《后汉书·百官志三》："符节令一人，六百石。本注曰：为符节台率，主符节事。凡遣使掌授节。尚符玺郎中四人。本注曰：旧二人在中，主玺及虎符、竹符之半者。"① 东汉末年，曹操受赐竹使符为一套十对②，当是特殊时期，权臣尊崇之故。

4. 传

"传"是使者所持有的通关证明，东汉后似又称为"过所"。③ 汉文帝时曾"除关无用传"④，景帝时"复置津关，用传出入"。张晏注曰："传，信也，若今过所也。"如淳注曰："两行书缯帛，分持其一，出入关，合之乃得过，谓之传。"⑤ 史籍中也可见"符传"连称，如《汉书》卷九九中《王莽传中》："吏民出入，持布钱以副符传，不持者，厨传勿舍，关津苛留。"颜师古注曰："旧法，行者持符传，即不稽留。今更令持布钱，与符相副，乃得过也。"⑥ 陈直先生认为，"传与过所必须相辅而行"，"符传在西汉虽然联称，然在过所文书中，言传不言符"⑦。《周礼·地官·司关》："凡所达货贿者，则以节传出之"，郑玄注曰："商或取货于民间，无玺节者，至关，关为之玺节及传出之，其有玺节亦为之传，传如今移过所文书。"⑧ 著名的"鄂君启节"，其功能应该与之类似，为楚王授予楚国使者的通关凭证。⑨

使者凭借所持"传"，可以在出使途中乘坐传车，宿留传舍，享用传食。敦煌悬泉汉简有"永光三年正月丁亥朔丁未，渊泉丞光移悬泉置，遣厩佐贺持传车马迎使者董君、赵君，所将客住渊泉。留禀茭，今写券墨移书，受簿入，二月报，毋令谬。如律令。[Ⅰ 0111（2）：3]"⑩。这是使者

---

① 《后汉书·百官志三》，中华书局，1965 年，第 3599 页。
② 《三国志·魏书》卷一《武帝纪》裴注引《献帝传》载《诏》曰："今进君爵为魏王，使使持节行御史大夫、宗正刘艾奉策、奉玺、玄土之社，苴以白茅，金虎符第一至第五，竹使符第一至十。"
③ 有学者认为关传演变为过所的时间在西汉昭帝至东汉光武帝之间，参见唐晓军：《汉简所见关传与过所的关系》，《西北史地》1994 年第 3 期。但似乎确证不多。
④ 《汉书》卷四《文帝纪》，中华书局，1962 年，第 123 页。
⑤ 《史记》卷一一《孝景本纪》，中华书局，1959 年，第 442 页。
⑥ 《汉书》卷九九中《王莽传中》，中华书局，1962 年，第 4122 页。
⑦ 陈直：《汉晋过所通考》，《历史研究》1962 年第 6 期，第 145 - 148 页。
⑧ 孙诒让撰，王文锦、陈玉霞点校《周礼正义》，中华书局，1987 年，第 1107 页。
⑨ 有学者认为，其主要作用在于经济方面（如商旅免税等），且不需合验。参见省吾：《"鄂君启节"考释》，《考古》1963 年第 8 期；杨小英《鄂君启节所见楚史三题研究》，《江汉论坛》2004 年第 4 期。
⑩ 胡平生、张德芳：《敦煌悬泉汉简释粹》，上海古籍出版社，2001 年，第 72 页。

经过悬泉置的接待记录。《汉书》卷九六上《西域传上·大宛国传》说："自乌孙以西至安息，近匈奴。匈奴尝困月氏，故匈奴使持单于一信到国，国传送食，不敢留苦。及至汉使，非出币物不得食，不市畜不得骑，所以然者，以远汉，而汉多财物，故必市乃得所欲。"① 这反映了匈奴势力强盛时，西域各国皆竭力奉迎匈奴使者，而汉使虽持有传信，但却被迫"非出币物不得食，不市畜不得骑"，处境颇为尴尬。《张家山汉简·二年律令》有《传食律》，借此可以了解西汉初年的使者凭传享受传食的标准。对此，有学者的研究指出：能够享用传食的官吏范围要广于能乘传者，"不仅包括这些官员派遣的使者，亦应包含这些官员本身"② 。应劭《风俗通义》："诸侯及使者有传信，乃得舍于传耳。"传舍按使者官爵等级提供饮食和车驾。

使者所用传，有时也称为"符致"。如《张家山汉简·二年律令·盗律》："使者所以出，必有符致，毋符致，吏知而出之，亦与盗同法。"③ 李均明先生认为"传"适用地区广，而"致"通常只适用于指定地点。④ 目前所见使者所用出入关凭证，似都以"传"为主。

5. 武器

为了显示使者特定权威，某些使者持有皇帝授予的武器。《汉书》卷六《武帝纪》："泰山、琅邪群盗徐勃等阻山攻城，道路不通。遣直指使者暴胜之等衣绣衣杖斧分部逐捕。刺史郡守以下皆伏诛。"对于直指绣衣使者"杖斧"，颜师古注曰："杖斧，持斧也。谓建持之以为威也。"⑤ 这类使者本为治狱诛杀而设，可以专断，故特赐以斧，以保证使命执行顺利，"刺史郡守以下皆伏诛"，可见其威权。

也有使者持"斧钺"。《汉书》卷二七上《五行志上》："使仲舒弟子吕步舒持斧钺治淮南狱，以《春秋》谊专断于外，不请。"⑥ 斧钺象征着治狱专断之权，这种制度渊源已久，最初为赐予诸侯以征伐之权。例如《史

① 《汉书》卷九六上《西域传上·大宛国传》，中华书局，1962年，第3896页。

② 侯旭东：《汉代律令与传舍管理》，载卜宪群、杨振红主编：《简帛研究（二〇〇七）》，广西师范大学出版社，2010年。

③ 张家山二四七号汉墓竹简整理小组：《张家山汉墓竹简〔二四七号墓〕》（释文修订本），文物出版社，2006年，第19页。

④ 李均明：《汉简所反映的关津制度》，《历史研究》2002年第3期。

⑤ 《汉书》卷六《武帝纪》，中华书局，1962年，第204页。

⑥ 《汉书》卷二七上《五行志上》，中华书局，1962年，第1333页。

记》卷四《周本纪》："乃赦西伯，赐之弓矢斧钺，使西伯得征伐。"①《汉书》卷七七《毋将隆传》亦曰："古者诸侯方伯得专征伐，乃赐斧钺。"②秦汉以降，领兵出征之将军多具有使者性质，权重者也会受赐斧钺。例如《后汉书》卷七四上《袁绍传》："二年，使将作大匠孔融持节拜绍大将军，锡弓矢节钺，虎贲百人，兼督冀、青、幽、并四州，然后受之。"李贤注引《春秋元命苞》曰："赐虎贲得专征伐，赐斧钺得诛"③。

二、汉使"守节"观念

两汉史籍中对于使者不辱使命的赞誉，有"全节"与"守节"的说法。典型例子如苏武出使匈奴，"留单于庭十九岁乃还，奉使全节"④。苏武"奉使全节"的代价不仅是将近二十年自由生活的丧失，还包括在匈奴经受的各种惨痛折磨：

> 单于愈益欲降之，乃幽武置大窖中，绝不饮食。天雨雪，武卧啮雪与旃毛并咽之，数日不死，匈奴以为神。乃徙武北海上无人处，使牧羝，羝乳乃得归。别其官属常惠等，各置他所。

> 武既至海上，廪食不至，掘野鼠去中实而食之。杖汉节牧羊，卧起操持，节旄尽落。积五六年，单于弟於靬王弋射海上。武能网纺缴，檠弓弩，於靬王爱之，给其衣食。三岁余，王病，赐武马畜服匿穹庐。王死后，人众徙去。其冬，丁令盗武牛羊，武复穷厄。⑤

昭帝即位后，与匈奴和亲，汉匈关系渐趋和缓。经过多次交涉，苏武终于得以归国。而曾经多达百余人的庞大使团，"前以降及物故，凡随武还者九人"。

汉宣帝即位，普赐群臣，自大将军霍光以下多有封赏，苏武因出使有功受封关内侯，特令食邑。张晏注曰："旧关内侯无邑也，以苏武守节外国，刘德宗室俊彦，故特令食邑。"⑥ 所谓"守节外国"，即是对苏武在出使途中不为威势所屈，虽处艰苦卓绝之境仍然奋力求生的概括与褒扬。与苏武齐名的张骞，也曾有类似经历：

---

① 《史记》卷四《周本纪》，中华书局，1959 年，第 116 页。
② 《汉书》卷七七《毋将隆传》，中华书局，1962 年，第 3264 页。
③ 《后汉书》卷七四上《袁绍传》，中华书局，1965 年，第 2389 页。
④ 《汉书》卷七《昭帝纪》，中华书局，1962 年，第 223 页。
⑤ 《汉书》卷五四《苏武传》，中华书局，1962 年，第 2462 - 2463 页。
⑥ 《汉书》卷八《宣帝纪》，中华书局，1962 年，第 241 页。

汉方欲事灭胡，闻此言，因欲通使。道必更匈奴中，乃募能使者。骞以郎应募，使月氏，与堂邑氏胡奴甘父俱出陇西。经匈奴，匈奴得之，传诣单于。单于留之，曰："月氏在吾北，汉何以得往使？吾欲使越，汉肯听我乎？"留骞十余岁，与妻，有子。然骞持汉节不失。①

像张骞这样在匈奴长期生活十余年，以至于重新组建家庭的人，却仍"持汉节不失"，其内在动机与深层原因值得思考。这一强烈的使命感，或许与使者身份的自我认同有关。千百年来，苏武"杖汉节牧羊"的故事几乎家喻户晓。而更值得注意的是，苏武"卧起操持"之节，已不仅仅是出使的凭证，更成为使者独立人格与忠于使命的观念象征。晋潘岳《西征赋》："衔使则苏属国，震远则张博望。教敷而彝伦叙，兵举而皇威畅。临危而智勇奋，投命而高节亮。"苏武、张骞守节不屈的事迹，不仅在当时就广为传颂，在后世的文学作品中也屡屡出现。

南宋时范成大出使金国，曾作《使金七十二绝句》，其中有《会同馆》诗云："万里孤臣致命秋，此身何止一沤浮。提携汉节同生死，休问羝羊解乳不？"此诗用西汉苏武典故，是很明显的。而值得玩味的是，临行前宋孝宗问他是否畏怯，范成大说："无故遣使，近于求衅。臣已立后，仍区处家事，为不还计。心甚安之。"孝宗说："我不败盟发兵，何至害卿。啮雪餐毡，理或有之。不欲明言，恐负卿耳。"所谓"啮雪餐毡"，即暗喻苏武，而范成大或许也以此自许，据其《宋史》本传，范成大"致书北庭，几于见杀，卒不辱命"，故"竟得全节而归"②。唐宋时期的诗文中，多有言及"持汉节"与"握节"者，应视为对苏武事迹的历史追想。如李白《苏武》："苏武在匈奴，十年持汉节。"杜甫《郑驸马池台喜遇郑广文同饮》："燃脐郿坞败，握节汉臣回。"李益《塞下曲》："蔡琰没去造胡笳，苏武归来持汉节。"苏轼《次韵子由使契丹至涿州见寄四首》："又见子卿持汉节，遥知遗老泣山前。"

杨鸿年先生曾经指出：汉人重节，并以持节不失作为忠诚的象征，其风至魏晋犹存。③ 例如文帝时，"袁盎以太常使吴。吴王欲使将，不肯。欲杀之，使一都尉以五百人围守盎军中"。后袁盎乘夜色逃出重围，"解节

①《史记》卷一二三《大宛列传》，中华书局，1959 年，第 3157 页。
②《宋史》卷三八六《范成大传》，中华书局，1985 年，第 11868 页。
③ 杨鸿年：《汉魏制度丛考》，武汉大学出版社，2005 年，第 280 - 282 页。

毛怀之，杖步行七八里，明，见梁骑，骑驰去，遂归报"。所谓"解节毛怀之"，如淳注曰："不欲令人见也。"① 虽然有隐秘行踪的需要，但在夜晚徒步七八里而持节不失，也可见对使命的重视程度。而在匈奴接待汉朝使者的礼仪中，曾有"去汉节"等规定，使者能否遵从，甚至成为决定使命成败的关键因素：

> 汉使王乌等窥匈奴。匈奴法，汉使不去节，不以墨黥其面，不得入穹庐。王乌，北地人，习胡俗，去其节，黥面入庐，单于爱之，阳许曰："吾为遣其太子入质于汉，以求和亲。"②

东汉时，郑众出使北匈奴，也曾因汉匈之间的礼俗矛盾而引发冲突：

> 是时北匈奴遣使求和亲。八年，显宗遣众持节使匈奴。众至北庭，虏欲令拜，众不为屈。单于大怒，围守闭之，不与水火，欲胁服众。众拔刀自誓，单于恐而止，乃更发使随众还京师。朝议复欲遣使报之，众上疏谏曰："臣伏闻北单于所以要致汉使者，欲以离南单于之众，坚三十六国之心也。又当扬汉和亲，夸示邻敌，令西域欲归化者局促狐疑，怀土之人绝望中国耳。汉使既到，便偃塞自信。若复遣之，虏必自谓得谋，其群臣驳议者不敢复言。如是，南庭动摇，乌桓有离心矣。南单于久居汉地，具知形势，万分离析，旋为边害。今幸有度辽之众扬威北垂，虽勿报答，不敢为患。"帝不从，复遣众。众因上言："臣前奉使不为匈奴拜，单于恚恨，故遣兵围臣。今复衔命，必见陵折。臣诚不忍持大汉节对毡裘独拜。如令匈奴遂能服臣，将有损大汉之强。"帝不听，众不得已，既行，在路连上书固争之。诏切责众，追还系廷尉，会赦归家。③

郑众自称前次出使"拔刀自誓"的起因是"不忍持大汉节对毡裘独拜"，这反映出在外交场合是否"去节"，已经不仅仅是关系使者个人尊严的问题，更牵涉到朝廷威仪与国家形象。使者失节，多以为耻辱之事："太傅马日磾奉使山东，及至淮南，数有意于袁术。术轻侮之，遂夺取其节，求去又不听，因欲逼为军帅。日磾深自恨，遂呕血而毙。"④ 又如

① 《史记》卷一○一《袁盎晁错列传》，中华书局，1959年，第2743页。
② 《汉书》卷九四上《匈奴传上》，中华书局，1962年，第3772页。
③ 《后汉书》卷三六《郑众传》，中华书局，1965年，第1224－1225页。
④ 《后汉书》卷七○《孔融传》，中华书局，1965年，第2265页。

《晋书》卷六六《陶侃传》：

> 　　初，庾亮少有高名，以明穆皇后之兄受顾命之重，苏峻之祸，职亮是由。及石头平，惧侃致讨，亮用温峤谋，诣侃拜谢。侃遽止之曰："庾元规乃拜陶士行邪！"王导入石头城，令取故节，侃笑曰："苏武节似不如是！"导有惭色，使人屏之。①

　　节为出使凭证，是使者最重要之信物，故守节即守信，而这种信念既蕴含了相对独立的个人意志，又承载着传统的忠义思想。王导"有惭色"，应与其在王敦之乱中未能及时有所作为，以安社稷有关。又如《晋书》卷一〇〇《王机传》："王机入广州，刺史郭讷握节而避。机遂入城就讷求节，讷叹曰：'昔苏武不失其节，前史以为美谈。此节天朝所假，义不相与，自可遣兵来取之。'机惭而止。"②

　　西汉刘向《新序》有《节士》篇，叙及苏武事迹：

> 　　苏武者，故右将军平陵侯苏建子也。孝武皇帝时，以武为栘中监，使匈奴，是时匈奴使者数降汉，故匈奴亦欲降武以取当。单于使贵人故汉人卫律说武，武不从，乃设以贵爵重禄尊位，终不听，于是律绝不与饮食，武数日不降。又当盛暑，以旃厚衣并束，三日暴，武心意愈坚，终不屈挠。称曰："臣事君，由子事父也。子为父死，无所恨。"守节不移，虽有铁钺汤镬之诛而不惧也，尊官显位而不荣也，匈奴亦由此重之。武留十余岁，竟不降下，可谓守节臣矣。《诗》云："我心匪石，不可转也；我心匪席，不可卷也。"苏武之谓也。匈奴绐言武死，其后汉闻武在，使使者求武，匈奴欲慕义，归武，以为典属国，显异于他臣也。③

　　其中的描写，若与《汉书》等相比较，似有文学夸张与渲染的成分在内。而将苏武称为"守节臣"，则代表了汉代士人的主流观念。但刘向著书，用意并不在于追述历史，而重在以史为鉴。对此，历代学者多有阐明。余嘉锡先生《四库提要辨证》引清人谭献《复堂日记》卷六云："《新序》以著述当谏书，皆与封事相发，董生所谓陈古以刺今。"④ 朱一新

①　《晋书》卷六六《陶侃传》，中华书局，1974 年，第 1775 页。
②　《晋书》卷一〇〇《王机传》，中华书局，1974 年，第 2624 页。
③　刘向撰，石光瑛校释，陈新整理：《新序校释》，中华书局，2001 年，第 1005 - 1009 页。
④　余嘉锡：《四库提要辨证》，中华书局，1980 年，第 554 页。

《无邪堂答问》卷四曰："刘子政作《新序》《说苑》，冀以感悟时君，取足达意而止。"① 刘向为汉朝宗室，其所处时代正值西汉晚期，社会危机日益加深，各种险象逐渐显现，而在位者又无所作为，不能有所匡正。因此，刘向编撰《新序》等书的直接目的其实是借古讽今，向皇帝进谏：

> 向睹俗弥奢淫，而赵、卫之属起微贱，逾礼制，向以为王教由内及外，自近者始。故采取《诗》《书》所载贤妃贞妇，兴国显家可法则，及孽嬖乱亡者，序次为《列女传》，凡八篇，以戒天子。及采传记行事，著《新序》《说苑》凡五十篇奏之。数上疏言得失，陈法戒。书数十上，以助观览，补遗阙。上虽不能尽用，然内嘉其言，常嗟叹之。②

刘向《说苑》又有《立节》篇，其卷首曰："士君子之有勇而果于行者，不以立节行谊而以妄死非名，岂不痛哉！士有杀身以成仁，触害以立义，倚于节理而不议死地；故能身死名流于来世，非有勇断，孰能行之。"③ 若以此为背景来理解苏武等使者被列于"节士"的记载，可能是较为适宜的。所谓"杀身以成仁，触害以立义"，正是汉人重气节、轻生尚义的表现。赵翼曾指出"东汉尚名节"这一历史现象："自战国豫让、聂政、荆轲、侯嬴之徒，以意气相尚，一意孤行，能为人所不敢为，世竞慕。其后贯高、田叔、朱家、郭解辈，徇人刻己，然诺不欺，以立名节。驯至东汉，其风益盛。盖当时荐举征辟，必采名誉，故凡可以得名者，必全力赴之，好为苟难，遂成风俗。"④ 顾炎武《日知录》"两汉风俗"条亦曰："汉自孝武表章六经之后，师儒虽盛，而大义未明。故新莽居摄，颂德献符者遍于天下。光武有鉴于此，故尊崇节义，敦厉名实，所举用者莫非经明行修之人，而风俗为之一变。至其末造，朝政昏浊，国事日非，而党锢之流、独行之辈，依仁蹈义，舍命不渝，风雨如晦，鸡鸣不已，三代以下，风俗之美，无尚于东京者。"所谓东汉士人尊崇名节，以至于"依仁蹈义，舍命不渝"的总结和概括，应该说是比较符合历史事实的。《后汉书》论及士人品行，多用"节操""节义""忠节"等语，其中也有不少曾为使者。例如光武时伏隆出使，为张步所执，亡身殉节：

---

① 赵善诒：《新序疏证》，华东师范大学出版社，1989 年，第 324 页。
② 《汉书》卷三六《楚元王传附刘向传》，中华书局，1962 年，第 1957 – 1958 页。
③ 刘向撰，向宗鲁校证：《说苑校证》，中华书局，1987 年，第 77 页。
④ 赵翼著，王树民校证：《廿二史札记校证》，中华书局，1984 年，第 102 页。

隆字伯文，少以节操立名，……冬，拜隆光禄大夫，复使于步，并与新除青州牧守及都尉俱东，诏隆辄拜令长以下。隆招怀绥缉，多来降附。帝嘉其功，比之郦生。即拜步为东莱太守，而刘永亦复遣使立步为齐王。步贪受王爵，允豫未决。隆晓譬曰："高祖与天下约，非刘氏不王，今可得为十万户侯耳。"步欲留隆与共守二州，隆不听，求得反命，步遂执隆而受永封。隆遣间使上书曰："臣隆奉使无状，受执凶逆，虽在困厄，授命不顾。又吏人知步反畔，心不附之，愿以时进兵，无以臣隆为念。臣隆得生到阙廷，受诛有司，此其大愿；若令没身寇手，以父母昆弟累陛下。陛下与皇后、太子永享万国，与天无极。"帝得隆奏，召父湛流涕以示之曰："隆可谓有苏武之节。恨不且许而遽求还也！"其后步遂杀之，时人莫不怜哀焉。①

又如明帝时耿恭出使西域，坚守孤城，守节不屈，时人为其请功上书曰："耿恭以单兵固守孤城，当匈奴之冲，对数万之众，连月逾年，心力困尽。凿山为井，煮弩为粮，出于万死无一生之望。前后杀伤丑虏数千百计，卒全忠勇，不为大汉耻。恭之节义，古今未有。宜蒙显爵，以厉将帅。"耿恭回到洛阳，甚至被称赞为"节过苏武"。② 所谓"不为大汉耻"的说法，王子今先生认为可以视为后来"国耻"意识和"为国争光"追求的早期表现。③ 而汉代使者所崇尚的"节义"观念，也借由忠君报国的人生追求而有所体现。

耐人寻味的是，范晔在《耿恭传》末尾却有这样一段评论：

> 余初读《苏武传》，感其茹毛穷海，不为大汉羞。后览耿恭疏勒之事，喟然不觉涕之无从。嗟哉，义重于生，以至是乎！昔曹子抗质于柯盟，相如申威于河表，盖以决一旦之负，异乎百死之地也。以为二汉当疏高爵，宥十世。而苏君恩不及嗣，恭亦终填牢户。追诵龙蛇之章，以为叹息。④

对于义重于生、守节不屈的使者如苏武、耿恭等人，汉朝最后的安置竟然是"恩不及嗣"与"终填牢户"，如此强烈的反差令人不禁联想起

---

① 《后汉书》卷二六《伏隆传》，中华书局，1965年，第899-900页。
② 《后汉书》卷一九《耿恭传》，中华书局，1965年，第723页。
③ 王子今：《大汉·皇汉·强汉：汉代人的国家意识及其历史影响》，载《秦汉边疆与民族问题》，中国人民大学出版社，2011年，第417页。
④ 《后汉书》卷一九《耿恭传》，中华书局，1965年，第724-725页。

"汉待功臣薄"之语。李陵《答苏武书》曾对此有激烈的抨击，指出"汉厚诛陵以不死，薄赏子以守节，欲使远听之臣，望风驰命，此实难矣"。对于该文的作者是否为李陵，历来都有争议。① 怀疑的原因，主要是文风及文中某些细节有误。如刘知幾《史通》卷一八："词采壮丽，音句流靡，观其文体，不类西汉人，殆后来所为。"但此文情感深切，真挚动人，由此引发对使者这一历史群体事功的评价，以及对使者历史境遇的关注，又是值得后人深思的。

三、出使待遇

使者出行，可以凭借信物而在沿途各地依法享受与其身份等级相应的待遇，以保障使命的顺利达成。下文将在传世文献与出土资料相结合的基础上，主要从四个方面对使者待遇予以考察。

1. 传舍使用

所谓传舍，是由官府设立，为过往公务人员（包括使者）提供食宿与车马的处所，其本义即与出行时住宿有关。如《汉书》卷四三《郦食其传》："沛公至高阳传舍，使人召食其。"颜师古注曰："传舍者，人所止息，前人已去，后人复来，转相传也。一音张恋反，谓传置之舍也，其义两通。它皆类此。"② 所谓"传置"，《史记》卷一〇《孝文本纪》："太仆见马遗财足，余皆以给传置。"《史记索隐》引《广雅》云："置，驿也。"又引《续汉书》云："驿马三十里一置。"又引如淳云："律，四马高足为传置，四马中足为驰置，下足为乘置，一马二马为轺置，如置急者乘一马曰乘也。"③ 由此看来，汉代传置类似后世之驿站，故史籍也有"驿传"联称者，有学者认为其来源就是秦代的"厩置"。④ 彭卫先生指出："传舍除传送各种公文外，兼为过往官吏或朝廷征聘的贤达无偿提供食宿和交通工具，具有旅舍功能。"⑤ 秦汉时期，由于统治疆域的空前扩大，传舍系

---

① 章培恒、刘骏：《关于李陵〈与苏武诗〉及〈答苏武书〉的真伪问题》，《复旦学报（社会科学版）》1998 年第 2 期；王琳《李陵〈答苏武书〉的真伪》，《山东师范大学学报（人文社会科学版）》2006 年第 3 期；丁宏武《李陵〈答苏武书〉真伪再探讨》，《宁夏大学学报（人文社会科学版）》2012 年第 2 期。虽然疑点始终存在，但今人似多认同其为汉代作品，或者说至少反映了汉魏时人的历史观念。

② 《汉书》卷四三《郦食其传》，中华书局，1962 年，第 2106 - 2107 页。

③ 《史记》卷一〇《孝文本纪》，中华书局，1959 年，第 422 - 423 页。

④ 赵克尧：《汉代的"传"，乘传与传舍》，《江汉论坛》1984 年第 12 期。

⑤ 彭卫：《汉代旅舍蠡说》，载王子今、白建钢、彭卫主编：《纪念林剑鸣教授史学论文集》，中国社会科学出版社，2002 年，第 292 页。

统不断完备，并进而发挥更为重要的作用。正如王子今先生所说："秦汉大一统的专制主义政体成立之后，在全面发展交通事业的同时，又设置并进一步完备了为使臣出行、官员来往及政令、文书传递服务的驿传组织。"①

使者出使途中宿于传舍，战国时已有其事，如《史记》卷八一《廉颇蔺相如列传》："秦王度之，终不可强夺，遂许斋五日，舍相如广成传。相如度秦王虽斋，决负约不偿城，乃使其从者衣褐，怀其璧，从径道亡，归璧于赵。"《史记索隐》注曰："广成是传舍之名。"② 秦汉之际，使者往来也常要使用传舍。如《史记》卷九二《淮阴侯列传》："六月，汉王出成皋，东渡河，独与滕公俱，从张耳军修武。至，宿传舍。晨自称汉使，驰入赵壁。张耳、韩信未起，即其卧内上夺其印符，以麾召诸将，易置之。"③ 刘邦诈称"汉使"，宿传舍，又采取突然袭击，才得以夺取兵权。

使者使用传舍，需要持有官府授予的信物，即"传"或"传信"。如《睡虎地秦简·法律答问》："'发伪书，弗知，赀二甲。'今咸阳发伪传，弗知，即复封传它县，它县亦传其县次，到关而得，今当独咸阳坐以赀，且它县当尽赀？咸阳及它县发弗知者当皆赀。"④ 对于伪造"符""传"和冒用他人"符""传"的情况，秦汉法律均有相应的处罚规定。⑤ "传"或"传信"一般都有印封，以防假冒。如果未能识别"伪传"，相关主管官吏都要受到惩罚。

悬泉置是汉代敦煌郡境内的一处传置，20 世纪 90 年代初以来，在此地曾出土不少简牍，其中有一些是关于过往使者使用传舍的公文记录。例如：

> 黄龙元年四月壬申，给事廷史刑（邢）寿为诏狱，有逮（逮）捕弘农、河东、上党、云中、北地、安定、金城、张掖、酒泉、敦煌郡，为驾一封轺传。外二百卅七。御史大夫万年谓胃成，以次为驾，当舍传舍，如律令。（A）

---

① 王子今：《秦汉交通史稿》，中央党校出版社，1994 年，第 455 页。
② 《史记》卷八一《廉颇蔺相如列传》，中华书局，1959 年，第 2441 页。
③ 《史记》卷九二《淮阴侯列传》，中华书局，1959 年，第 2619 页。
④ 睡虎地秦墓竹简整理小组编：《睡虎地秦墓竹简》，文物出版社，1978 年，第 107 页。
⑤ 张玲：《秦汉关隘制度研究》，河南大学博士学位论文，2012 年；李晓伟：《秦汉通行凭证研究》，河南大学硕士学位论文，2016 年。

护郡使者视事史治，承合檄诣郡，告治所张披襕得吏马行。（B）
[Ⅱ 0114（3）：447]①

黄龙元年（前 49 年）是宣帝年号，"廷史"即"廷尉史"②，汉代
"诏狱"多指重大案件，皇帝下诏特遣使者审理。也有学者认为，"诏狱"
即"廷尉狱"，虽然未必经廷尉亲自审讯。③ 此处简文提及使者的身份为
廷尉史，也许与案情较为重要有关。

甘露三年十月辛亥，丞相属王彭，护乌孙公主及将军、贵人、从
者，道上传车马为驾二封轺传，□请部。御史大夫万年下谓（渭）成
（城），以次为驾，当舍传舍，如律令。[V 1412（3）：100]④

有论者以为此简是乌孙公主返回汉朝时，朝廷派人前往迎接的简牍记
录。⑤ 简文内容是说丞相属史王彭作为使者，护送乌孙公主一行，在路过
悬泉置的途中宿于传舍。可见当时的传舍不仅接待中央派遣的境内使者，
还包括西域各国的入境使者。乌孙是西域大国，宣帝时期与汉朝和亲，其
后多有往来。《汉书》卷九六下《西域传下·渠犁传》：

宣帝时，长罗侯常惠使乌孙还，便宜发诸国兵，合五万人攻龟
兹，责以前杀校尉赖丹。龟兹王谢曰："乃我先王时为贵人姑翼所误，
我无罪。"执姑翼诣惠，惠斩之。时乌孙公主遣女来至京师学鼓琴，
汉遣侍郎乐奉送主女，过龟兹。龟兹前遣人至乌孙求公主女，未还。
会女过龟兹，龟兹王留不遣，复使使报公主，主许之。后公主上书，
愿令女比宗室入朝，而龟兹王绛宾亦爱其夫人，上书言得尚汉外孙为
昆弟，愿与公主女俱入朝。元康元年，遂来朝贺。王及夫人皆赐印
绶。夫人号称公主，赐以车骑旗鼓，歌吹数十人，绮绣杂缯琦珍凡数
千万。留且一年，厚赠送之。后数来朝贺，乐汉衣服制度，归其国，
治宫室，作徼道周卫，出入传呼，撞钟鼓，如汉家仪。外国胡人皆
曰："驴非驴，马非马，若龟兹王，所谓骡也。"绛宾死，其子丞德自

---

① 胡平生、张德芳：《敦煌悬泉汉简释粹》，上海古籍出版社，2001 年，第 35 - 36 页。
② 《汉书》卷二三《刑法志》："今遣廷史与郡鞠狱，任轻禄薄，其为置廷平，秩六百石，
员四人。"如淳注曰："廷史，廷尉史也。以囚辞决狱事为鞠，谓疑狱也。"
③ 宋杰：《汉代的廷尉狱》，《史学月刊》2008 年第 1 期。
④ 胡平生、张德芳：《敦煌悬泉汉简释粹》，上海古籍出版社，2001 年，第 138 页。
⑤ 覃晓岚：《秦汉传车考略》，湖南大学硕士学位论文，2014 年。

谓汉外孙，成、哀帝时往来尤数，汉遇之亦甚亲密。①

　　从元康元年（前 65 年）开始，乌孙公主多次前来朝贺，且在汉逗留时间甚长，有学者认为发挥了常驻使节的作用。② 这枚标记为甘露三年（前 51 年）的传文记录，正是两国遣使友好往来的历史证明。

　　　　护羌使者，行期有日，传舍不就……［II 0314（2）：72］③

　　护羌使者或即"护羌校尉"的前身④，简文的意思似指使者的行程有变动或另有安排，故未按预先通知的时间使用传舍。

　　　　元平元年十一月己酉，□□诏使甘□□迎天马敦煌郡。为驾一乘传，载御一人。御史大夫广明下右扶风，以次为驾，当舍传舍，如律令。［II 0115（4）：37］⑤

　　所谓"天马"，《汉书》卷六一《张骞传》："初，天子发书《易》，曰'神马当从西北来'。得乌孙马好，名曰'天马'。及得宛汗血马，益壮，更名乌孙马曰'西极马'，宛马曰'天马'云。"⑥ 汉武帝为求天马，不仅发兵强索，又遣使贿求，如《汉书》卷九六上《西域传上·大宛国传》："又发使十余辈，抵宛西诸国求奇物，因风谕以伐宛之威。宛王蝉封与汉约，岁献天马二匹。"⑦ 此处提及"迎天马"之使者，有学者认为可能是甘延寿⑧，但据图版，原释文恐有误。有学者将"甘□□"释为"户籍民"⑨，袁延胜先生据此认为其是敦煌郡的编户民，不过并未解释何以令其作为使者迎接天马。⑩ 若此释文可信，则当时使用传舍的使者不仅包

————————

①　《汉书》卷九六下《西域传下·渠犁传》，中华书局，1962 年，第 3916 - 3917 页。
②　黎虎：《和亲女的常驻使节作用——以汉代为中心》，《江汉论坛》2011 年第 1 期。
③　胡平生、张德芳：《敦煌悬泉汉简释粹》，上海古籍出版社，2001 年，第 157 页。
④　高荣：《敦煌悬泉汉简所见河西的羌人》，《社会科学战线》2010 年第 10 期；李正周：《从悬泉简看西汉护羌校尉的两个问题》，《鲁东大学学报（哲学社会科学版）》2009 年第 5 期；刘国防：《西汉护羌校尉考述》，《中国边疆史地研究》2010 年第 3 期。
⑤　胡平生、张德芳：《敦煌悬泉汉简释粹》，上海古籍出版社，2001 年，第 104 页。
⑥　《汉书》卷六一《张骞传》，中华书局，1962 年，第 2693 - 2694 页。
⑦　《汉书》卷九六上《西域传上·大宛国传》，中华书局，1962 年，第 3895 页。
⑧　胡平生、张德芳：《敦煌悬泉汉简释粹》，上海古籍出版社，2001 年，第 103 - 104 页。
⑨　张德芳：《悬泉汉简中的"传信简"考述》，载中国文物研究所编：《出土文献研究》第 7 辑，上海古籍出版社，2005 年，第 75 页；郝树声、张德芳：《悬泉汉简研究》，甘肃文化出版社，2009 年，第 151 页；张德芳：《敦煌悬泉汉简中的"大宛"简以及汉朝与"大宛"关系考述》，载中国文化遗产研究院编：《出土文献研究》第 9 辑，中华书局，2010 年，第 140 - 147 页。三处释文稍有不同。
⑩　袁延胜：《悬泉汉简"户籍民"探析》，《西域研究》2011 年第 4 期。

括中央派遣的，也包括地方派遣的，其身份未必为官吏，甚至可能是一般的编户民。

2. 饮食标准

使者可以在传舍享受传食，由于使者有时要使用传马，谓之"乘传"，故传食的供应对象不仅包括使者及随行人员，也兼及座驾。有学者认为："传舍为保证乘传的饭食供应，设有食厨；为保证马匹供应，设有厩置。"[1] 也有学者指出："传舍对公差行旅之人提供的饮食称传食，传食包括了传马食。"[2] 其实，关于传舍此类功能，《晋书》卷三〇《刑法志》已有说明："秦世旧有厩置、乘传、副车、食厨，汉初承秦不改，后以费广稍省，故后汉但设骑置无车马，而律犹著其文，则为虚设，故除《厩律》，取其可用合科者，以为《邮驿令》。"[3]

秦代使者的饮食标准，见《睡虎地秦简·秦律十八种·传食律》：

> 御史卒人使者，食粺米半斗，酱四分升一，菜羹，给之韭葱。其有爵者，自官士大夫以上，爵食之。使者之从者，食粝米半斗；仆，少半斗。[4]

由简文来看，使者所享受的传食与其从者有明显区别，不仅体现在主食的质量与供应量上，还包括酱、菜羹、韭葱等调味品和副食品。汉承秦制，其规定更为细致，见《张家山汉简·二年律令·传食律》：

> 丞相、御史及诸二千石官使人，若遣吏、新为官及属尉、佐以上征若迁徙者，及军吏、县道有尤急言变事，皆得为传食。车大夫粺米半斗，参食，从者粝米，皆给草具。车大夫酱四分升一，盐及从者人各廿二分升一。食马如律，禾之比乘传者马。使者非有事，其县道界中也，皆毋过再食。其有事焉，留过十日者，禀米令自炊。以诏使及乘置传，不用此律。县各署食尽日。前县以推续食。食从者，二千石毋过十人，千石到六百石毋过五人，五百石以下到二百石毋过二人，二百石以下一人。使非吏，食从者，卿以上比千石，五大夫以下到官大夫比五百石，大夫以下比二百石；吏皆以实从者食之。诸吏乘车以

---

① 梁锡峰：《汉代乘传制度探讨》，《河南师范大学学报（哲学社会科学版）》2004年第2期。

② 朱慈恩：《汉代传舍考述》，《南都学坛》2008年第3期。

③ 《晋书》卷三〇《刑法志》，中华书局，1974年，第924页。

④ 睡虎地秦墓竹简整理小组编：《睡虎地秦墓竹简》，文物出版社，1978年，第60页。

上及宦皇帝者，归休若罢官而有传者，县舍食人、马如令。①

与秦代相比，盐的供应量减少一半，也未见菜羹、韭葱等调味品和副食品。至于何以有此变化，目前尚不能明了。不仅如此，简文对使者及其随从享受传食的人数和时限也做了明确规定。侯旭东先生指出："在某一传舍享受传食的顿数亦与使者的任务有关。如果是路过，而非在该县或道公干，则不能超过两顿，即一天的传食；若在该县或道公干，停留超过十天，则需给米使者自行做饭，言下之意是十天内则由传舍供应传食。而享受传食的随从数量则与使者的官秩或爵位成正比，所谓的'使非吏'包括宦皇帝者及其他有爵位而未担任"吏"者。另外规定因诏书出使并驾乘置传的，不按照该律处理，这种使者的传食待遇可能要高一些。"② 由使者享受传食有严格时间期限也可看出，朝廷对持传出使的使者似并不放心，故对其待遇多加限制。

秦汉《传食律》规定的传食标准并未见肉食，但西北边地的简牍中可见使者享用肉食的记录，如悬泉汉简《元康四年鸡出入簿》，有过往使者食鸡的记录：

出鸡一双，以食使者王君所将客，留宿，再食，东。（114 简）
出鸡一枚，以食使者王君，一食，东。（121 简）③

简文大意是悬泉置所辖"厨啬夫"所抄录的一份上行文书，具体内容为向上级汇报的当年度正月至十二月获取与食用"鸡"的明细账目，书写时间为元康四年（前 62 年）十二月，署名为"时"。该年经过悬泉传舍且享用过鸡的，除"使者王君"外，另有"长史君"、"大司农卒史田卿、冯卿"、"丞相史范卿"、"刺史"及其"从事吏"。④ 侯旭东先生认为这些人也属于朝廷派出执行公务的使者⑤，其说可从。汉代使者与使命涉及范围之广泛，由传舍使用也可见一斑。有学者指出，汉代边地邮置供给食物的种类与传食

① 张家山二四七号汉墓竹简整理小组：《张家山汉墓竹简〔二四七号墓〕》（释文修订本），文物出版社，2006 年，第 40 页。
② 侯旭东：《汉代律令与传舍管理》，载卜宪群、杨振红主编：《简帛研究（二〇〇七）》，广西师范大学出版社，2010 年。
③ 胡平生、张德芳：《敦煌悬泉汉简释粹》，上海古籍出版社，2001 年，第 77 页。
④ 胡平生、张德芳：《敦煌悬泉汉简释粹》，上海古籍出版社，2001 年，第 77-78 页。
⑤ 侯旭东：《传舍使用与汉帝国的日常统治》，《中国史研究》2008 年第 1 期；收入陈苏镇主编：《中国古代政治文化研究》，北京大学出版社，2009 年，第 69 页。

对象的身份级别密切相关，肉食只提供给地位较高的传食者。① 这只是元康四年一年享用过"鸡"的官吏的统计，并非该年路过并使用该传舍设施与食物的全部官吏的名单。尽管如此，亦可想象平时过往使者利用传舍的频繁。如果再加上入境的外国使者，那就更多了。

外国使节在边地传置所享受的饮食标准，似与汉使有区别。前者往往每人每食供粟或米四升，后者则为三升。我们在悬泉汉简中可以看到如下记录：

> 出粟二斗四升，以食乌孙大昆弥使者三人，人再食，食四升，西。［V 1611（3）：118］

> □乌孙小昆弥使者知适等三人，人一食，食四升。［V 1509（2）：4］②

有的入境使者特意标明"自来"，则不享受传食，而同行的汉使依然只能享受粟米三升的待遇：

> 出粟一斗八升。六石八斗四升，五石九斗四升。以食守属周生广送自来大月氏使者积六食食三升。［II 0214（1）：126］③

> 出粟六升，以食守属高博送自来乌孙小昆弥使，再食，东。［I 0110（2）L33］④

所谓"再食"，即用餐二次，每次三升，正合简文六升的记录。而所记使者之身份，有的只是太守的属吏。

悬泉汉简又可见根据使者等级而击鼓的"鼓令册"，例如，鼓吏根据使者的身份"持节""不持节"而分别击鼓二十五次和十五次，秩级更低的长史、守丞、候丞县丞尉则为八鼓、六鼓、三鼓，但均需重复数次。⑤然而，"鼓令"为何要击鼓，击鼓的次数又代表何种含义，整理者只说这种通知方式与接待工作有关。如果进一步推敲，应与传食的准备工作有关。

史籍所见汉代传舍在接待使者时，也有击鼓的规定。如《后汉书》卷

① 赵岩：《论汉代边地传食的供给——以敦煌悬泉置汉简为考察中心》，《敦煌学辑刊》2009 年第 2 期。

② 胡平生、张德芳：《敦煌悬泉汉简释粹》，上海古籍出版社，2001 年，第 143 页。

③ 胡平生、张德芳：《敦煌悬泉汉简释粹》，上海古籍出版社，2001 年，第 106 页。

④ 胡平生、张德芳：《敦煌悬泉汉简释粹》，上海古籍出版社，2001 年，第 136 页。

⑤ 牛路军、张俊民：《悬泉汉简所见鼓与鼓令》，《敦煌研究》2009 年第 2 期。

一上《光武帝纪上》：

> 二年正月，光武以王郎新盛，乃北徇蓟。王郎移檄购光武十万户。而故广阳王子刘接，起兵蓟中以应郎，城内扰乱，转相惊恐，言邯郸使者方到，二千石以下皆出迎。于是光武趣驾南辕，晨夜不敢入城邑，舍食道傍。至饶阳，官属皆乏食。光武乃自称邯郸使者，入传舍。传吏方进食，从者饥，争夺之。传吏疑其伪，乃椎鼓数十通，给言邯郸将军至，官属皆失色。光武升车欲驰，既而惧不免，徐还坐曰："请邯郸将军入。"久乃驾去。①

刘秀因长途跋涉，部众乏食，故欲诈称邯郸使者入传舍享用传食，但传吏疑其有诈，故"椎鼓数十通"以相验。推测击鼓的原因，当是因为使者远来，有的随行众多，且传食依使者等级而定，为免仓促不及预备，故先击鼓以通知相关人员。

3. 交通工具

使者出使，若乘坐由传舍提供的传车，则谓之"乘传"，其等级依使者身份与使命性质而定。如刘邦遣使征召田横，"横惧，乘传诣洛阳"。如淳注曰："律，四马高足为置传，四马中足为驰传，四马下足为乘传，一马二马为轺传。急者乘一乘传。"颜师古注曰："传者，若今之驿，古者以车，谓之传车，其后又单置马，谓之驿骑。"② 对此，王子今先生解释说："汉代律令规定，凡应当'驾乘传'的，都持有 1.5 尺大小的'木传信'，以御史大夫的印章加封。一般'乘传'封缄三处。有特殊时限规定的在两端加封，每端两封，共四封。"乘置驰传"则五封，两端各两封，中间另加一封。所谓'轺传'，两马两封，一马一封。"③《汉旧仪》："丞相、刺史常以秋分行部，御史为驾四封乘传。"《汉书》卷一二《平帝纪》如淳注曰："律，当乘传及发驾置传者，皆持尺五寸木传信，封以御史大夫印章。其乘传参封之。参，三也。有期会累封两端，端各两封，凡四封也。乘置驰传五封也，两端各二，中央一也。轺传两马再封之，一马一封也。"④ 可见使用传车，需持有"传"或"传信"作为凭证。"传信"上盖有不同数量封泥，置传、驰传用五封，乘传用四封、三封，两马轺传用二封，一

① 《后汉书》卷一上《光武帝纪上》，中华书局，1965 年，第 12 页。
② 《汉书》卷一下《高帝纪下》，中华书局，1962 年，第 57－58 页。
③ 王子今：《邮传万里：驿站与邮递》，长春出版社，2004 年，第 40 页。
④ 《汉书》卷一二《平帝纪》，中华书局，1962 年，第 359－360 页。

马轺传用一封。后两种称"二封轺传"与"一封轺传"。

所谓"轺车",《晋书》卷二五《舆服志》载:"轺车,古之时军车也。一马曰轺车,二马曰轺传。汉世贵辎軿而贱轺车,魏晋重轺车而贱辎軿。三品将军以上、尚书令轺车黑耳有后户,仆射但有后户无耳,并皂轮。尚书及四品将军则无后户,漆毂轮。其中书监令如仆射、侍中、黄门、散骑,初拜及谒陵庙,亦得乘之。"① 悬泉汉简可见不少使者驾"一封轺传"与"二封轺传"的简文,有学者认为,后者说明"使臣的身份和使命要重要一些"②。《隋书》卷一〇《礼仪志》也说:"轺车,案《六韬》,一名遥车,盖言遥远四顾之车也。汉武帝迎申公,弟子二人乘轺传从。此又是驰传车也。"③

所谓"乘传",即四马传车,以马足力之高下又分为置传、驰传、乘传,以使命的紧急程度不同而使用。汉代使者所乘传,似一般都为四马传车,如《史记》卷一一七《司马相如列传》:"吕越人驰四乘之传,因巴蜀吏币物以赂西夷。"④ 又如《史记》卷一二一《儒林列传》:"于是天子使使束帛加璧安车驷马迎申公,弟子二人乘轺传从。"⑤ 但因特殊情况或事发突然,也可见使者乘"六乘传",如《史记》卷九《吕太后本纪》:"乃相与共阴使人召代王。代王使人辞谢。再反,然后乘六乘传。"⑥ 袁盎也曾有"陛下从代乘六乘传驰不测之渊"⑦ 之语,可见当时使者用来征召代王的传车,是规格较高的"六乘传",即六辆四马传车。周亚夫平定七国之乱时,也曾"乘六乘传,会兵荥阳"⑧,显示其作为受命专杀之将帅所具有的地位与威严。也有乘"七乘传"的,如昭帝驾崩,霍光征昌邑王贺典丧,"使行大鸿胪事少府乐成、宗正德、光禄大夫吉、中郎将利汉征王,乘七乘传诣长安邸"⑨。有研究者认为此类车"不当列入传车之中"⑩。但

① 《晋书》卷二五《舆服志》,中华书局,1974 年,第 763 页。
② 张德芳:《悬泉汉简中的"传信简"考述》,载《出土文献研究》第 7 辑,上海古籍出版社,2005 年,第 70 页;郝树声、张德芳:《悬泉汉简研究》,甘肃文化出版社,2009 年,第 145 页。
③ 《隋书》卷一〇《礼仪志》,中华书局,1973 年,第 210 页。
④ 《史记》卷一一七《司马相如列传》,中华书局,1959 年,第 3047 页。
⑤ 《史记》卷一二一《儒林列传》,中华书局,1959 年,第 3121 页。
⑥ 《史记》卷九《吕太后本纪》,中华书局,1959 年,第 411 页。
⑦ 《史记》卷一〇一《袁盎晁错列传》,中华书局,1959 年,第 2739 页。
⑧ 《汉书》卷三五《荆燕吴传》,中华书局,1962 年,第 1913 页。
⑨ 严可均辑:《全上古三代秦汉三国六朝文·全汉文卷十·昭上官后·玺书征昌邑王》,中华书局,1958 年,第 178 页。
⑩ 王树金:《秦汉邮传制度考》,西北大学硕士学位论文,2005 年,第 19 页。

如果从使者奉使之重要程度来看，一般征召当然不必用这么高规格，但昌邑王实际是被征召而即天子位，前往迎接之使者车驾等级自然也相应提高。

除传车之外，史籍也可见"使车""使者车"之称谓，应为某些使者出行所专用的仪仗车驾。如《后汉书·舆服志下》：

> 大使车，立乘，驾驷，赤帷。持节者，重导从：贼曹车、斧车、督车、功曹车皆两；大车，伍伯璅弩十二人；辟车四人；从车四乘。无节，单导从，减半。
>
> 小使车，不立乘，有骓，赤屏泥油，重绛帷。导无斧车。
>
> 近小使车，兰舆赤毂，白盖赤帷。从驺骑四十人。此谓追捕考案，有所敕取者之所乘也。
>
> 诸使车皆朱班轮，四辐，赤衡轭。其送葬，白堊已下，洒车而后还。①

汉代有以乘使者车为荣的事例。例如，西汉末郭丹布衣入关，求学长安，曾立誓"不乘使者车，终不出关"，后来被朝廷"征为谏议大夫，持节使归南阳"，"果乘高车出关，如其志焉"。② 阎步克先生认为：所谓"高车"，就是立乘的"大使车"。因须立乘，车盖较高，故称"高车"。③《后汉书·舆服志上》徐广注曰："立乘曰高车，坐乘曰安车。"④ 安车因系坐乘，较为舒适，故常被用来征召年高德劭之士。如王莽时"遣使者奉玺书，太子师友祭酒印绶，安车驷马迎（龚）胜"⑤，但龚胜当时已年近八十，卧病在床，不及征拜。"安车"也常被用来赏赐告老去职之官吏，以示尊崇。

作为使者专用的使者车，因形制和标识较为特殊，故一般容易辨认。西汉平帝时，谯玄为绣衣使者，"分行天下，观览风俗，所至专行诛赏"，在出使途中得知王莽居摄的消息，"玄于是纵使者车，变易姓名，间窜归家，因以隐遁"⑥。由此看来，某些使者（如绣衣使者）可能出行确有专用车驾，以示威仪。谯玄弃车隐遁的行为，表明放弃使者身份。从绣衣使

---

① 《后汉书·舆服志下》，中华书局，1965 年，第 3650－3651 页。

② 《后汉书》卷二七《郭丹传》，中华书局，1965 年，第 940 页。

③ 阎步克：《乐府诗〈陌上桑〉中的"使君"与"五马"——兼论两汉南北朝车驾等级制的若干问题》，《北京大学学报（哲学社会科学版）》2011 年第 2 期。

④ 《后汉书·舆服志上》，中华书局，1965 年，第 3645 页。

⑤ 《汉书》卷七二《龚胜传》，中华书局，1962 年，第 3084－3085 页。

⑥ 《后汉书》卷八一《独行传·谯玄传》，中华书局，1965 年，第 2667 页。

者"所至专行诛赏"的职掌来看，其所乘或许是"追捕考案，有所敕取者之所乘"的"近小使车"。

4. 衣冠服饰

秦末著名辩士郦食其，史称"常为说客，驰使诸侯"，司马迁在描述其求见刘邦的历史场景时，似曾有意提及其服饰："状貌类大儒，衣儒衣，冠侧注"。而所谓"冠侧注"，或即"侧注冠"，亦作"仄注冠"。徐广注曰："侧注冠一名高山冠，齐王所服，以赐谒者。"① 《汉书》卷二七中之上《五行志中之上》："昭帝时，昌邑王贺遣中大夫之长安，多治仄注冠，以赐大臣，又以冠奴。"所谓"仄注冠"，后世注家有解释。应劭曰："今法冠是也。"李奇曰："一曰高山冠，本齐冠也，谒者服之。"师古曰："仄，古侧字也。谓之侧注者，言形侧立而下注也。蔡邕云高九寸，铁为卷。非法冠及高山也。"② 颜师古虽然否定了应劭和李奇认为仄注冠即法冠或齐之高山冠的看法，但对其为使者之冠并无异议。《后汉书·舆服志下》："高山冠，一曰侧注。制如通天，[顶]不邪却，直竖，无山述展筒，中外官、谒者、仆射所服。"注引《独断》曰："铁为卷梁，高九寸。"《汉书音义》曰："其体侧立而曲注。"③ 如此看来，似乎"高山冠"源自齐国使者服制，秦灭齐后沿用，至汉代犹然。

阎步克先生曾经指出："秦始皇统一后，曾把掳获的列国王冠服赐给近臣戴了。那是王朝冠服史上的一个重要事件。"④ 汉承秦制，又多以皇帝近臣出任使者，故仍有沿用列国使节衣冠者。如"法冠"，本为楚王之冠，后来秦御史及汉使节、执法者也戴此冠。《史记》卷一一八《淮南衡山列传》记淮南王策划谋反事："于是王乃令官奴入宫，作皇帝玺，丞相、御史、大将军、军吏、中二千石、都官令、丞印，及旁近郡太守、都尉印，汉使节法冠，欲如伍被计。"蔡邕注曰："法冠，楚王冠也。秦灭楚，以其君冠赐御史。"《史记索隐》引崔浩云："一名獬豸冠也。"⑤ 这种法冠，又称为"惠文冠"，《汉书》卷六三《武五子传·昌邑哀王刘髆传》有"衣短衣大绔，冠惠文冠"之语。苏林曰："治狱法冠也。"孟康曰："今侍中所著也。"服虔曰："武冠也，或曰赵惠文王所服，故曰惠文。"晋灼曰：

① 《史记》卷九七《郦生陆贾列传》，中华书局，1959 年，第 2704 页。
② 《汉书》卷二七中之上《五行志中之上》，中华书局，1962 年，第 1366 - 1367 页。
③ 《后汉书·舆服志下》，中华书局，1965 年，第 3666 页。
④ 阎步克：《服周之冕——〈周礼〉六冕礼制的兴衰变异》，中华书局，2009 年，第 163 页。
⑤ 《史记》卷一一八《淮南衡山列传》，中华书局，1959 年，第 3090 - 3092 页。

"柱后惠文，法冠也。但言惠文，侍中冠。孟说是也。"① 西汉末年，王莽改制，"以州牧位三公，刺举愈解，更置牧监副，秩元士，冠法冠，行事如汉刺史"。《后汉书·舆服志下》对其形制与沿革有更为详细的描述："法冠，一曰柱后。高五寸，以纚为展筒，铁柱卷，执法者服之，侍御史廷尉正监平也。或谓之獬豸冠。獬豸神羊，能别曲直，楚王尝获之，故以为冠。胡广说曰：'《春秋左氏传》有南冠而絷者，则楚冠也。秦灭楚，以其君服赐执法近臣御史服之。'"② 由此可知，法冠（惠文冠）也是使者常用之冠。

使者出行，有时因事涉机密（例如"间使"，本书第四章专门讨论）或其他原因，需要改易服色，如《后汉书》卷八二上《方术传上·李郃传》："和帝即位，分遣使者，皆微服单行，各至州县，观采风谣。"③ 但就公开派遣的使者而言，一般都身着相应的衣冠服饰。例如，有的衣绣衣，即直指绣衣使者，这类使者主要为治狱专杀而设。《汉书》卷一九上《百官公卿表上》："侍御史有绣衣直指，出讨奸猾，治大狱，武帝所制，不常置。"服虔注曰："指事而行，无阿私也。"颜师古注曰："衣以绣者，尊宠之也。"④ 《史记》卷一三〇《太史公自序》注引《吴越春秋》又有"梦见绣衣男子自称玄夷苍水使者"⑤，并指示祭神求书之事，似乎近于方术之士。哀帝以久病不愈，"博征方术士，京师诸县皆有侍祠使者，尽复前世所常兴诸神祠官，凡七百余所，一岁三万七千祠云"⑥。所谓"侍祠使者"，或许武帝时已有之，《汉书》卷二五上《郊祀志上》："已祠尽瘗，而从祠衣上黄。"颜师古注曰："侍祠之人皆著黄衣也。"⑦ 可见这类使者在举行祭祀仪式时身穿黄衣，又《文选·西京赋》注曰："以方士、侍郎、乘马，衣黄衣，号黄车使者。"此类使者服饰，也许是出于特殊的祭祀礼仪和文化象征的需要。使者在某些场合的服饰又有特定要求，如《通典》卷八一"天子吊大臣服议"引魏蒋济奏：

> "会丧不宜去冠。奏事者上言，前会故镇军朱铄丧，自卿以下皆

① 《汉书》卷六三《武五子传·昌邑哀王刘髆传》，中华书局，1962年，第2767-2769页。
② 《后汉书·舆服志下》，中华书局，1965年，第3667页。
③ 《后汉书》卷八二上《方术传上·李郃传》，中华书局，1965年，第2717页。
④ 《汉书》卷一九上《百官公卿表上》，中华书局，1962年，第725-726页。
⑤ 《史记》卷一三〇《太史公自序》，中华书局，1959年，第3294页。
⑥ 《汉书》卷二五下《郊祀志下》，中华书局，1962年，第1264页。
⑦ 《汉书》卷二五上《郊祀志上》，中华书局，1962年，第1222页。

去冠，以布巾帕额，使者、侍中、散骑则不。皆非旧法。夫冠成德之表，于服为尊。唯君亲之丧，小敛之前，与服罪之人去冠。其余礼仪，虽齐缞之痛，有变无废。今为吊去冠，甚违礼意。"下博士评议。博士杜布议，以为："《论语》曰：'羔裘玄冠不以吊。'故周人去玄冠代以素弁。汉去玄冠代以布巾，亦王者相变之仪，未必独非也。古礼野夫著巾，古者军礼韦弁冠，今者赤帻，此明转相变易，不可悉还反古。今宜因汉氏故事。又按汉仪注，诸侯王薨，天子遣使者往，皆言使者素服。又礼自天子下达于士，临殡敛之事，去玄冠，以素弁。君子临丧，必有哀素之心，是以去玄冠，代之以素。是以汉中兴，临丧之事与礼合。自是之后，或言临丧，使者常吉服布巾。以为使者亦宜去玄冠，代以布巾，示不纯吉。侍中、散骑诸会丧，亦宜去玄冠，代以布巾。"诏从布议。

可见汉魏时期，使者一般有冠，但临丧似应去之，并代以布巾素服。

第二章　内地使者与社会治理

　　秦汉王朝在持久有效地管理辽阔帝国方面积累了具有世界意义的经验，除了制度上的相沿成习，更多的是观念革新和应时变化。汉代统治者吸取亡秦教训，与时迁移，应物变化，立俗施事，因而能长治久安。在此过程中，不应忽视内地使者①所发挥的沟通作用。他们不仅对从中央到地方的官僚体系形成了有效监督，而且促使国家行政力量渗透到乡里基层，是加强文化整合和完善社会治理的重要保障。

第一节　汉代使者"循行"与地方治理②

　　汉代中央政府经常派遣使者巡察地方，使者在中央与地方二元政治格局中的特殊作用值得重视。遣使"循行"是中央与地方传递信息、加强沟通与联系的重要方式，也是促使国家权力渗透于基层社会的有效手段，其使命内容较前代有所发展，且对后世影响深远。两汉政治制度与执政风格的差异，也由于使者"循行"与地方治理关系的演变过程而得到部分体现。

一、汉代使者"循行"制度的由来

　　所谓"循行"，两汉史籍中有时也作"行""分行""分循行""巡行""徇行"等，主要目的为巡察地方与考核吏治，与地方行政和社会治理密切相关。"循行"一词在汉代文献中似最早见于《史记》卷三〇《平准

---

　　① 本书所称"内地使者"，主要指中央王朝派往内地并肩负特定使命的使者，与"边地使者"有所区别。

　　② 本节部分内容已作为阶段性成果发表，参见李斯、刘璐：《汉代使者"循行"与地方治理》，《湘南学院学报》2017 年第 3 期，后被《人大复印报刊资料·先秦秦汉史》2017 年第 4 期全文转载。

书》："自造白金五铢钱后五岁，赦吏民之坐盗铸金钱死者数十万人。其不
发觉相杀者，不可胜计。赦自出者百余万人。然不能半自出，天下大抵无
虑皆铸金钱矣。犯者众，吏不能尽诛取，于是遣博士褚大、徐偃等分曹循
行郡国，举兼并之徒守相为吏者。而御史大夫张汤方隆贵用事，减宣、杜
周等为中丞，义纵、尹齐、王温舒等用惨急刻深为九卿，而直指夏兰之属
始出矣。"① 由此可知，汉武帝遣使"循行郡国"的背景是当时盗铸之风
盛行，对中央财政构成严重威胁，故遣使者前往地方监察吏治，举荐守
相，以缓解危机。所谓"坐盗铸金钱死者数十万人"以及"赦自出者百余
万人"等具体细节足以体现因盗铸而获刑人数之多。如果联系到西汉全盛
时期也不过五千余万人口，应当说这个数字比例是惊人的，也反映出当时
其实已经出现较为严重的社会危机。

《资治通鉴》记此次遣使循行为元狩六年（前 117 年）之事。关于遣
使缘由与使命内容，《汉书》卷六《武帝纪》所载诏书又有更详细的记载：

> 六月，诏曰："日者有司以币轻多奸，农伤而末众，又禁兼并之
> 涂，故改币以约之。稽诸往古，制宜于今。废期有月，而山泽之民未
> 谕。夫仁行而从善，义立则俗易，意奉宪者所以导之未明与？将百姓
> 所安殊路，而挢虔吏因乘势以侵蒸庶邪？何纷然其扰也！今遣博士大
> 等六人分循行天下，存问鳏寡废疾，无以自振业者贷与之。谕三老孝
> 弟以为民师，举独行之君子，征诣行在所。朕嘉贤者，乐知其人。广
> 宣厥道，士有特招，使者之任也。详问隐处亡位，及冤失职，奸猾为
> 害，野荒治苛者，举奏。郡国有所以为便者，上丞相、御史以闻。"②

可见，此次使者循行的使命除存问抚恤、举荐贤才之外，更重要的是
"详问隐处亡位，及冤失职，奸猾为害，野荒治苛者"，即整顿吏治，以严
刑峻法打击民间盗铸行为。为此，汉武帝特别起用了一批酷吏，《史记·
酷吏列传》："是时赵禹、张汤以深刻为九卿矣，然其治尚宽，辅法而行，
而纵以鹰击毛挚为治。后会五铢钱白金起，民为奸，京师尤甚，乃以纵为
右内史，王温舒为中尉。温舒至恶，其所为不先言纵，纵必以气凌之，败
坏其功。其治，所诛杀甚多，然取为小治，奸益不胜，直指始出矣。吏之
治以斩杀缚束为务，阎奉以恶用矣。"③ 然而，地方的情况恐怕更甚于京

① 《史记》卷三〇《平准书》，中华书局，1959 年，第 1433 页。
② 《汉书》卷六《武帝纪》，中华书局，1962 年，第 180 页。
③ 《史记》卷一二二《酷吏列传》，中华书局，1959 年，第 3146 页。

师，这应是武帝不满郡国守相，故派遣使者"循行"的主要原因。

所谓"直指始出"，即汉武帝创设的"直指绣衣使者"，在《史记》《汉书》中往往又称"绣衣御史""绣衣直指""绣衣执法""直指绣衣"，有时又简称"直指"，意即"衔命直指"，或"指事而行"。称谓不同，含义皆一，都是指受中央（皇帝）派遣，奉行"捕盗""治狱"等特殊使命的使者。《汉书·百官公卿表上》："侍御史有绣衣直指，出讨奸猾，治大狱，武帝所制，不常置。"① 在此之前，已有江充曾为直指使者，据其本传，江充先以谒者使匈奴还，"拜为直指绣衣使者，督三辅盗贼，禁察逾侈"，江充后治巫蛊狱，用法深刻，"坐而死者前后数万人"②。此类使者权力较大，甚至可以诛杀郡国二千石长吏。例如，《汉书·武帝纪》可以看到"直指使者"诛杀"刺史""郡守"的记载："泰山、琅邪群盗徐勃等阻山攻城，道路不通。遣直指使者暴胜之等衣绣衣杖斧分部逐捕。刺史郡守以下皆伏诛。"③ 又如，《汉书·王䜣传》也有一显例：

> 武帝末，军旅数发，郡国盗贼群起，绣衣御史暴胜之使持斧逐捕盗贼，以军兴从事，诛二千石以下。胜之过被阳，欲斩䜣，䜣已解衣伏质，仰言曰："使君专杀生之柄，威震郡国，今复斩一䜣，不足以增威，不如时有所宽，以明恩贷，令尽死力。"胜之壮其言，贳不诛，因与䜣相结厚。④

绣衣使者"持斧逐捕盗贼，以军兴从事，诛二千石以下"，王䜣为县令，秩级最多不过千石，使者自然有权将其诛杀。但王䜣最后得以免死，反映出使者不仅有专杀之威，而且可以便宜行事。从长远来看，这对地方行政权力总会有一定侵蚀。当然，这些主要是武帝元狩年间以后的事情。汉初实行郡国并行之制，至文、景时调整政策，继削平"七国之乱"后，中央集权确有继续强化的客观需要，而此时的郡县行政尚不足以对此提供足够的支持，因而武帝遣使循行以监督地方就是必然之举了。

有学者认为：汉代使者循行制度"草创于文帝一朝"⑤，相关论断可能还可以进一步斟酌和讨论。论者或引《汉书·文帝纪》的一段记载作为

---

① 《汉书》卷一九上《百官公卿表上》，中华书局，1962 年，第 725-726 页。
② 《汉书》卷四五《江充传》，中华书局，1962 年，第 2178 页。
③ 《汉书》卷六《武帝纪》，中华书局，1962 年，第 204 页。
④ 《汉书》卷六六《王䜣传》，中华书局，1962 年，第 2887 页。
⑤ 张强、杨颖：《两汉循行制度考述》，《南京师范大学学报（社会科学版）》2008 年第 3 期。

使者"循行""草创"的依据："有司请令县道，年八十已上，赐米人月一石，肉二十斤，酒五斗。其九十已上，又赐帛人二匹，絮三斤。赐物及当禀鬻米者，长吏阅视，丞若尉致。不满九十，啬夫、令史致。二千石遣都吏循行，不称者督之。"① 但此次遣使发生在文帝刚即位之时，尚未像武帝元狩年间出现较为严重的吏治问题和社会危机，且使命内容也较为单一，主要是抚恤优老，其实是新君即位时常见的惠民之举。从使者派遣方式来看，仅为郡国二千石"遣都吏循行"，并非中央遣使。所谓"都吏"，苏林注曰："取其都吏有德也。"如淳注曰："律说，都吏，今督邮是也。闲惠晓事，即为文无害都吏。"颜师古以如淳说为是，又曰："循行有不如诏意者，二千石察视责罚之。"可见此次遣使不管从使者级别，还是使命重要程度来说，都与武帝时的遣使"循行"有较大区别。

二、"循行"的特殊使命及其演变

汉代郡守本有按时"循行"境内的职责。《后汉书·百官志五》："凡郡国皆掌治民，进贤劝功，决讼检奸。常以春行所主县，劝民农桑，振救乏绝。秋冬遣无害吏案讯诸囚，平其罪法，论课殿最。岁尽遣吏上计。"所谓"无害吏"，即班固所谓"都吏"。李贤注："案《律》有无害都吏，如今言公平吏。《汉书音义》曰：'文无所枉害。'萧何以文无害为沛主吏掾。"② 郡守"循行"属县的主要目的是监察官吏，如《汉书》卷七六《韩延寿传》载：

> 入守左冯翊，满岁称职为真。岁余，不肯出行县。丞掾数白："宜循行郡中，览观民俗，考长吏治迹。"延寿曰："县皆有贤令长，督邮分明善恶于外，行县恐无所益，重为烦扰。③

郡守平日坐署办公，仅凭文书往来，对属县长吏与基层民情不可能完全掌握，必须亲自视察，才得以"览观民俗"与"考长吏治迹"。为查明真实情况，有时郡守也用微服私访的形式，如东汉时羊续为南阳太守，"当入郡界，乃赢服间行，侍童子一人，观历县邑，采问风谣，然后乃进。其令长贪絜，吏民良猾，悉逆知其状，郡内惊竦，莫不震慑"④。郡守用这一特殊形式所获得的信息量之大，甚至引发"郡内惊竦""莫不震慑"

① 《汉书》卷四《文帝纪》，中华书局，1962 年，第 113 页。
② 《后汉书·百官志五》，中华书局，1965 年，第 3621 页。
③ 《汉书》卷七六《韩延寿传》，中华书局，1962 年，第 3213 页。
④ 《后汉书》卷三一《羊续传》，中华书局，1965 年，第 1110 页。

的效果。

不过，郡守亲自循行属县，按制度规定不过每年一次，私访也只是个人行为。在更多时候，主要是遣督邮分部行县，但有时也用"儒术大吏"代行其职。例如，何敞为汝南太守，"疾文俗吏以苛刻求当时名誉，故在职以宽和为政。立春日，常召督邮还府，分遣儒术大吏案行属县，显孝悌有义行者。及举冤狱，以《春秋》义断之。是以郡中无怨声，百姓化其恩礼"①。所谓"大吏"，似指郡县长吏。如《汉书》卷八三《朱博传》："博治郡，常令属县各用其豪桀以为大吏，文武从宜。"② 两汉之际也能看到以"大吏"指称县令长史例：岑彭守棘阳县长，被称为"郡之大吏"③。由此看来，汉代郡守遣使者循行属县，主要目的是问民疾苦和监察吏治，这与中央"循行"使者的使命颇有重合之处。

以上是地方使者"循行"郡国的例子，至于中央派遣使者"循行"地方，则始于汉武帝。武帝自元狩年间首次遣使"循行"，其后在元鼎二年（前 115 年）又因江南水患，下诏"遣博士中等分循行，谕告所抵，无令重困。吏民有振救饥民免其厄者，具举以闻"④。然而，从那以后至武帝驾崩的二十余年间，史籍似未见遣使"循行"的记载，其原因值得进一步予以探究。

需要注意的是，元封五年（前 106 年）创设的刺史一职，其使命与"循行"使者较为相似。《汉书·百官公卿表上》："监御史，秦官，掌监郡。汉省，丞相遣史分刺州，不常置。武帝元封五年初置部刺史，掌奉诏条察州，秩六百石，员十三人。"秦有监御史，掌监察郡守，而汉初又由丞相遣史监察州部，刺史与之均有一定渊源关系。关于其具体职掌，颜师古注曰："《汉官典职仪》云刺史班宣，周行郡国，省察治状，黜陟能否，断治冤狱，以六条问事，非条所问，即不省。"⑤ 所谓"刺史班宣，周行郡国，省察治状，黜陟能否，断治冤狱"等几项使命，可与后世的循行使者相比较。从用语来看，"周行郡国"与"循行天下"颇为相似，两汉史籍中有时也作"行""分行""分循行""巡行""徇行"等。如《汉书·昭帝纪》："遣故廷尉王平等五人持节行郡国，举贤良，问民所疾苦、冤、失

---

① 《后汉书》卷四三《何敞传》，中华书局，1965 年，第 1487 页。
② 《汉书》卷八三《朱博传》，中华书局，1962 年，第 3401 页。
③ 《后汉书》卷一七《岑彭传》，中华书局，1965 年，第 653 页。
④ 《汉书》卷六《武帝纪》，中华书局，1962 年，第 182 页。
⑤ 《汉书》卷一九上《百官公卿表上》，中华书局，1962 年，第 741－742 页。

职者。"① 宣帝时魏相上书："窃伏观先帝圣德仁恩之厚，勤劳天下，垂意黎庶，忧水旱之灾，为民贫穷发仓廪，赈乏馁；遣谏大夫博士巡行天下，察风俗，举贤良，平冤狱，冠盖交道。"② 其后宣帝遂下诏："朕惟百姓失职不赡，遣使者循行郡国，问民所疾苦。吏或营私烦扰，不顾厥咎，朕甚闵之。今年郡国颇被水灾，已振贷。"③ 宣帝元康四年（前62年）遣使循行，已经明显有监察吏治的使命："遣太中大夫强等十二人循行天下，存问鳏寡，览观风俗，察吏治得失，举茂材异伦之士。"④ 其后又下诏曰："以前使使者问民所疾苦，复遣丞相、御史掾二十四人循行天下，举冤狱，察擅为苛禁深刻不改者。"⑤ 可见昭宣时期的遣使循行与武帝时期的政策有明显关联。而武帝自创设刺史后不复遣使循行，其原因就在于刺史即由循行使者演变而来，且起初不常置，故武帝以后遣使循行的频率和规模逐渐增加。

刺史起初不常置，又无属吏和固定治所，其无疑具有较为鲜明的使者特征。如朱博为冀州刺史，使从事明敕告吏民："欲言县丞尉者，刺史不察黄绶，各自诣郡。欲言二千石墨绶长吏者，使者行部还，诣治所。"⑥ 这已经是西汉成帝时，刺史一职设立已久，且似已有固定属吏与治所，尚且自称"使者"。又如陈万年"迁冀州刺史，奉使称意，征为谏大夫"⑦。正如严耕望先生所说："刺史初制，既本使臣性质，奉诏按事，不得逾越。"⑧ 所谓"使臣性质"可以理解为使者身份，"奉诏按事"则反映其往往身负特定使命且"不得逾越"。

总的来看，西汉遣使循行次数多于东汉，这应与东汉刺史身份与职掌逐渐固定有关。起初刺史作为使者，需要使命结束以后回京汇报，所谓"传车周流，匪有定镇"⑨。其后虽有治所，但岁末入京奏事如故。例如，翟方进"迁朔方刺史，居官不烦苛，所察应条辄举，甚有威名。再三奏

① 《汉书》卷七《昭帝纪》，中华书局，1962年，第220页。
② 《汉书》卷七四《魏相传》，中华书局，1962年，第3137页。
③ 《汉书》卷八《宣帝纪》，中华书局，1962年，第252页。
④ 《汉书》卷八《宣帝纪》，中华书局，1962年，第258页。
⑤ 《汉书》卷八《宣帝纪》，中华书局，1962年，第268页。
⑥ 《汉书》卷八三《朱博传》，中华书局，1962年，第3399页。
⑦ 《汉书》卷六六《陈万年传》，中华书局，1962年，第2901页。
⑧ 严耕望：《中国地方行政制度史——秦汉地方行政制度》，上海古籍出版社，2007年，第280页。
⑨ 《后汉书·百官志五》，中华书局，1965年，第3620页。

事"。颜师古注曰："刺史岁尽辄奏事京师也。"① 东汉初年，光武帝刘秀"初断州牧自还奏事"。李贤注曰："《前书音义》曰：'刺史每岁尽则入奏事京师'，今断之。"② 有学者认为这是东汉刺史有固定治所的标志之一③，表明其使者色彩已经有所减弱。《后汉书·百官志五》："诸州常以八月巡行所部郡国，录囚徒，考殿最。初岁尽诣京都奏事，中兴但因计吏。"④ 不难发现，东汉以后刺史已经逐渐不复入京奏事，而改为遣上计使者代行部分使命。

　　刺史虽然源自循行使者，但并未能完全取代后者的职能。武帝元封年间以后，两汉仍时有遣使"循行"之事，但似乎逐渐不太重视监察吏治，而以存问抚恤和宣扬教化为主。新君即位之初，或甫立太子，一般例行遣使巡行天下，以收揽人心。如《汉书》卷九《元帝纪》诏曰："朕承先帝之圣绪，获奉宗庙，战战兢兢。间者地数动而未静，惧于天地之戒，不知所缘。方田作时，朕忧蒸庶之失业，临遣光禄大夫褒等十二人循行天下，存问耆老鳏寡孤独困乏失职之民，延登贤俊，招显侧陋，因览风俗之化。相守二千石诚能正躬劳力，宣明教化，以亲万姓，则六合之内和亲，庶几乎无忧矣。"⑤ 汉人好言阴阳灾异，若遇天灾异象，皇帝多遣使循行天下，如前引昭、宣时期的遣使原因多出于此。但是又可以看到，所谓使者"览观风俗"，并不仅限于"问民疾苦"，宣扬教化与整顿吏治其实又有相当联系。有学者认为："汉代外巡使大多有巡察社会风俗的职能。这里讲的风俗一般有两层含义：一是指地方长期形成的风俗习惯；二是指各地社会政治情况。巡察社会风俗实际就是了解民情，问民疾苦，考察地方官吏的为政得失，从而黜陟官吏，推行社会教化政策。"⑥ 这一认识，应该是接近历史真实的。武帝以后，也能看到循行使者专为督察地方长吏而出使的记载，如《汉书》卷八《宣帝纪》："本始元年春正月，募郡国吏民訾百万以上徙平陵。遣使者持节诏郡国二千石谨牧养民而风德化。"⑦ 不仅如此，皇帝在诏书中开始明确要求循行使者与部刺史在执行使命时相互配合。如成帝时灾害频发，阴阳不合，民怨四起，薛宣上书认为是刺史权

① 《汉书》卷八四《翟方进传》，中华书局，1962 年，第 3412 页。
② 《后汉书》卷一下《光武帝纪下》，中华书局，1965 年，第 58 页。
③ 安作璋、熊铁基：《秦汉官制史稿》（下册），齐鲁书社，1984 年，第 31 页。
④ 《后汉书·百官志五》，中华书局，1965 年，第 3617 页。
⑤ 《汉书》卷九《元帝纪》，中华书局，1962 年，第 279 页。
⑥ 刘太祥：《汉代巡行使的职能和作用》，《史学月刊》1997 年第 1 期。
⑦ 《汉书》卷八《宣帝纪》，中华书局，1962 年，第 239 页。

重，侵凌长吏之故："殆吏多苛政，政教烦碎，大率咎在部刺史，或不循守条职，举错各以其意，多与郡县事，至开私门，听谗佞，以求吏民过失，谴呵及细微，责义不量力。郡县相迫促，亦内相刻，流至众庶。"所谓"不循守条职"，颜师古注曰："刺史所察，本有六条，今则逾越故事，信意举劾，妄为苛刻也。"① 故成帝鸿嘉元年（前 20 年）诏曰："临遣谏大夫理等举三辅、三河、弘农冤狱。公卿大夫、部刺史明申敕守相，称朕意焉。"② 然而当时的朝政与吏治却并未因此而见明显起色，正如《汉书·食货志上》所说："成帝时，天下亡兵革之事，号为安乐，然俗奢侈，不以畜聚为意。永始二年，梁国、平原郡比年伤水灾，人相食，刺史守相坐免。"③

元、成、哀、平时期，又有多次遣使"循行"的记载，其频率和规模均有增长，但与此形成鲜明对照的是皇权的逐渐衰微与吏治日趋败坏。对此，有学者认为主要原因是："衰落的西汉王朝已经无力解决这些尖锐的社会矛盾和阶级矛盾，尽管派遣巡行使者的频率大大超过以前，巡行使者被赋予督责刺史的新职能，其作用已经不足称道，甚至变成了例行公事。"④ 在此后王莽当政时期，遣使循行俨然已经成为政治表演的一部分，例如："王恽等八人使行风俗还，言天下风俗齐同，诈为郡国造歌谣，颂功德，凡三万言。莽奏定著令。又奏为市无二贾，官无狱讼，邑无盗贼，野无饥民，道不拾遗，男女异路之制，犯者象刑。"⑤ 然而，实际的情况却是如何呢？赤眉军起，关东人相食，"莽又多遣大夫、谒者分教民煮草木为酪，酪不可食，重为烦费"。可见此时的循行使者，已经很难发挥最初的职能了，不仅无法拯民于水火，反而"重为烦费"。王莽为整顿吏治，又遣"中郎将、绣衣执法各五十五人，分填缘边大郡，督大奸猾擅弄兵者，皆便为奸于外，挠乱州郡，货赂为市，侵渔百姓"。但如此大规模的遣使循行，加上诏书三令五申，其结果仍然是"犹放纵自若"⑥。

东汉时期遣使循行的记载较少，这可能与刺史监察地方逐渐制度化与不断完善有关。但此时期的遣使循行，仍然保留起初的部分特点。如《后

---

① 《汉书》卷八三《薛宣传》，中华书局，1962 年，第 3386 页。
② 《汉书》卷一〇《成帝纪》，中华书局，1962 年，第 315 页。
③ 《汉书》卷二四上《食货志上》，中华书局，1962 年，第 1142 页。
④ 陈成军：《试谈西汉巡行使者的职能和作用》，《中国历史博物馆馆刊》2000 年第 1 期。
⑤ 《资治通鉴》卷三六《汉纪二八》，中华书局，1956 年，第 1174 页。
⑥ 《资治通鉴》卷三七《汉纪二九》，中华书局，1956 年，第 1216 页。

汉书·和帝纪》：“（永元）十一年春二月，遣使徇行郡国，禀贷被灾害不能自存者，令得渔采山林池泽，不收假税。”① 东汉士人以名节相尚，此风气在出使徇行中也有所反映：

> 汉安元年，选遣八使徇行风俗，皆耆儒知名，多历显位，唯纲年少，官次最微。余人受命之部，而纲独埋其车轮于洛阳都亭，曰：“豺狼当路，安问狐狸！”②

张纲后上书弹劾大将军梁冀，虽未获准，却因此次出使壮举而名扬天下。《后汉书·周举传》记载道：“时诏遣八使巡行风俗，皆选素有威名者。……于是八使同时俱拜，天下号曰：‘八俊’。举于是劾奏贪猾，表荐公清，朝廷称之。”③ 东汉徇行使者人选有所谓“耆儒知名，多历显位”，又“皆选素有威名者”，与西汉常以谒者、博士出使又有所不同。两汉政治制度与治政风格的差异，似也由此而得到部分体现。

三、历史作用及其评价

有学者这样总结“遣使巡行”的历史作用：“使者巡行天下，其使命、功效与部刺史监察郡国类似；既置部刺史，又遣使巡行天下，实属重床叠架。”④ 此说有一定道理，但却似乎未能注意到徇行使者在不同时期所发挥的作用有别。例如，在中央集权运转自如时，刺史与遣使徇行非但不会相互掣肘，反而对地方行政有所裨益。严耕望先生从中央与地方分权的角度，论述两汉刺史职权之变化，认为东汉初年虽废州牧，重置刺史，而其实权超过武帝始制远甚。其性质“若从中央集权之观点论之，刺史仍为中央之使臣，其权既视武帝时代为重，即中央对于郡国行政之控制更严；换言之，即中央集权政策之加强”⑤。这对于我们从皇权消长这一角度来认识汉代的遣使徇行制度，提供了一个有益的启示。

如前所述，汉代遣使徇行始于武帝，其后又置刺史，一般都认为是武帝不满地方吏治，欲集权于中央之举。但值得注意的是，刺史并未能代替徇行使者的全部职能。武帝于元封五年（前 106 年）初置刺史，而当时已经出现了较大的社会危机。例如：“元封四年中，关东流民二百万口，无

---

① 《后汉书》卷四《和帝纪》，中华书局，1965 年，第 185 页。
② 《后汉书》卷五六《张纲传》，中华书局，1965 年，第 1817 页。
③ 《后汉书》卷六一《周举传》，中华书局，1965 年，第 2029 页。
④ 廖伯源：《使者与官制演变——秦汉皇帝使者考论》，文津出版社，2006 年，第 116 页。
⑤ 严耕望：《中国地方行政制度史——秦汉地方行政制度》，上海古籍出版社，2007 年，第 31 页。

名数者四十万，公卿议欲请徙流民于边以适之。"这是元狩、元鼎以来不断开边兴利的结果。如《汉书·西域传下·渠犁传》："自武帝初通西域，置校尉，屯田渠犁。是时军旅连出，师行三十二年，海内虚耗。"① 更严重的是，天汉二年（前 99 年）出现了规模空前的民众暴动，《史记·酷吏列传》记载得较为详细：

> 自温舒等以恶为治，而郡守、都尉、诸侯二千石欲为治者，其治大抵尽放温舒，而吏民益轻犯法，盗贼滋起。南阳有梅免、白政，楚有殷中、杜少，齐有徐勃，燕赵之间有坚卢、范生之属。大群至数千人，擅自号，攻城邑，取库兵，释死罪，缚辱郡太守、都尉，杀二千石，为檄告县趣具食。小群盗以百数，掠卤乡里者，不可胜数也。于是天子始使御史中丞、丞相长史督之。犹弗能禁也，乃使光禄大夫范昆、诸辅都尉及故九卿张德等衣绣衣，持节，虎符发兵以兴击，斩首大部或至万余级，及以法诛通饮食，坐连诸郡，甚者数千人。数岁，乃颇得其渠率。散卒失亡，复聚党阻山川者，往往而群居，无可奈何。于是作"沈命法"，曰群盗起不发觉，发觉而捕弗满品者，二千石以下至小吏主者皆死。其后小吏畏诛，虽有盗不敢发，恐不能得，坐课累府，府亦使其不言。故盗贼浸多，上下相为匿，以文辞避法焉。②

由此可见，面对"吏民益轻犯法，盗贼滋起"的严重局势，仅靠原有的遣使循行已经不足以解决问题，汉武帝为此特别派遣直指绣衣使者，又设"沈命法"，以督责地方官吏逐捕盗贼。这一举措在东晋时仍然为人所称道："汉朝使刺史行部，乘传奏事，犹恐不足以辨彰幽明，弘宣政道，故复有绣衣直指。今之艰弊，过于往昔，宜分遣黄、散若中书郎等循行天下，观采得失，举善弹违，断截苟且，则人不敢为非矣。"③ 西晋初年，遣使循行制度有所延续。《宋书》卷一五《礼志二》载晋武帝泰始四年（268 年）诏曰："今使使持节侍中、副给事黄门侍郎衔命四出，周行天下，亲见刺史二千石长吏，申喻朕心，恳诚至意，访求得失损益诸宜，观省政治，问人间患苦。"④ 后晋室南渡，东晋初年皇权不振，所谓"王与

---

① 《汉书》卷九六下《西域传下·渠犁传》，中华书局，1962 年，第 3912 页。
② 《史记》卷一二二《酷吏列传》，中华书局，1959 年，第 3151 页。
③ 《晋书》卷七〇《应詹传》，中华书局，1974 年，第 1860 页。
④ 《宋书》卷一五《礼志二》，中华书局，1974 年，第 380 页。

马共天下"①，中央似不及遣使循行之事，故有朝臣上书建议恢复汉制。

　　使者循行尽管是加强中央集权的客观需要，但在后世看来却不免带有背离传统、"变更制度"的嫌疑。《资治通鉴·汉纪》征和二年（前91年），曾追述武帝对大将军卫青所说的一段话，其内容却不见于《史记》《汉书》等汉代文献："汉家庶事草创，加四夷侵陵中国，朕不变更制度，后世无法；不出师征伐，天下不安；为此者不得不劳民。若后世又如朕所为，是袭亡秦之迹也。"所谓"变更制度"，一般多解释为太初年间的改正朔、易服色等事。但田余庆先生已经指出，汉武帝对卫青说此数语的时间不能晚于元封五年（前106年，因卫青死于此年），故田先生怀疑所谓"变更制度"，"系泛指政治、经济等诸项改革而言，并非特有所指"②。如果更进一步推测，并联系到汉武帝创立使者循行之制的历史背景与具体原因，似乎可以认为所谓"变更制度"，当与武帝时期的使命空前频繁有密切关系。

　　钱穆先生曾说："武帝当时改制度，兴礼乐，固共许为传世之大业矣。然所谓改制度行礼乐者，其事所以对天，而与民事则无关。"③ 但所谓"变更制度"的各项措施，未必能说与民事完全无关。例如使者循行，除治狱诛杀、领兵征伐之外，还有涉及民生疾苦的使命。例如《史记·平准书》："山东被水菑，民多饥乏。于是天子遣使者虚郡国仓廪，以振贫民。犹不足，又募豪富人相贷假。尚不能相救，乃徙贫民于关以西，及充朔方以南新秦中，七十余万口，衣食皆仰给县官。数岁，假予产业，使者分部护之，冠盖相望。其费以亿计，不可胜数。"④ 这是武帝元狩年间因山东受灾，遣使者循行，开仓赈灾的记录。安抚百姓与灾后重建，本属地方长吏分内之职，但之所以特别派遣使者，正如廖伯源先生指出："盖为督促地方长吏，使其积极救灾，不敢隐瞒灾情，虚应上司，乃至从中取利。其事涉及邻近数地方政府之救灾，使者更可发挥协调指挥之功能。"⑤ 使者以皇帝名义救济灾民，不仅使民众心向朝廷，而且可以防止地方长吏趁机收买人心。

　　《汉书》的作者班固如此总结汉武帝的历史功绩："如武帝之雄材大

① 田余庆：《释"王与马共天下"》，载《东晋门阀政治》，北京大学出版社，2005年。
② 田余庆：《论轮台诏》，载《秦汉魏晋史探微》（重订本），中华书局，2004年，第33页。
③ 钱穆：《秦汉史》，三联书店，2004年，第134页。
④ 《史记》卷三〇《平准书》，中华书局，1959年，第1425页。
⑤ 廖伯源：《使者与官制演变——秦汉皇帝使者考论》，文津出版社，2006年，第123页。

略，不改文景之恭俭以济斯民，虽《诗》《书》所称何有加焉！"颜师古注曰："美其雄材大略，而非其不恭俭也。"① 而唐人司马贞《史记索隐·述赞》又对汉武帝的事功提出更为严厉的批评："孝武纂极，四海承平。志尚奢丽，尤敬神明。坛开八道，接通五城。朝亲五利，夕拜文成。祭非祀典，巡乖卜征。登嵩勒岱，望景传声。迎年祀日，改历定正。疲耗中土，事彼边兵。日不暇给，人无聊生。俯观嬴政，几欲齐衡。"② 虽有贬斥过甚之嫌，但也指出武帝所为接近"亡秦之迹"。这一观念至司马光作《资治通鉴》时又有所发挥："孝武穷奢极欲，繁刑重敛，内侈宫室，外事四夷，信惑神怪，巡游无度，使百姓疲敝，起为盗贼，其所以异于秦始皇者无几矣。然秦以之亡，汉以之兴者，孝武能尊先王之道，知所统守，受忠直之言，恶人欺蔽，好贤不倦，诛赏严明，晚而改过，顾托得人，此其所以有亡秦之失而免亡秦之祸乎！"汉武帝"变更制度"，利用使者循行以集权中央、整顿吏治、拯救危机，这些都是值得肯定的有为之举。但从另一角度说，由于使命频繁，征发无度，客观上又加剧了民众负担，甚至导致严重的统治危机。汉武帝最终悬崖勒马，晚而改过，因此才得以"有亡秦之失而免亡秦之祸"。如果从这一角度来评价早期使者"循行"的历史作用，可能是较为适宜的。

第二节　汉代上计使者在中央与地方二元政治格局中的特殊作用③

汉代地方上计于中央的具体使命，是由上计使者来完成的。这些人可视为地方派往中央的使者，其在中央与地方二元政治格局中的特殊作用值得重视。上计使者的身份和使命在两汉时期有一定变化。对上计使者的选派、使命及其具体出使活动的考察，或许有助于丰富对汉代地方政务与政治文化的认识。上计使者与地方吏治之间的复杂关系，似乎也反映出汉代行政运作与政治文化中较为阴暗的一面。

---

① 《汉书》卷六《武帝纪》，中华书局，1962 年，第 212 - 213 页。
② 《史记》卷一二《孝武本纪》，中华书局，1959 年，第 486 页。
③ 本节部分内容已作为阶段性成果发表，参见李斯、潘竑历：《汉代上计使者在中央与地方二元政治格局中的特殊作用》，《重庆师范大学学报（社会科学版）》2019 年第 2 期。

一、上计使者的选派

汉代地方上计于中央的使命，是由上计使者来完成的。史籍也将上计使者称为"计吏"。负责选吏上计，是汉代郡守需要完成的年度行政任务之一。《后汉书·百官志五》本注曰："凡郡国皆掌治民，进贤劝功，决讼检奸。常以春行所主县，劝民农桑，振救乏绝。秋冬遣无害吏案讯诸囚，平其罪法，论课殿最。岁尽遣吏上计。"① 汉代郡守对于上述地方常规行政事务均有督责之任，但可能未见得事必躬亲。相比之下，汉代刺史有亲自入京上计之职责则较为明确："诸州常以八月巡行所部郡国，录囚徒，考殿最。初岁尽诣京都奏事，中兴但因计吏。"② 自东汉以降，刺史已经逐渐不复入京上计，而改为遣计吏代行其使命。因此从具体执行层面来说，两汉时期地方上计于中央的使命主要是由"计吏"来承担的。

汉代文献又可以看到"遣使奉计"的说法。如《后汉书·光武帝纪下》："越巂人任贵自称太守，遣使奉计。"李贤注曰："计谓人庶名籍，若今计帐。"③ 在天下未定之时，遣使奉计不仅表明称臣之意，随行另有贡献财物。从这个意义上来说，"计吏"本身又兼具外交使者的身份。如《后汉书·陆康传》："献帝即位，天下大乱，康蒙险遣孝廉计吏奉贡朝廷，诏书策劳，加忠义将军，秩中二千石。"④ 又如《太平御览》卷九八四引应劭"贡药物表"："郡旧因计吏献药，阙而不修，惭悸交集，无辞自文。今道少通，谨遣五官孙艾贡茯苓十斤，紫芝六枝，鹿茸五斤，五味一斗，计吏发行，辄复表贡。"而中央如认为地方有不轨行为，可以采取扣留计吏的方式予以警告。如《三国志·魏书·刘劭传》："时闻公孙渊受孙权燕王之号，议者欲留渊计吏，遣兵讨之。"⑤

关于"计吏"的人选，在西汉时期的来源之一是郡国较高级官员。如《汉书·循吏传·王成传》："后诏使丞相御史问郡国上计长吏守丞以政令得失，或对言前胶东相成伪自增加，以蒙显赏，是后俗吏多为虚名云。"⑥ 由于西汉时期的"长吏"称谓尚未完全固定化，除了指县令、长、丞、尉，还可以指郡国守相。⑦《汉书·朱买臣传》张晏注曰："汉旧郡国丞长

---

① 《后汉书·百官志五》，中华书局，1965 年，第 3621 页。
② 《后汉书·百官志五》，中华书局，1965 年，第 3617 页。
③ 《后汉书》卷一下《光武帝纪下》，中华书局，1965 年，第 63 页。
④ 《后汉书》卷三一《陆康传》，中华书局，1965 年，第 1114 页。
⑤ 《三国志·魏书》卷二一《刘劭传》，中华书局，1959 年，第 618 页。
⑥ 《汉书》卷八九《循吏传·王成传》，中华书局，1962 年，第 3627 页。
⑦ 邹水杰：《秦汉"长吏"考》，《中国史研究》2004 年第 3 期。

吏与计吏俱送计也。"① 这说明至少在西汉，上计使者中还有郡国直接负责行政事务的高级官员。杨鸿年先生认为，此处"长吏"当作"长史"，谓其时郡国并行，故上计时郡遣郡丞，国遣长史。② 征诸史实，此说确实具备一定历史合理性。《后汉书·百官志一》注引《汉旧仪》曰："哀帝元寿二年，以丞相为大司徒。郡国守长史上计事竟，遣公出庭，上亲问百姓所疾苦。"又有"御史大夫敕上计丞长史"等语。③ 就职权而言，王国长史与郡丞相当，《后汉书·百官志五》："皇子封王，其郡为国，每置傅一人，相一人，皆二千石。本注曰：傅主导王以善，礼如师，不臣也。相如太守，有长史，如郡丞。"边郡长史也是如此，甚至后来取代了郡丞。"郡当边戍者，丞为长史。"李贤注引《古今注》曰："建武六年三月，令郡太守、诸侯相病，丞、长史行事。十四年，罢边郡太守丞，长史领丞职。"④不过，这只是就西汉的情况而言。前引张晏注特意加一"旧"字，可能就是为此。

上计使者的身份，在两汉时期似又有一定变化。东汉史籍有关上计使者身份的记载，已不见郡国长吏，而多为由郡举任的掾史。例如，赵壹"举郡上计到京师"，王逸"举上计吏"，刘翊"举上计掾"等。有的出身贫穷，身份低微。如度尚"家贫，不修学行，不为乡里所推举。积困穷，乃为宦者同郡侯览视田，得为郡上计吏，拜郎中，除上虞长"。各地派出的上计使者一般不止一人，东汉以降多见两人同行。《后汉书·应奉传》注引谢承《后汉书》曰："奉少为上计吏，许训为计掾，俱到京师。"⑤ 似乎计吏又可细分为"计掾"与"计史"。

《三国志·魏书·邴原传》注引《原别传》曰："时鲁国孔融在郡，教选计当任公卿之才，乃以郑玄为计掾，彭璆为计吏，原为计佐。"⑥ 细究上下文意，或许此处"计吏"亦当作"计史"。当时除"计掾"与"计史"可称"计吏"外，还包括"计佐"。由于计吏多为郡守自辟之属吏，仍然带有较为浓厚的私官色彩。例如公孙瓒"举上计吏。太守刘君坐事槛车征，官法不听吏下亲近，瓒乃改容服，诈称侍卒，身执徒养，御车到洛阳"⑦。因

① 《汉书》卷六四上《朱买臣传》，中华书局，1962年，第2793页。
② 杨鸿年：《汉魏制度丛考》，武汉大学出版社，2005年，第449页。
③ 《后汉书·百官志一》，中华书局，1965年，第3561页。
④ 《后汉书·百官志五》，中华书局，1965年，第3627页。
⑤ 《后汉书》卷四八《应奉传》，中华书局，1965年，第1607页。
⑥ 《三国志·魏书》卷一一《邴原传》，中华书局，1959年，第352页。
⑦ 《后汉书》卷七三《公孙瓒传》，中华书局，1965年，第2357－2358页。

此，严耕望先生总结道："然则东汉郡国上计于中央，但遣少吏掾史，而守丞长史不行，必矣。"① 由于派遣计吏的决定权在于郡守，故计吏出使也可以说是受郡命而出。这都反映出上计使者身份与选派方式的变化。

二、上计使者的使命

上计使者作为地方守相的代表，不仅要奉计簿于京师，还要参加一系列朝会礼仪活动。在此期间，有时会受到皇帝或中央官员的征召与问询，在将所属郡国情况汇总上报后，还要负责将中央有关指示传达于地方。

关于上计使者参加朝会礼仪活动的具体内容，有随皇帝拜谒祖先陵墓。《后汉书·明帝纪》："永平元年春正月，帝率公卿已下朝于原陵，如元会仪。"注引《汉官仪》曰："古不墓祭。秦始皇起寝于墓侧，汉因而不改。诸陵寝皆以晦、望、二十四气、三伏、社、腊及四时上饭。其亲陵所宫人，随鼓漏理被枕，具盥水，陈庄具。天子以正月上原陵，公卿百官及诸侯王、郡国计吏皆当轩下，占其郡国谷价，四方改易，欲先帝魂魄闻之也。"② 还有参加皇帝丧事。《后汉书·礼仪志》："故事：百官五日一会临，故吏二千石、刺史、在京都郡国上计掾史皆五日一会。天下吏民发丧临三日。"③ 还有参加天子主持的朝会，《晋书·王浑传》记载了有关具体场景："旧三朝元会前计吏诣轩下，侍中读诏，计吏跪受。臣以诏文相承已久，无他新声，非陛下留心方国之意也。可令中书指宣明诏，问方土异同，贤才秀异，风俗好尚，农桑本务，刑狱得无冤滥，守长得无侵虐。其勤心政化兴利除害者，授以纸笔，尽意陈闻。以明圣指垂心四远，不复因循常辞。且察其答对文义，以观计吏人才之实。"④ 可见上计使者在参加朝会时，一般要汇报有关诸如风俗人情、农业生产与刑狱吏治等中央所关心的重要内容。

对于上计使者来说，若表现突出，这很可能是一个获得晋升，甚至改变人生境遇的大好机会。如《后汉书》卷三一《张堪传》：

> 帝尝召见诸郡计吏，问其风土及前后守令能否。蜀郡计掾樊显进曰："渔阳太守张堪昔在蜀，其仁以惠下，威能讨奸。前公孙述破时，珍宝山积，卷握之物，足富十世，而堪去职之日，乘折辕车，布被囊

---

①　严耕望：《中国地方行政制度史——秦汉地方行政制度》，上海古籍出版社，2007年，第263页。

②　《后汉书》卷二《明帝纪》，中华书局，1965年，第99页。

③　《后汉书·礼仪志》，中华书局，1965年，第3143页。

④　《晋书》卷四二《王浑传》，中华书局，1974年，第1204页。

而已。"帝闻，良久叹息，拜显为鱼复长。方征堪，会病卒，帝深悼惜之，下诏褒扬，赐帛百匹。①

又如《太平御览》卷四六三引谢承《后汉书》曰："郭宏为郡上计吏，朝廷问宏颍川风俗所尚，土地所出，先贤将相儒林文学之士，宏援经以对，陈事答问，出言如浮，引义如流。"甚至有仅因仪表出众，就获得皇帝垂青，得以拜官的例子：

> 永平初，有新野功曹邓衍，以外戚小侯每豫朝会，而容姿趋步，有出于众，显宗目之，顾左右曰："朕之仪貌，岂若此人！"特赐舆马衣服。延以衍虽有容仪而无实行，未尝加礼。帝既异之，乃诏衍令自称南阳功曹诣阙。既到，拜郎中，迁玄武司马。②

注引谢承《后汉书》曰："帝赐舆马衣服剑珮刀，钱二万，南阳计吏归，具以启延。延知衍华不副实，行不配容，积三年不用，于是上乃自救衍称南阳功曹诣阙。"可见邓衍是以南阳计吏的身份参与朝会，进而引起明帝"目之""异之"。同行计吏将此事回报郡守，但因其"华不副实，行不配容"，故连续三年不得升迁。后因皇帝特诏入京，才得以"拜郎中，迁玄武司马"。这反映出在帝制时代，上计使者的境遇很容易因君主一己好恶而改变的历史事实。但也可见上计使者为地方代表，是政务运行中沟通上下的重要纽带，不仅地方特意选择俊秀杰出之士，中央也对其使命较为重视，以此作为制定施政方针与政策的必要参考。

在上计使者中也可以看到迁升至地方长吏或中央高级官员者。有的名重一时，有的甚至在一定程度上影响了历史进程。如朱买臣先为会稽太守，后因击东越有功，"征入为主爵都尉，列于九卿"③。如应奉"为司隶校尉。纠举奸违，不避豪戚，以严厉为名"④。又如邓艾"每见高山大泽，辄规度指画军营处，时人多笑焉。后为典农纲纪，上计吏，因使见太尉司马宣王。宣王奇之，辟之为掾，迁尚书郎"⑤。后邓艾以奇兵攻下成都，蜀汉灭亡，宣告了三国时代的结束。又如羊祜"及长，博学能属文，身长七尺三寸，美须眉，善谈论。郡将夏侯威异之，以兄霸之子妻之。举上计

---

① 《后汉书》卷三一《张堪传》，中华书局，1965 年，第 1100－1101 页。
② 《后汉书》卷三三《虞延传》，中华书局，1965 年，第 1153 页。
③ 《汉书》卷六四上《朱买臣传》，中华书局，1962 年，第 2794 页。
④ 《后汉书》卷四八《应奉传》，中华书局，1965 年，第 1608 页。
⑤ 《三国志·魏书》卷二八《邓艾传》，中华书局，1959 年，第 775 页。

吏，州四辟从事、秀才，五府交命，皆不就"①。后羊祜长期领军坐镇荆州，为西晋平吴，统一全国立下大功。类似这样由基层小吏循序渐进地逐级迁升的方式，有利于更为公平和广泛地选拔人才，也符合汉人所认同的法家学说中所谓"宰相必起于州部，猛将必出于卒伍"的行政理念。对此，有学者称为"功次制度"，并认为其优点在于"使官吏能够了解行政系统运行的过程和法规、故事、判例等，在任职期间了解社会、掌握统治技能，是一种寓培养、选拔人材于使用过程中的制度"②。

由于上计使者对地方情况较为熟悉，朝政如欲了解地方风俗，或遇疑难之事，也会向其征询意见。如《水经注·温水》"东北入于郁"条引范泰《古今善言》：

> 日南张重，举计入洛，正旦大会。明帝问："日南郡北向视日邪？"重曰："今郡有云中、金城者，不必皆有其实。日亦俱出于东耳。至于风气暄暖，日影仰当，官民居止随情，面向东西南北，回背无定。人性凶悍，果于战斗，便山习水，不闲平地。"③

张重应对最高统治者的言辞，应当主要来源于日常工作生活的具体认知及其实践。又如东汉灵帝时，板楯蛮屡次反叛，"帝欲大发兵，乃问益州计吏，考以征讨方略"。汉中上计吏程苞④对曰："今但选明能牧守，自然安集，不烦征伐也。"帝从其言，"遣太守曹谦宣诏赦之，即皆降服"⑤。可见上计使者也可议论朝政得失，且有意见被采纳的例子。

上计使者人数众多，未必能每次都受到皇帝召见。更多的时候，似以中央官员主持其事。西汉初年，曾为此专门设置"计相"一职。例如，张苍"以列侯为主计四岁。是时萧何为相国，而张苍乃自秦时为柱下史，明习天下图书计籍。苍又善用算律历，故令苍以列侯居相府，领主郡国上计者。"所谓"计相"，张晏曰："以列侯典校郡国簿书。"如淳曰："以其所主，因以为官号，与计相同。时所卒立，非久施也。"《史记索隐》曰：

---

①　《晋书》卷三四《羊祜传》，中华书局，1974年，第1013页。
②　蒋非非：《汉代功次制度初探》，《中国史研究》1997年第1期。
③　陈桥驿：《水经注校证》，中华书局，2007年，第834页。
④　《华阳国志·汉中士女》"计君经算"条载程苞："光和二年上计吏。时巴郡板楯反，军旅数起，征伐频年，天子患之，访问益州计，考以方略。"见任乃强《华阳国志校补图注》，上海古籍出版社，1987年，第601页。两处所载上计吏应为同一人。
⑤　《后汉书》卷八六《南蛮传·板楯蛮夷传》，中华书局，1965年，第2843页。

"谓改计相之名，更名主计也。此盖权时立号也。"① 此后似未见有人担任
此职，故可能确属临时权宜之置，后来逐渐演变为丞相、御史的职责，如
《汉书·循吏传·王成传》："后诏使丞相御史问郡国上计长吏守丞以政令
得失。"② 又如卫宏《汉旧仪》载西汉哀帝元寿二年（前 1 年）："郡国守
丞长史上计事竟，遣君侯出坐庭，上亲问百姓所疾苦。"又"御史大夫"
条亦载有御史大夫下上计丞、长史之敕。③ 东汉以司徒受计较为常见，如
《后汉书·文苑传下·赵壹传》：

> 光和元年，举郡上计到京师。是时司徒袁逢受计，计吏数百人皆
> 拜伏庭中，莫敢仰视，壹独长揖而已。逢望而异之，令左右往让之，
> 曰："下郡计吏而揖三公，何也？"对曰："昔郦食其长揖汉王，今揖
> 三公，何遽怪哉？"逢则敛衽下堂，执其手，延置上坐，因问西方事，
> 大悦，顾谓坐中曰："此人汉阳赵元叔也。朝臣莫有过之者，吾请为
> 诸君分坐。"坐者皆属观。④

东汉司徒位列"三公"而实际相当于丞相，"受计"官员身份及其行
政级别的特殊变化，或许是"计吏数百人皆拜伏庭中""莫敢仰视"的主
要原因，未必是通常存在的普遍情形。

上计使者也有上书中央举荐贤才、表彰士行的职责。《三国志·魏
书·贾逵传》注引《孙资别传》曰："资举河东计吏，到许，荐于相府曰：
'逵在绛邑，帅厉吏民，与贼郭援交战，力尽而败，为贼所俘，挺然直志，
颜辞不屈，忠言闻于大众，烈节显于当时，虽古之直发、据鼎，罔以加
也。其才兼文武，诚时之利用。'"⑤ 西汉自武帝时有郡举孝廉，与计偕上
之制，但人数并不多。而计吏举荐于中央，亦是一条仕进之途，这也为地
方向中央施加政治影响提供了机会。东汉末年，杨凤等起兵，"大者二三
万，小者不减数千。灵帝不能讨，乃遣使拜杨凤为黑山校尉，领诸山贼，
得举孝廉计吏。后遂弥漫，不可复数"。这本是朝廷以示笼络和恩宠之举，
但从所谓"后遂弥漫，不可复数"不难看出，在地方坐大、朝纲不振之
际，上计使者其实已经无法行使其职责，而近乎虚设了。

---

①　《史记》卷九六《张丞相列传》，中华书局，1959 年，第 2676 页。
②　《汉书》卷八九《循吏传·王成传》，中华书局，1962 年，第 3627 页。
③　孙星衍等辑：《汉官六种》，周天游点校，中华书局，1990 年，第 70、73 页。
④　《后汉书》卷八○下《文苑传下·赵壹传》，中华书局，1965 年，第 2632 页。
⑤　《三国志·魏书》卷一五《贾逵传》，中华书局，1959 年，第 480 页。

三、上计使者与吏治的关系

汉代存在一种上计吏留拜为郎的政治制度。① 如《后汉书》卷四《和帝纪》载永元十四年（102 年）："是岁，初复郡国上计补郎官。"② 由于实行时没有固定的标准和程式，在东汉后期对吏治已经造成较为严重的危害。如桓帝南巡时，杨秉曾谏言对此加以限制：

> 及行至南阳，左右并通奸利，诏书多所除拜。秉复上疏谏曰："臣闻先王建国，顺天制官。太微积星，名为郎位，入奉宿卫，出牧百姓。皋陶诫虞，在于官人。顷者道路拜除，恩加竖隶，爵以货成，化由此败，所以俗夫巷议，白驹远逝，穆穆清朝，远近莫观。宜割不忍之恩，以断求欲之路。"于是诏除乃止。③

虽然杨秉上疏所谓"诏书多所除拜"似乎并非特指计吏拜郎，但又据《后汉书》卷五四《杨秉传》："时郡国计吏多留拜为郎，秉上言三署见郎七百余人，帑臧空虚，浮食者众，而不良守相欲因国为池，浇灌艸秽。宜绝横拜，以塞觊觎之端。自此终桓帝世，计吏无复留拜者。"可见"不良守相欲因国为池"，应指其派遣上计使者留拜为郎之事，此举不仅无谓地增加了国家财政负担，又容易滋生"觊觎之端"，对朝政危害甚大。因此，邹水杰先生认为：计吏拜郎也是君主特诏"横拜"的一种形式，并无制度化规定，且反映了皇权与官僚政治的博弈。④ 从前引新野功曹邓衍的例子就不难看出，计吏得以留拜为郎往往是君主偶然性的随意之举。尽管史书记载仅为个例，但在人数众多的上计使者中，"虽有容仪而无实行"者可能不在少数。中央欲通过对这些人的问询而了解地方治政的实际情况，恐怕并非易事。

早在西汉时，宣帝诏书已经指出上计使者中的浮夸之风盛行：

> 今吏或以不禁奸邪为宽大，纵释有罪为不苛，或以酷恶为贤，皆失其中。奉诏宣化如此，岂不谬哉！方今天下少事，繇役省减，兵革不动，而民多贫，盗贼不止，其咎安在？上计簿，具文而已，务为欺谩，以避其课。三公不以为意，朕将何任？诸请诏省卒徒自给者皆

---

① 黄留珠：《秦汉仕进制度》，西北大学出版社，1985 年，第 220 页。
② 《后汉书》卷四《和帝纪》，中华书局，1965 年，第 190 页。
③ 《后汉书》卷五四《杨秉传》，中华书局，1965 年，第 1773 页。
④ 邹水杰：《东汉诏除郎初探——以荫任除郎与上计拜郎为中心》，《南都学坛》2012 年第1 期。

止。御史察计簿，疑非实者，按之，使真伪毋相乱。①

上计簿是中央得以掌控地方吏治的重要参考资料，而其不过"具文而已"，才造成"方今天下少事，繇役省减，兵革不动，而民多贫，盗贼不止"的尴尬情形。不仅如此，此种风气在当时官场又逐渐流行开来，如《汉书》卷八九《循吏传·王成传》："后诏使丞相御史问郡国上计长吏守丞以政令得失，或对言前胶东相成伪自增加，以蒙显赏，是后俗吏多为虚名云。"②又如《汉书》卷七二《贡禹传》："武帝始临天下，尊贤用士，辟地广境数千里，自见功大威行，遂从耆欲，用度不足，乃行一切之变，使犯法者赎罪，入谷者补吏，是以天下奢侈，官乱民贫，盗贼并起，亡命者众。郡国恐伏其诛，则择便巧史书习于计簿能欺上府者，以为右职；奸轨不胜，则取勇猛能操切百姓者，以苛暴威服下者，使居大位。故亡义而有财者显于世，欺谩而善书者尊于朝，悖逆而勇猛者贵于官。"③元帝时，京房有鉴于此，曾奏"考功课吏法"，但为权贵所阻，未获实行。这也反映出西汉末年吏治已经败坏到一定程度，短时间内难有起色。

另外值得注意的是，上计使者在京师逗留期间，可能利用职务之便贿赂官员、请托办事，以达到某些私人目的。例如，景帝时文翁为蜀郡守，"选郡县小吏开敏有材者张叔等十余人亲自饬厉，遣诣京师，受业博士，或学律令。减省少府用度，买刀布蜀物，赍计吏以遗博士"。文翁通过计吏携带当地特产以赠博士，或许是为求得其对蜀郡弟子多加关照。后"数岁，蜀生皆成就还归，文翁以为右职，用次察举，官有至郡守刺史者"。④东汉时，又有太守遣计吏行贿朝臣之事，如《后汉书》卷七八《宦者传·曹腾传》："时蜀郡太守因计吏赂遗于腾，益州刺史种皓于斜谷关搜得其书，上奏太守，并以劾腾，请下廷尉案罪。"⑤此事亦见于《三国志·魏书·武帝纪》裴注引《续汉书》曰："蜀郡太守计吏修敬于腾，益州刺史种暠于函谷关搜得其笺，上太守，并奏腾内臣外交，所不当为，请免官治罪。"但曹腾因受皇帝庇护，终未加罪。史称曹腾"用事省闼三十余年，奉事四帝"，想来向其行贿请托之事应该不少。

对于上计使者当中触犯律令者，汉代京师有专门的监狱予以收押。

① 《汉书》卷八《宣帝纪》，中华书局，1962年，第273页。
② 《汉书》卷八九《循吏传·王成传》，中华书局，1962年，第3627页。
③ 《汉书》卷七二《贡禹传》，中华书局，1962年，第3077页。
④ 《汉书》卷八九《循吏传·文翁传》，中华书局，1962年，第3625页。
⑤ 《后汉书》卷七八《宦者传·曹腾传》，中华书局，1965年，第2519页。

《汉书》卷八《宣帝纪》记载长安有"郡邸狱"，颜师古注引《汉旧仪》
曰："郡邸狱治天下郡国上计者，属大鸿胪。"①　大鸿胪的主要职责是接待
四方使者，上计使者自然也在其列。"诸王入朝，当郊迎，典其礼仪。及
郡国上计，匦四方来，亦属焉。"②　而京师所置"郡邸狱"，其收系的罪犯
中应该就有部分因行贿请托之事而获罪的计吏。③　计吏由于具备使者身
份，得以享受传舍和免税等待遇，在行贿请托等方面可能较为便利。

为了防止计吏与朝官私会，曾有专门规定加以限制。如《通典》卷二
〇载：东汉时"陈宠为司空，府故事：以计吏至，时自公以下督属籍，不
通宾客，以防交关。宠去籍通客，以明无所不受，论者大之"。不过到了
东汉末年，此规定大概已是一纸空文，计吏活动似并未受到多少限制。如
韩遂"奉计诣京师，何进宿闻其名，特与相见。遂说进使诛诸阉人，进不
从，乃求归"④。又如汉末刘劭事：

> 建安中，为计吏，诣许。太史上言："正旦当日蚀。"劭时在尚
> 书令荀彧所，坐者数十人，或云当废朝，或云宜却会。劭曰："梓
> 慎、裨灶，古之良史，犹占水火，错失天时。《礼记》曰诸侯旅见
> 天子，及门不得终礼者四，日蚀在一。然则圣人垂制，不为变豫废朝
> 礼者，或灾消异伏，或推术谬误也。"或善其言。敕朝会如旧，日亦
> 不蚀。⑤

这也是计吏结交朝官的例子，且能通过其言论而影响朝会的举行。

江苏连云港尹湾六号墓出土汉简的五号木牍，记录了汉末成帝时期某
年东海郡吏员外出公干的情况，除"上邑计"外，另有"送罚戍上谷"
"送卫士""市鱼就财物""送徒民"等年度性或临时差遣。⑥　由此可见，
地方使者除上计之外，平时也有较多机会作为使者赴京师办事，而地方官

---

① 《汉书》卷八《宣帝纪》，中华书局，1962年，第235页。

② 《后汉书·百官志二》，中华书局，1965年，第3582页。

③ 宋杰先生认为"郡邸狱"关押计吏中触犯律令的罪犯，当属"中都官狱"，参见宋杰：
《西汉的中都官狱》，《中国史研究》2008年第2期。但侯旭东先生认为"此种解释恐有望文生义
之嫌"，参见侯旭东：《从朝宿之舍到商铺——汉代郡国邸与六朝邸店考论》，《清华大学学报（哲
学社会科学版）》2011年第5期。

④ 《三国志·魏书》卷一《武帝纪》注引《典略》，中华书局，1959年，第45页。

⑤ 《三国志·魏书》卷二一《刘劭传》，中华书局，1959年，第617页。

⑥ 参见滕昭宗：《尹湾汉简所见上邑计》，《中国文物报》1998年7月8日第3版；廖伯源：
《〈东海郡下辖长吏不在署、未到官者名籍〉释证》，载《简牍与制度》，广西师范大学出版社，
2005年，第199-200页。

吏可借此机会笼络朝官。例如，尹湾汉简中有如下一枚名谒：

> 进长安令
> 儿君（正面）
> 东海大守功曹史饶谨请吏奉谒再拜
> 请
> 威卿足下 师君兄（背面，YM6D23）①

　　此件是师饶作为东海郡功曹委托"吏"谒见长安令儿君，即儿威卿时所持的名谒的抄件。同墓出土的名谒一般称为"遣吏"或"使吏"，体现了上下关系。此"吏"受师饶之命去拜谒长安令儿君，目的为何呢？有论者认为可能借觐见东海乡贤为名，趁机联络感情②，此说应当具备一定历史合理性。上计使者在类似官场交际中的角色，也许有的是出于公事，但似乎私人色彩更为浓厚一些。例如《汉书·何武传》：

> 初，武为郡吏时，事太守何寿。寿知武有宰相器，以其同姓故厚之。后寿为大司农，其兄子为庐江长史。时武奏事在邸，寿兄子适在长安，寿为具召武弟显及故人杨覆众等，酒酣，见其兄子，曰："此子扬州长史，材能驽下，未尝省见。"显等甚惭，退以谓武，武曰："刺史古之方伯，上所委任，一州表率也，职在进善退恶，吏治行有茂异，民有隐逸，乃当召见，不可有所私问。"显、覆众强之，不得已召见，赐卮酒。岁中，庐江太守举之。其守法见惮如此。③

　　何武时任刺史，有监察刺举之权。故何寿趁其"奏事在邸"的机会安排宴会，以求关照其兄子。汉制规定，刺史于岁末应入奏事于京师，上计吏也是如此。而从"寿兄子适在长安"来看，可能其是作为上计使者入京奏事，故得以请朝臣代为说项，向何武施加压力。后来其人果然因何武的关系而受到提拔，"岁中，庐江太守举之"。颜师古注曰："终得武之力助也。"上计使者在此过程中所扮演的复杂角色，反映出汉代地方行政与政治文化中较为阴暗的一面，也许值得更进一步的关注。

---

① 《尹湾汉墓简牍》，中华书局，1997年，图版第34页，释文见第137页。
② 侯旭东：《从朝宿之舍到商铺——汉代郡国邸与六朝邸店考论》，《清华大学学报（哲学社会科学版）》2011年第5期。
③ 《汉书》卷八六《何武传》，中华书局，1962年，第3483-3484页。

第三节　从"便宜"到"常置"：使者身份的变化

汉代使命频繁，使命类型复杂多样，但多为有事权置，事毕则罢。而某些使者权力甚大，受命而出，长期监督并逐渐侵蚀各级行政官员职权，并进而由使者身份演变为新的常设官职。这一演变过程，在汉代主要表现为使者职权的固定化和使者名号的虚衔化。

一、使者职权的固定化——以刺史为例

汉代使者具备有事权置的特征，表现为临事而设，事毕则罢。然而，某些使者因长期具备使者身份而逐渐专职化，成为官僚系统的一部分。在此方面，无疑以循行使者演变为刺史最为典型。刺史本由丞相史出使之制演变而来，故有使者之称。秦本有御史监郡之制，惠帝时始遣御史监察内史诸郡。文帝十三年，以御史不奉法，下失其职，乃遣丞相史出刺并监察御史。如前所述，遣使循行的主要目的是监察官吏，是维护专制皇权的有效手段。武帝不仅常遣使者循行地方，又设立刺史制度，主要是因为原有监察制度尚有缺陷。正如严耕望先生指出："景帝、武帝时期，中央深嫉守相专断、豪强纵横与封君骄纵。而当时监察之制，御史丞相史杂出，权力不集中，督察无定域，故绩效未著，不得不图加强监察制度之推行。"①

循行使者不仅有专杀之威，而且可以便宜行事。从长远来看，这对地方行政权力总会有一定侵蚀。又如邢义田先生所揭示："允许官员便宜从事和汉代天子的集权倾向有着基本的矛盾和冲突。"②汉代政治的运行特点，既有"如律令"与"如故事"之类的相沿成习，也重视所谓"便宜从事"的灵活应变。这两种因素时有交织，有时也可以并行不悖，但前提是不得触及中央王朝及天子的基本权威。使者的权力来源于皇帝，也时刻受到严密监督。在刺史一职逐渐由使者演变为地方行政首长后，如何制约其权力又成为新的问题。从这个意义上来说，上计使者在中央与地方之间的沟通作用不可忽视，其通过自下而上的方式反馈信息，监察吏治，以增进中央对地方情况的了解和掌控。因此，循行使者与上计使者可谓相辅相

---

① 严耕望：《中国地方行政制度史——秦汉地方行政制度》，上海古籍出版社，2007年，第275页。

② 邢义田：《从"如故事"和"便宜从事"看汉代行政中的经常与权变》，载《治国安邦》，中华书局，2011年，第427页。

成，并在后世相沿成习。例如有研究者认为，魏晋以降的大使巡行与上计制度，继承了秦汉时期灵活机动的特点，且"更能适应魏晋南北朝时期动荡的局势及官僚制度不完善的状况"①。

劳榦先生曾指出：汉武帝经常派遣特使巡察地方，与刺史设置有重要联系，"可以说一部分的原因是使临时的谒者博士，改为永久性之刺史"②。如果从司隶校尉的职权演变来分析，可以将此种变化看得更为明晰。

司隶校尉的最初设置，与"巫蛊之狱"发生前后的京师复杂形势有关。《汉书》卷一九上《百官公卿表上》：

> 司隶校尉，周官，武帝征和四年初置。持节，从中都官徒千二百人，捕巫蛊，督大奸猾。后罢其兵，察三辅、三河、弘农。元帝初元四年去节。成帝元延四年省。绥和二年，哀帝复置，但为司隶，冠进贤冠，属大司空，比司直。③

可见司隶校尉原本是汉武帝为彻底扫清"巫蛊之狱"中趁机谋反的政治势力而设置，不仅持节，且拥有兵权，以便"捕巫蛊，督大奸猾"。其后虽不领兵，但长期拥有督察京师百官和豪强贵戚之职权，与地方刺史职能相当接近，故廖伯源先生认为司隶校尉乃是刺史之特殊形态，其说甚是。④ 汉代的司隶校尉虽然逐渐被纳入官僚系统中，但仍长期拥有使者身份。如元帝时诸葛丰持节追捕许章事：

> 时侍中许章以外属贵幸，奢淫不奉法度，宾客犯事，与章相连。丰案劾章，欲奏其事，适逢许侍中私出，丰驻车举节诏章曰："下！"欲收之。章迫窘，驰车去，丰追之。许侍中因得入宫门，自归上。丰亦上奏，于是收丰节。司隶去节自丰始。⑤

司隶校尉因得罪贵幸而"去节"，但在其后的哀帝时期，时任司隶校尉的孙宝在上书时仍然自称："臣幸得衔命奉使，职在刺举，不敢避贵幸之势，以塞视听之明。"⑥ 东汉末年，时任司隶校尉的袁绍因不满董卓专

---

① 王东洋：《魏晋南北朝考课制度研究》，社会科学文献出版社，2009 年，第 286 页。
② 劳榦：《两汉刺史制度考》，《中央研究院历史语言研究所集刊》第 11 本，1943 年，第 35 页。
③ 《汉书》卷一九上《百官公卿表上》，中华书局，1962 年，第 737 页。
④ 廖伯源：《使者与官制演变——秦汉皇帝使者考论》，文津出版社，2006 年，第 276 页。
⑤ 《汉书》卷七七《诸葛丰传》，中华书局，1962 年，第 3249 页。
⑥ 《汉书》卷七七《孙宝传》，中华书局，1962 年，第 3262 页。

权，愤然"悬节于上东门，而奔冀州"①，可见东汉时司隶校尉又复持节。由这一个案或许可以看出，某些使者从皇帝近臣向专职化演变的过程中，身处"便宜"与"常置"之间的过渡形态。

帝制时代官僚政治演变的主要原则，有学者用十六个字加以概括："君主近臣，代起执政，品位已高，退居闲曹"②。汉唐时期使职发展的历史轨迹也大致如此。有学者从考察汉代出现的"以使为官"现象出发，认为汉唐刺史制度的形成与演变即发源于此，"其中一个重要表现就是监察官在行使刺察权过程中的地方官化"③。使职侵夺有司权力造成的危害在唐代已经有所显露，或如《唐会要》卷七八苏冕所说："洎奸臣广言利以邀恩，多立使以示宠，克小民以厚敛，张虚数以献忱，上心荡而益奢，人怨结而成祸。使天子有司，守其位而无其事，受厚禄而虚其用。宇文融首倡其端，王鉷继遵其轨，杨国忠终成其乱。"④ 唐长孺先生论述"南朝化"问题时指出："唐代职官制度的显著变化乃是使职差遣官的产生，这完全是一种新的变化，我们在南北朝都看不到这种现象。"⑤ 但如果我们将考察的阶段上溯到秦汉时代，就会发现这一时期已经出现了使职演变的某些痕迹。就各种使命和临时差遣的数量而言，秦汉时期也远远超过前代，应该说这也是一种全新的变化。

从使者向使职的演变过程，也是帝制时代官僚政治体系逐渐完善与成熟的时期。不难发现，汉唐之间历史的两次重大转折，都与此密切相关。汉代的循行使者演变为刺史，后为州牧，正是因其权力过重，尾大不掉，遂开启汉末大乱之序幕，东汉也因此而灭亡。唐代使职权力至节度使达到顶峰，唐朝最终为藩镇所灭，也不能不说与此有关。

二、使者名号的虚衔化——以大夫为例

汉代遣使频繁，在史籍可考的出使身份当中，似以大夫出使占多数。如廖伯源先生所说："皇帝可派遣任何人为使者，故使者有中央官，亦有地方官。乃至有无官职者。然可考之使者几全部为中央官，其中又分为政府行政官员与非行政官员二类，非行政官员为使者远多于行政官员。非行

---

① 《后汉书》卷七四上《袁绍传》，中华书局，1965年，第2374页。
② 李俊：《中国宰相制度》，台湾商务印书馆，1966年，第239页。
③ 史云贵：《外朝化、边缘化与平民化——帝制中国"近官"嬗变研究》，上海人民出版社，2009年，第133页。
④ 《唐会要》卷七八《诸使杂录上》，上海古籍出版社，1991年，第1701页。
⑤ 唐长孺：《魏晋南北朝隋唐史三论——中国封建社会的形成和前期的变化》，武汉大学出版社，1992年，第491页。

政官员中，在宫内侍从卫护执役之宫官占使者人数之大部分，尤以大夫、谒者、郎将、御史、中常侍、博士、侍中最多。"① 对于这些使者身份，是否都可以称为"非行政官员"，似乎还可以商榷。据粗略统计，两汉使者可考之官衔中，以大夫（111 人次）和中郎将（106 人次）为最多，远远高于其他官衔，如谒者（53 次）、中常侍（18 人次）、博士（15 人次）、侍中（11 次）等。②

　　有学者认为：大夫及郎、谒者皆为皇帝侍从官，皆有奉命出使之任。"其中尤其大夫，随侍在皇帝左右，无常任，随诏命所使，即后世之散官。"③ 然而，汉代其实尚无"散官"之名，这是后世的称谓。如果把汉代"大夫"视作魏晋以降的闲散之职，似乎也并不符合历史事实。论者或引《历代职官表》卷四三曰："光禄大夫、太中大夫、中散大夫等皆无员，惟入直禁廷，以听任使，则颇近今之散秩大臣。"汉代大夫既无官属，又无日常政务，似乎确系闲散之官。《后汉书》卷七〇《孔融传》："岁余，复拜太中大夫。性宽容少忌，好士，喜诱益后进。及退闲职，宾客日盈其门。"李贤注曰："太中大夫职在言议，故云闲职。"④ 杨鸿年先生也指出：大夫所掌虽有论议、谏争、奉使出差等项，但空洞而不具体，故大夫乃系一种"闲职"。因此，"两汉当权执政的人，就往往用大夫来位置以下几种人物：一病人，二因政治原因不愿仕宦的人，三不宜做某些官员的人"⑤。此说有一定道理，但可能并未注意到两汉之间的变化。正如阎步克先生所揭示："从较长时段看，比如说到了东汉后期，诸大夫、郎官确实也在日趋闲散。不过在西汉和东汉初年时，情况还未必完全如此。"⑥

　　奉命出使本是大夫的常任职掌之一。关于大夫职任，《汉书》卷一九上《百官公卿表上》说："大夫掌论议，有太中大夫、中大夫、谏大夫，

---

　　① 廖伯源：《使者与官制演变——秦汉皇帝使者考论》，文津出版社，2006 年，第 325 页。

　　② 统计数据参廖伯源：《使者与官制演变——秦汉皇帝使者考论》，文津出版社，2006 年，表 8.7，第 211 页。不过需要说明的是，《汉书》卷九九中《王莽传中》有两条材料导致"大夫"和"中郎将"出使人次激增，分别是："（始建国元年）遣谏大夫五十人分铸钱于郡国。""（始建国三年）莽令七公六卿号皆兼称将军，遣著武将军逯并等填名都，中郎将、绣衣执法各五十五人，分填缘边大郡，督大奸猾擅弄兵者。"廖先生以为是新莽特例，故不计入。但下文将论证汉代使者以大夫和郎将出使最为常见，有的使者或许也以此身份出使，只是史书失载而已，故以这两种身份出使的实际人次可能要比统计所得要多一些。

　　③ 葛志毅：《汉代的博士奉使制度》，《历史教学》1996 年第 10 期。

　　④ 《后汉书》卷七〇《孔融传》，中华书局，1965 年，第 2277 - 2278 页。

　　⑤ 杨鸿年：《汉魏制度丛考》，武汉大学出版社，2005 年，第 121 页。

　　⑥ 阎步克：《品位与职位》，中华书局，2001 年，第 213 页。

皆无员，多至数十人。武帝元狩五年初置谏大夫，秩比八百石，太初元年更名中大夫为光禄大夫，秩比二千石，太中大夫秩比千石如故。"① 所谓"掌论议"，所指并不具体。而《后汉书》卷三六《郑兴传》说："中郎将、太中大夫、使持节官皆王者之器。"② 可见汉代以大夫出使本是惯例，史籍中以大夫出使者甚多。西汉宣帝时王嘉上书曰："前苏令发，欲遣大夫使逐问状，时见大夫无可使者，召蛰屋令尹逢拜为谏大夫遣之。今诸大夫有材能者甚少，宜豫畜养可成就者，则士赴难不爱其死；临事仓卒乃求，非所以明朝廷也。"于是"嘉因荐儒者公孙光、满昌及能吏萧咸、薛修等，皆故二千石有名称。天子纳而用之"③。这说明汉代大夫本有奉使之任，故朝廷需要经常储备此类人才，以免出现"大夫无可使者"的尴尬局面，影响国家政务运行。

对于大夫选任，亦有一套标准，"赴难不爱其死"是重要条件之一。从人选来看，"儒者"与"能吏"是大夫的主要来源。不仅如此，如果使者本官不为大夫，往往还要加大夫才能出使。上引朝廷派遣尹逢时要先"拜为谏大夫"，正体现了这一惯例。汉代出使，如其本官不为大夫，往往要冠以"守"大夫等名号，这类现象以东汉居多。如《后汉书》卷六《顺帝纪》："丁卯，遣侍中杜乔、光禄大夫周举、守光禄大夫郭遵、冯羡、栾巴、张纲、周栩、刘班等八人分行州郡，班宣风化，举实臧否。"④《后汉书》卷八《灵帝纪》："桓帝崩，无子，皇太后与父城门校尉窦武定策禁中，使守光禄大夫刘倏持节，将左右羽林至河间奉迎。"⑤《春秋》所谓"大夫以君命出，进退在大夫"的奉使理念，应对汉人有着重要影响。而这或许也与大夫出使任务种类不一，并非仅限于"掌论议"有关。有学者将大夫称为"帝王顾问官"，包括太中大夫、光禄大夫、谒者、谏议大夫、议郎等，都被皇帝临时差遣为出巡大使，即使以他官出巡也要冠以顾问官的身份。"这可能因为他们是代表王权，不受其他行政部门的干预，独立行使职权，能更好地了解民情，监察地方行政工作。"⑥ 因此，不能因为大夫没有常任职掌，就将其视为"散官"。

① 《汉书》卷一九上《百官公卿表上》，中华书局，1962年，第727页。
② 《后汉书》卷三六《郑兴传》，中华书局，1965年，第1219页。
③ 《汉书》卷八六《王嘉传》，中华书局，1962年，第3491－3492页。
④ 《后汉书》卷六《顺帝纪》，中华书局，1965年，第272页。
⑤ 《后汉书》卷八《灵帝纪》，中华书局，1965年，第327页。
⑥ 刘太祥：《秦汉帝王顾问官制度》，《南都学坛》2010年第1期。

或谓"散官"是"指有官名而无固定职事的官，与职事官相对而言"①。但"无固定职事"，并不等于没有职事。汉代大夫相对于魏晋以降那种仅存品位意义的虚衔散官，毕竟还存在本质上的区别。宋人岳珂早已对此有过辨析："还考汉制，光禄大夫、太中大夫、郎皆无定员，多至数十人；特进、奉朝请亦皆无职守，优游禄秩。则官之有散，自汉已有之矣。然当时之仕于朝者，不任以事，则置之散，正如今日宫观设官之比，未有以职为实，以散为号，如后世者也。"② 所谓"以职为实，以散为号"，正是汉、唐散官最突出的差别。从这个意义来说，汉代诸大夫也并非仅仅是"病人""因政治原因不愿仕宦的人""不宜做某些官员的人"。有学者也指出：汉代大夫为帝王诏命所使，还有持节出使外族、奉命率军出征、参与大案审议以及奉命赏赐功臣贵幸等任务。③

汉代大夫又多有奉使参与发兵领军、征战杀伐之事。如《汉书》卷六《武帝纪》："闽越围东瓯，东瓯告急。遣中大夫严助持节发会稽兵，浮海救之。"④《史记》卷一二二《酷吏列传》："乃使光禄大夫范昆、诸辅都尉及故九卿张德等衣绣衣，持节，虎符发兵以兴击，斩首大部或至万余级，及以法诛通饮食，坐连诸郡，甚者数千人。"⑤《后汉书》卷一五《邓晨传》："拜光禄大夫，使持节监执金吾贾复等击平邵陵、新息贼。"⑥《后汉书》卷一六《寇恂传》："建威大将军耿弇率太中大夫窦士、武威太守梁统等围之，一岁不拔。"⑦ 可见两汉时大夫不仅可以持节发兵，也可以作为监军使者率兵作战。有些大夫率兵出征时被加以"将军"之号，但二者其实是临时性的称号。如大庭脩先生所说："本来将军是为征发叛乱和进行外征而临时设置的官职，因此，战事一旦结束，将军就被罢免，这是武帝以前大体上的原则。因此，被任命为什么官的人，征战结束仍旧任原来的官职。"⑧ 这不仅揭示出使者与将军具有相同特性，而且对于使者加官的

① 吕宗力主编：《中国历代官制大辞典》，北京出版社，1994 年，第 769 页。
② 岳珂：《愧郯录》卷七《散阶勋官寄禄功臣检校试衔》，中华书局，2016 年，第 94 页。
③ 刘太祥：《汉代巡行使的职能和作用》，《史学月刊》1997 年第 1 期。
④ 《汉书》卷六《武帝纪》，中华书局，1962 年，第 158 页。
⑤ 《史记》卷一二二《酷吏列传》，中华书局，1959 年，第 3151 页。
⑥ 《后汉书》卷一五《邓晨传》，中华书局，1965 年，第 584 页。
⑦ 《后汉书》卷一六《寇恂传》，中华书局，1965 年，第 625 页。
⑧ 大庭脩：《秦汉法制史研究》，上海人民出版社，1991 年，第 317 页。

理解也有启示意义。例如，卫青曾以太中大夫，又加车骑将军出征匈奴。① 同样的例子还有马邑之战时，"太中大夫李息为材官将军"②。一般被认为只是"掌论议"的大夫，竟然也可以冠将军号而领兵出征，恐怕无论如何也不能将其视为"闲散之职"吧？

　　汉代出使西域之使者，其身份也往往具有类似双重性质。例如，最早担任西域都护的郑吉，就身兼"骑都尉"与"谏大夫"两种官职。《汉书》卷一九上《百官公卿表上》："西域都护加官，宣帝地节二年初置，以骑都尉、谏大夫使护西域三十六国。"③ 而《汉书》卷七〇《郑吉传》明言："都护之置自吉始焉。"④ 学界对于郑吉为初任西域都护并无异议，但对于其官称却有不同理解。有的将"都护"和"西域骑都尉"连为一官⑤，有的只含糊地说"以骑都尉谏大夫出任"⑥，或谓"由中央政府委派骑都尉或谏大夫充任"⑦，凡此种种，似都与史实有一定出入。细考汉代自郑吉以后历任西域都护者，历来都加大夫和骑都尉之号，如甘延寿曾任"谏大夫、使西域都护、骑都尉，与副校尉陈汤共诛斩郅支单于，封义成侯"。又如段会宗"以杜陵令，五府举为西域都护、骑都尉、光禄大夫，西域敬其威信"。由此可见，西域都护与诸大夫、骑都尉就构成了一个加官组合，兼有治政和领军两项使命，这与西域都护的职掌较为复杂有关。⑧ 不过，东汉时西域都护已由加官变为实职，有印绶是其标志之一，且显示出其职掌日益重要。

　　与大夫关系密切的"西域都护"这一职官的演变，也许可以更为清楚地反映出汉代使者名号的虚衔化。

　　关于"西域都护"，最早似也具备使者身份，有学者就认为其前身应

　　① 同行者还有"太中大夫公孙敖为骑将军"，《史记》卷一一一《卫将军骠骑列传》，中华书局，1959年，第2923页。
　　② 《史记》卷一〇八《韩长孺列传》，中华书局，1959年，第2862页。
　　③ 《汉书》卷一九上《百官公卿表上》，中华书局，1962年，第738页。
　　④ 《汉书》卷七〇《郑吉传》，中华书局，1962年，第3006页。
　　⑤ 吕宗力主编：《中国历代官制大辞典》，北京出版社，1994年，第344页。
　　⑥ 李大龙：《两汉时期的边政与边吏》，黑龙江教育出版社，1995年，第35页。
　　⑦ 《新疆简史》（第1册），新疆人民出版社，1980年，第37-38页。
　　⑧ 有学者认为西域都护的职掌主要有：属史之任命与领驭、督察屯田吏士、督察诸国、遣吏士分行各国、上书言事、与汉使议处西域诸事。此外，都护常受诏征调诸国及屯田士卒以平乱事，或专断擅发讨伐。参见张维华：《西域都护通考》，载《汉史论集》，齐鲁书社，1980年，第306-308页。

是"使者校尉"①。廖伯源先生认为："西域都护自初置至东汉省废，一直拥有使者之身份，亦与使匈奴中郎将等相同，为常设性之专职使者。"② 这一官名的演变似反映出，汉代奉使西域者，往往先是以使者之名，后有治民之实。正如阎步克先生总结的："帝国的西疆开拓者往往同时拥有两个头衔，一文一武；文职为谏大夫、光禄大夫之类，武职为骑都尉或中郎将等等。就'使者校尉'这个官名而言，谏大夫、光禄大夫对应着'使者'，'校尉'则对应着骑都尉之类的军职。"③ 邢义田先生曾指出，"允文允武"是汉代官吏的一种典型特征④，若以此来看汉代使者之选任，应该也是适宜的。有学者注意到汉代外交使节的人选，从先秦时期的"辩士"为主，"勇士（壮士）"次之，变为"勇士（壮士）"为主，"辩士"次之。⑤ 例如，张骞"为人强力，宽大信人，蛮夷爱之"。又班固为傅介子、常惠、郑吉、甘延寿、陈汤、段会宗等人作传，于传末称其"皆以勇略选"。由此看来，汉代使者"允文允武"之特点，从其出使之名号可以得到明显体现。既冠以大夫之名，又加郎将之号，可见其"兼资文武"。只是从东汉中后期以来，诸大夫不断虚衔化，以至于到后世转变为优抚养老之官："魏氏以来，转复优重，不复以为使命之官。其诸公告老者，皆家拜此位；及在朝显职，复用加之。"⑥

　　如前所述，汉代使者职权的逐渐固定化，以"刺史"一职的演变最为典型。值得注意的是，刺史本源于循行使者，而后者又衍生出了某些虚衔化的名号。例如，东汉以降，使者监督州郡军事，称"督州郡""督州郡兵""督州郡长吏"等，廖伯源先生以为应是魏晋南北朝时期的军事方面大员"都督诸军事""监诸军事""督诸军"之前身。⑦ 而后者虽以"都督"作为实际职官，仍分别加"使持节""持节""假节"等名号以示等级有序。这反映出尽管其仍然保留有使者身份的某些特征，但使者本身的名号已经逐渐虚衔化了。

---

　　① 余太山：《两汉魏晋南北朝与西域关系史研究》，中国社会科学出版社，1995年，第233页。
　　② 廖伯源：《使者与官制演变——秦汉皇帝使者考论》，文津出版社，2006年，第316页。
　　③ 阎步克：《品位与职位》，中华书局，2001年，第219页。
　　④ 邢义田：《允文允武：汉代官吏的一种典型》，载《天下一家》，中华书局，2011年，第224-284页。
　　⑤ 黎虎：《汉代外交使节的选拔》，《兰州大学学报（社会科学版）》2002年第6期，第97页。
　　⑥ 《晋书》卷二四《职官志》，中华书局，1974年，第728页。
　　⑦ 廖伯源：《使者与官制演变——秦汉皇帝使者考论》，文津出版社，2006年，第270页。

第三章　边地使者与边疆经略

随着统一帝国的出现及其疆域的不断扩大，汉民族与周边文化族群和地区的接触日益频繁。在此时期，不仅国家意识得以初步形成，外来文明与中原华夏文明之间的碰撞、冲突与融合也达到了极为频繁和宽广的程度。在汉文化自中心地域向周边扩张的过程中，边地使者①远赴绝域，沟通中外，不仅是确保边疆安全的有力屏障，也对秦汉时人"天下"观念的形成和发展起到了重要的塑造作用。

第一节　使者与国家意识形成

汉代使者勇于探索未知世界的出使活动，不仅反映出积极进取的文化气魄，也拓宽了人们头脑中原有的地理概念。在当时人的用语中，频频出现以"海内"和"天下"并举的现象。国家意识的初步形成，可以由出使动机和出使心态得到体现。史籍所见"译使"及"重译"记录，是华夏文明发展进程中值得重视的文化象征。

一、"海内为一"与"天下和洽"

秦汉时代，由于帝国疆域的空前扩大，汉民族与周边文化族群和地区的交往也日益增多。在这一双向互动的历史过程中，使者扮演了重要角色。汉代人对于未知世界的探索和开拓，主要是由他们来完成的。其中为人所熟知的，就是张骞"凿空"西域的壮举。张骞第一次出使西域归来，曾向汉武帝描述途中所见种种奇异景象：

> 骞曰："臣在大夏时，见邛竹杖、蜀布。问曰：'安得此?'大夏

---

① 本书所称"边地使者"，主要指中央王朝派往边地并肩负特定使命的使者，与"内地使者"有所区别。

国人曰：'吾贾人往市之身毒。身毒在大夏东南可数千里。其俗土著，大与大夏同，而卑湿暑热云。其人民乘象以战，其国临大水焉。'以骞度之，大夏去汉万二千里，居汉西南。今身毒国又居大夏东南数千里，有蜀物，此其去蜀不远矣。今使大夏，从羌中险，羌人恶之；少北，则为匈奴所得；从蜀，宜径，又无寇。"[1]

张骞的出使报告，不仅使汉武帝首次接触到前所未知的有关知识，也激发了汉武帝进一步探索和开拓域外世界的兴趣，并开始尝试从西南方向建立与西方世界的交通线路，这是中西交通史与世界探险史上具有重要意义的标志性事件。《汉书》卷六一《张骞传》：

> 天子既闻大宛及大夏、安息之属皆大国，多奇物，土著，颇与中国同俗，而兵弱，贵汉财物；其北则大月氏、康居之属，兵强，可以赂遗设利朝也。诚得而以义属之，则广地万里，重九译，致殊俗，威德遍于四海。天子欣欣以骞言为然。乃令因蜀犍为发间使，四道并出：出駹，出莋，出徙、邛，出僰，皆各行一二千里。其北方闭氐、莋。南方闭嶲、昆明。昆明之属无君长，善寇盗，辄杀略汉使，终莫得通。然闻其西可千余里，有乘象国，名滇越，而蜀贾间出物者或至焉，于是汉以求大夏道始通滇国。初，汉欲通西南夷，费多，罢之。及骞言可以通大夏，乃复事西南夷。[2]

所谓"天子欣欣以骞言为然"，不仅是出于对域外奇珍的认知兴趣，更重要的是实现张骞所描绘的"广地万里，重九译，致殊俗，威德遍于四海"的理想蓝图，这对于雄才大略的汉武帝来说应有特殊的政治意义。

众所周知，汉武帝派遣张骞出使的初衷是与月氏取得联系，共同对抗匈奴。武帝初年，仍然奉行与匈奴和亲政策，其后"马邑之围"拉开了汉匈全面战争的序幕。转变原因，当与发动战争的经济军事条件日趋成熟有关。《汉书》卷五二《韩安国传》：

> 雁门马邑豪聂壹因大行王恢言："匈奴初和亲，亲信边，可诱以利致之，伏兵袭击，必破之道也。"上乃召问公卿曰："朕饰子女以配单于，币帛文锦，赂之甚厚。单于待命加嫚，侵盗无已，边竟数惊，朕甚闵之。今欲举兵攻之，何如？"

---

① 《史记》卷一二三《大宛列传》，中华书局，1959 年，第 3166 页。
② 《汉书》卷六一《张骞传》，中华书局，1962 年，第 2690 页。

大行恢对曰："陛下虽未言，臣固愿效之。臣闻全代之时，北有强胡之敌，内连中国之兵，然尚得养老长幼，种树以时，仓廪常实，匈奴不轻侵也。今以陛下之威，海内为一，天下同任，又遣子弟乘边守塞，转粟挽输，以为之备，然匈奴侵盗不已者，无它，以不恐之故耳。臣窃以为击之便。"①

值得注意的是，所谓"海内为一，天下同任"等语，不仅反映了文化地理知识的扩展，也体现出汉人思想观念中趋向统一的文化认同。王子今先生指出："讨论汉代社会的'天下'观，不应忽略《汉书》等文献所见有关'天下'与'海内'、'四海'文字遗存透露的思想史信息。"② 汉代文献中多见将"天下"与"海内"或"四海"并举的现象，应是当时社会用语习惯的普遍反映，而这又体现出汉代统治者施政理念及政治文化的某些特色。刘敬劝说刘邦放弃洛阳而定都长安时，曾提及这种政治理想："及周之盛时，天下和洽，四夷向风，慕义怀德，附离而并事天子。不屯一卒，不战一士，八夷大国之民莫不宾服，效其贡职。"③ 可见所谓"天下和洽"的标志是"四夷向风，慕义怀德"，这一政治文化象征成为汉初政治家追求的目标，并以此作为制礼作乐的基础。例如，"贾生以为汉兴至孝文二十余年，天下和洽，而固当改正朔，易服色，法制度，定官名，兴礼乐。乃悉草具其事仪法，色尚黄，数用五，为官名，悉更秦之法。孝文帝初即位，谦让未遑也"④。

贾谊和汉文帝未能达成的使命，最后则降临到了汉武帝身上。董仲舒之对策，反映出"并有天下"与"海内率服"的文化象征意义：

今陛下并有天下，海内莫不率服，广览兼听，极群下之知，尽天下之美，至德昭然，施于方外。夜郎、康居，殊方万里，说德归谊，此太平之致也。然而功不加于百姓者，殆王心未加焉。曾子曰："尊其所闻，则高明矣；行其所知，则光大矣。高明光大，不在于它，在乎加之意而已。"愿陛下因用所闻，设诚于内而致行之，则三王何异哉！⑤

① 《汉书》卷五二《韩安国传》，中华书局，1962 年，第 2398 - 2399 页。
② 王子今、乔松林：《〈汉书〉的海洋纪事》，《史学史研究》2012 年第 4 期。
③ 《史记》卷九九《刘敬叔孙通列传》，中华书局，1959 年，第 2716 页。
④ 《史记》卷八四《屈原贾生列传》，中华书局，1959 年，第 2492 页。
⑤ 《汉书》卷五六《董仲舒传》，中华书局，1962 年，第 2511 页。

类似的政治宣传理念也见于汉代政论家的著述。例如，《盐铁论·轻重》篇曾言及"天下之富"与"海内之财"①，同书《能言》篇也以"言满天下，德覆四海"② 相提并论，《世务》篇又写道："诚信著乎天下，醇德流乎四海。"③ 又如《新语·数宁》篇："大数既得，则天下顺治，海内之气，清和咸理，则万生遂茂。"④ 同书《慎微》篇："诛逆征暴，除天下之患，辟残贼之类，然后海内治，百姓宁。"⑤ 同书《时变》篇也有"威振海内，德从天下"⑥ 的说法。《居延汉简释文合校》也可见相关简文："行步驾服逋逃隐□往来□汉兼天下海内并厕（9·1C）"⑦。"天下""海内"并提的观念，得到传世史籍和出土文献的双重佐证。

范晔提到甘英"抵条支而历安息，临西海以望大秦"的事迹，不仅是"登高明望四海"的直接体现，也堪称世界航海史上的伟大壮举。《后汉书·西域传》曾特别言及此次出使的地理发现与政治文化意义："班超遣掾甘英穷临西海而还。皆前世所不至，《山经》所未详，莫不备其风土，传其珍怪焉。于是远国蒙奇、兜勒皆来归服，遣使贡献。"⑧ 关于甘英的这次海上出使所获得的域外知识与珍异见闻，《后汉书·西域传》中还有一处颇具离奇色彩的记载：

> 和帝永元九年，都护班超遣甘英使大秦，抵条支。临大海欲度，而安息西界船人谓英曰："海水广大，往来者逢善风三月乃得度，若遇迟风，亦有二岁者，故入海人皆赍三岁粮。海中善使人思土恋慕，数有死亡者。"英闻之乃止。⑨

所谓"海中善使人思土恋慕，数有死亡者"，《晋书》卷九七《四夷传·大秦国传》记作"海中有思慕之物，往者莫不悲怀。若汉使不恋父母妻子者，可入"⑩似是指某种可怕的生物或景象，能使人思乡至死，以至于甘英终止了此次航程。对此，有学者认为其来源可能是古希腊神话中

---

① 桓宽撰集，王利器校注：《盐铁论校注》，中华书局，1992 年，第 180 页。
② 桓宽撰集，王利器校注：《盐铁论校注》，中华书局，1992 年，第 459 页。
③ 桓宽撰集，王利器校注：《盐铁论校注》，中华书局，1992 年，第 508 页。
④ 陆贾撰，王利器校注：《新语校注》，中华书局，2012 年，第 30 页。
⑤ 陆贾撰，王利器校注：《新语校注》，中华书局，2012 年，第 89 页。
⑥ 陆贾撰，王利器校注：《新语校注》，中华书局，2012 年，第 96 页。
⑦ 谢桂华、李均明、朱国炤：《居延汉简释文合校》，文物出版社，1987 年，第 14 页。
⑧ 《后汉书》卷八八《西域传·序》，中华书局，1965 年，第 2910 页。
⑨ 《后汉书》卷八八《西域传·安息传》，中华书局，1965 年，第 2918 页。
⑩ 《晋书》卷九七《四夷传·大秦国传》，中华书局，1974 年，第 2545 页。

著名的海上女妖（Sirenes）的传说。海上女妖是半人半鸟形的怪物，善于以娇媚动听的歌声迷惑航海者，使其如醉如痴，停船或触礁死亡。安息（波斯）正处于华夏文明与古希腊罗马文明交通的中间地带，因此甘英有可能通过当地船员之口得知这则传说。相比甘英因此而出使未果，或许更应重视这一趣闻所反映出的中西文化交流史意义："希腊神话中的这段故事，经安息船员加以渲染后，阻挡了这位来自远方的缺乏海上经验的中国使者，但同时也经过这位使者的讲述，永远地留在了中国的史册上。这也是中国与希腊—罗马世界文化交流史中饶有趣味的一段插曲。"①

　　在当时使者的涉外言论和上书中，经常可以看到诸如"强汉""大汉"等用语，不仅显露出汉朝综合国力的优越，也是文化自信的体现。例如，谷吉因遣送匈奴侍子而出使，鉴于匈奴反复无常，屡次杀害汉使，朝臣对于使者是"至塞"还是"至庭"有所争议，而谷吉毅然上书称："臣幸得建强汉之节，承明圣之诏，宣谕厚恩，不宜敢桀。若怀禽兽，加无道于臣，则单于长婴大罪，必遁逃远舍，不敢近边。没一使以安百姓，国之计，臣之愿也。愿送至庭。"②所谓"建强汉之节"，反映出使者对于国家形象的珍视和自豪。谷吉后来不幸被郅支单于杀害，以生命实践了自己所坚持的"没一使以安百姓"、于国为便的出使理念。

　　在此之后，郅支单于对待汉朝的态度日益傲慢："汉遣使三辈至康居，求谷吉等死，郅支困辱使者，不肯奉诏，而因都护上书言：'居困厄，愿归计强汉，遣子入侍。'其骄嫚如此。"③所谓"归计强汉"，显然并非其真实想法，而似乎更隐然有政治讽刺的意味。其后甘延寿、陈汤率军攻破郅支城，斩杀单于，给汉廷的上书中称：

　　　　臣闻天下之大义，当混为一，昔有唐虞，今有强汉。匈奴呼韩邪单于已称北藩，唯郅支单于叛逆，未伏其辜，大夏之西，以为强汉不能臣也。郅支单于惨毒行于民，大恶通于天。臣延寿、臣汤将义兵，行天诛，赖陛下神灵，阴阳并应，天气精明，陷陈克敌，斩郅支首及名王以下。宜县头槁街蛮夷邸间，以示万里，明犯强汉者，虽远必诛。④

---

① 张绪山：《甘英西使大秦获闻希腊神话传说考》，《史学月刊》2003 年第 12 期。
② 《汉书》卷七〇《陈汤传》，中华书局，1962 年，第 3008 页。
③ 《通鉴纪事本末》卷四《匈奴归汉》，中华书局，2015 年，第 308 页。
④ 《通鉴纪事本末》卷四《匈奴归汉》，中华书局，2015 年，第 308 页。

值得注意的是，在这段仅百余字的上书中，竟然连续三次使用了"强汉"这一语汇。其中尤以"犯强汉者，虽远必诛"脍炙人口，传诵千古。对此，王子今先生认为，这"绝不仅仅是个别军官的激烈之辞，而应当理解为当时较广泛社会层面共有的一种强国意识的鲜明表现"。此言甚是。所谓"县头槀街蛮夷邸间"，也带有明显的政治警告意味。

宋人在追述汉代边地使者的历史功勋时，曾将以下四人并举："陈汤之斩单于，傅介子之刺楼兰，冯奉世之平莎车，班超之定西域，皆为有汉之隽功。"①其中前三人为西汉人，仅班超是东汉人，这似乎反映出两汉王朝对于外事和边政指导理念的不同。

二、"译使"及"重译"的文化象征

《后汉书》卷八八《西域传·序》记述班超平定西域的历史功绩："（永元）六年，班超复击破焉耆，于是五十余国悉纳质内属。其条支、安息诸国至于海濒四万里外，皆重译贡献。"② 对此，《后汉书·和帝纪》则有"都护西指，则通译四万"③ 的赞语。由此可以看到在汉文化向西域传播与发展的过程中，相关翻译人员即"译"的历史作用。

在汉代涉外专职机构的属官设置中，可见"译官"之称，如《汉书》卷一九上《百官公卿表上》："典客，秦官，掌诸侯归义蛮夷，有丞。景帝中六年更名大行令，武帝太初元年更名大鸿胪。属官有行人、译官、别火三令丞及郡邸长丞。"④"典属国"也有"九译令"等属官。对于这类职官的历史渊源，清《历代职官表·礼部会同四译馆》说："四译馆即汉之译官令、九译令，当为周'象胥'之职。而今之馆卿寔兼此二职者也。"《后汉书》卷六〇上《马融传》载其《广成颂》言及先王制礼作乐成就，曾有"明德曜乎中夏，威灵畅乎四荒，东邻浮巨海而入享，西旅越葱领而来王，南徼因九译而致贡，朔狄属象胥而来同"之语。注引《西河旧事》曰："九译谓九重译语而通中国也。"又引《周礼》："象胥掌蛮、夷、戎、翟之国，使传王之言而谕说焉，以和亲之。"又引郑玄注曰："通夷狄之言者曰象胥，其有才智者也。此类之本名，东方曰寄，南方曰象，西方曰狄鞮，北方曰译。此官正为象者，周始有南越重译来贡献，是以名通言语之官为

① 毕沅：《续资治通鉴》卷一四五《宋纪·淳熙四年》，中华书局，1957 年，第 3878 页。
② 《后汉书》卷八八《西域传·序》，中华书局，1965 年，第 2910 页。
③ 《后汉书》卷四《和帝纪》，中华书局，1965 年，第 195 页。
④ 《汉书》卷一九上《百官公卿表上》，中华书局，1962 年，第 730 页。

象胥。"① 由此看来，所谓"九译"可能并非实指，而是重重转译之意。

王莽时为了仿效周公"居摄"时事，曾有意制造此类政治文化象征："始，风益州令塞外蛮夷献白雉，元始元年正月，莽白太后下诏，以白雉荐宗庙。"② 于是有《汉书》卷一二《平帝纪》所载"越裳氏重译献白雉"之事："元始元年春正月，越裳氏重译献白雉一、黑雉二，诏使三公以荐宗庙。"③ 太后诏书称："大司马新都侯莽三世为三公，典周公之职，建万世策，功德为忠臣宗，化流海内，远人慕义，越裳氏重译献白雉。"足见此次"重译"贡献只是王莽一手导演的政治闹剧，其目的不过是为实现所谓"化流海内，远人慕义"的政治宣传。但又应看到，所谓"重译"记录，体现的仍然是汉文化扩张实现空前规模所产生的一种文化自信现象。有论者以为："在理解汉代'大一统'意识成熟和普及的文化条件的基础上关注'重译'现象，应当是适宜的。"④ 这一论断可以信从，值得相关研究者重视。

又据《汉书·西域传》记载，西域各国无论国家大小、人口多少，均设置有"译长"一职。人口规模较大的龟兹国，"译长"有四人之多。而仅有二十七户的"单桓国"，也设有"译长"一人。《汉书》卷九六下《西域传下》总结称："最凡国五十。自译长、城长、君、监、吏、大禄、百长、千长、都尉、且渠、当户、将、相至侯、王，皆佩汉印绶，凡三百七十六人。而康居、大月氏、安息、罽宾、乌弋之属，皆以绝远不在数中，其来贡献则相与报，不督录总领也。"⑤ 由"译长"等官员"皆佩汉印绶"推测，其可能也具备汉王朝使者的身份。

在著名的傅介子刺杀楼兰王故事中，可见"使译"之称：

> 介子与士卒俱赍金币，扬言以赐外国为名。至楼兰，楼兰王意不亲介子，介子阳引去，至其西界，使译谓曰："汉使者持黄金锦绣行赐诸国，王不来受我，去之西国矣。"即出金币以示译。译还报王，王贪汉物，来见使者。介子与坐饮，陈物示之。饮酒皆醉，介子谓王："天子使我私报王。"王起，随介子入帐中，屏语，壮士二人从后

---

① 《后汉书》卷六〇上《马融传》，中华书局，1965年，第1967页。
② 《汉书》卷九九上《王莽传上》，中华书局，1962年，第4046页。
③ 《汉书》卷一二《平帝纪》，中华书局，1962年，第348页。
④ 王子今：《"重译"理想与"重译"记录》，载《秦汉边疆与民族问题》，中国人民大学出版社，2011年，第430页。
⑤ 《汉书》卷九六下《西域传下》，中华书局，1962年，第3928页。

刺之，刃交胸，立死。其贵人、左右皆散走。介子告谕以"王负汉罪，天子遣我来诛王，当更立前太子质在汉者。汉兵方至，毋敢动，动，灭国矣！"遂持王首还诣阙，公卿将军议者咸嘉其功。①

对于在此次暗杀活动中扮演了重要角色的"译"，《太平御览》卷七七七引《汉书》则作"译者"，可见其或许就是傅介子使团中的成员之一。傅介子在刺杀成功后，"遂持王首还诣阙"，此行在简牍中也留下了记录，例如："诏伊循候章□卒曰持楼兰王头诣敦煌留卒十人女译二人留守□（303·8）"②。由所谓"女译二人"推想，随行使团中担任相关翻译工作的，可能不仅有性别的分工，人员也并不在少数。

对于所谓"译使"，东汉史籍又多作"使译"。《后汉书·和帝纪》写道："六年春正月，永昌徼外夷遣使译献犀牛、大象。"③ 对于这一系列具有特殊文化象征意义的外交成功，《后汉书·西南夷列传》又记作："永元六年，郡徼外敦忍乙王莫延慕义，遣使译献犀牛、大象。九年，徼外蛮及掸国王雍由调遣重译奉国珍宝，和帝赐金印紫绶，小君长皆加印绶、钱帛。"④ 值得注意的是，《后汉书·东夷列传》又可见"使驿"的说法："自中兴之后，四夷来宾，虽时有乖畔，而使驿不绝，故国俗风土，可得略记。"⑤ 有学者曾经提出"驿"当作"译"的校勘意见，但也有学者提出不同看法：

> 《校勘记》按："《刊误》谓'驿'当作'译'。邮驿中国可有之，不可通于四夷，自《前书》皆言'使译'，使即使者，译则译人。"余按：《西羌传》"又数遣使驿通动静"，《校勘记》按："殿本'驿'作'译'。《校补》谓《通志》作'驿'，与汲本同，或作'译'者，当是依刘敞说改之耳。然《东夷传》序'使驿不绝'，何义门虽以刘说为正，并未改其字，则此亦不须改字。且译驿古通作，《孝经》注'越裳重译'，《释文》'译'本作'驿'是也。"又此"使驿"，"驿"可作"驿马""驿骑"解，无须拘于"译人"也。《汉书·高帝纪》"乘传诣洛阳"，师古曰："传，若今之驿。古者以车，谓之传车；其后又单置

① 《汉书》卷七〇《傅介子传》，中华书局，1962年，第3002页。
② 谢桂华、李均明、朱国炤：《居延汉简释文合校》，文物出版社，1987年，第496页。
③ 《后汉书》卷四《和帝纪》，中华书局，1965年，第177页。
④ 《后汉书》卷八六《西南夷列传》，中华书局，1965年，第2851页。
⑤ 《后汉书》卷八五《东夷列传》，中华书局，1965年，第2810页。

马，谓之驿骑。"《汉书·陈汤传》："西域都护段会宗，为乌孙兵所围，驿骑上书，愿发城郭敦煌兵以自救。"《后汉书·东平宪王苍传》："又置驿马千里，传问起居。"《后汉书·西域传》："驰命走驿，不绝于时月；商胡贩客，日款于塞下。"其例足证。①

所谓"使驿"可作"驿马""驿骑"解，无须拘于"译人"的说法未必正确，相关论断或许还有进一步斟酌和讨论的空间。结合有关"使""译"活跃于汉代边疆经略和文化交流的历史记载来看，不仅可以看到"使即使者""译则译人"有一定历史合理性，而且似乎更应当重视"使驿"或许即"使译"的可能性。

西汉著名文学家司马相如曾被最高统治者任命为"通西南夷"的首席使者，其使命的顺利达成，实际有赖于其副使"王然于"等人"译导"之功。② 唐代史学家刘知幾曾这样评述"译导"的历史功绩和文化贡献："茫茫九州，言语各异，大汉辎轩之使，译导而通，足以验风俗之不同，示皇威之广被。"《史通》为此特别强调"方言志"对于不同语言文化族群交流的重要意义："且事当炎运，尤相关涉，尔雅释物；非无往例，既艺文有志，何不为方言志乎？……至若许负相经、扬雄方言，并当时所重，见传流俗。若加以二志，幸有其书，何独舍诸？深所未晓。"刘知幾认为班固著《汉书》时既据刘歆《七略》而作《艺文志》，也应据扬雄《方言》而作《方言志》。③ 这一观点值得相关研究者予以关注和重视。

这类以"译"为主要职能的使者，其行踪不仅遍及西域陆路各地，也见于汉王朝的海上交通，《汉书·地理志下》记载道：

> 自日南障塞、徐闻、合浦船行可五月，有都元国；又船行可四月，有邑卢没国；又船行可二十余日，有谌离国；步行可十余日，有夫甘都卢国；自夫甘都卢国船行可二月余，有黄支国……自武帝以来皆献见。有译长，属黄门，与应募者俱入海，市明珠、璧流离、奇石异物、赍黄金杂缯而往。所至，……蛮夷贾船，转送致之，……剽杀人，又苦逢风波溺死，不者数年来还。……平帝元始中，王莽辅政，

① 曹金华：《后汉书稽疑》，中华书局，2014 年，第 1178 页。
② 李斯："文翁化蜀"与早期西南丝绸之路开拓》，《西南民族大学学报（人文社科版）》2018 年第 12 期。
③ 华学诚汇证，王智群、谢荣娥、王彩琴协编：《扬雄方言校释汇证》，中华书局，2006年，第 1357 页。

欲耀威德，厚遗黄支王，令遣使献生犀牛。自黄支船行可八月，到皮
宗；船行可二月，到日南、象林界云。黄支之南有已程不国，汉之译
使自此还矣。①

所谓"有译长""汉之译使"的历史记录，反映出相关人员在远洋交
通史、海上丝绸之路发展史和东南亚文化交流史中扮演的特殊角色。从这
段文献还可以推知，汉代海上丝绸之路的主要航线在西汉中后期（公元前
111 年至公元 25 年之间）已大致确定。一般而言，从北部湾出发，沿海
岸前行，再经由马来半岛，便可抵达今天的印度和斯里兰卡。这类远洋航
行多由官方主导，隶属于少府的黄门派其所属"译长"率领出行人员，其
中或许还有一些自愿参与的商人掺杂其中，他们携带大量的"黄金杂缯"
用以交换海外的"明珠、璧流离、奇石异物"。沿途出现"蛮夷贾船，转
送致之"的友好场景，也在一定程度上彰显汉帝国的富足与声威。正如王
子今先生所说："'译长'、'译使'，都通过'译'的功用，为汉代海外文
化交流作出了特殊的贡献。"② 在评价汉代使者的历史功绩时，不应忽视
这类兼具使者身份的特殊服务人员所发挥的经济、文化交流作用。

三、西北汉简所见女性使者③

汉代女性使者的主要构成是和亲公主及其侍从。除和亲使者这一特殊
身份之外，她们还兼具汉王朝外交官员的政治身份，同时肩负着联络西域
各国以共同对抗匈奴的特殊使命。由于语言、文化与习俗等方面的隔阂，
和亲使者的出使经历一般较为坎坷，其情感生活也较少为人所关注。传世
文献与出土简牍在此方面或许可以提供一些新的认识。

在汉代出使边地的使者中，自然以男性占多数。史籍中有不少反映男
儿愿为使者、建功立业的言论留存，如著名的班超"投笔从戎"的故事：
"家贫，常为官佣书以供养。久劳苦，尝辍业投笔叹曰：'大丈夫无它志
略，犹当效傅介子、张骞立功异域，以取封侯，安能久事笔研间乎？'"④
在汉代远赴"异域"的使者当中，也能看到诸多婉约美丽的身影。她们为
确保国家边疆安全与促进各民族的友好交往，同样做出了不可磨灭的历史
贡献。

---

① 《汉书》卷二八下《地理志下》，中华书局，1962 年，第 1671 页。

② 王子今、乔松林：《"译人"与汉代西域民族关系》，《西域研究》2013 年第 1 期。

③ 本小节内容，参见李笔戎、李斯：《汉代女外交官的特殊使命与历史贡献》，《东方论坛》
2016 年第 5 期。

④ 《后汉书》卷四七《班超传》，中华书局，1965 年，第 1571 页。

秦末大乱，原有的北边长城防御体系难以为继，一度北退的匈奴又趁机侵入中原边界，不时南下掳掠。西汉初年，刘邦曾亲自率军与匈奴作战，但大败而归。平城之役后，匈奴势力更为强盛，屡次进犯，对新生的汉王朝北部边境安全构成严重威胁。刘邦认为暂时无法通过武力征服匈奴，于是采纳了刘敬提出的"和亲"建议：

> 高帝罢平城归，韩王信亡入胡。当是时，冒顿为单于，兵强，控弦三十万，数苦北边。上患之，问刘敬。刘敬曰："天下初定，士卒罢于兵，未可以武服也。冒顿杀父代立，妻群母，以力为威，未可以仁义说也。独可以计久远子孙为臣耳，然恐陛下不能为。"上曰："诚可，何为不能！顾为奈何？"刘敬对曰："陛下诚能以适长公主妻之，厚奉遗之，彼知汉适女送厚，蛮夷必慕以为阏氏，生子必为太子，代单于。何者？贪汉重币。陛下以岁时汉所余彼所鲜数问遗，因使辩士风谕以礼节。冒顿在，固为子婿，死，则外孙为单于。岂尝闻外孙敢与大父抗礼者哉？兵可无战以渐臣也。若陛下不能遣长公主，而令宗室及后宫诈称公主，彼亦知，不肯贵近，无益也。"高帝曰："善。"欲遣长公主。吕后日夜泣，曰："妾唯太子、一女，奈何弃之匈奴！"上竟不能遣长公主，而取家人子名为长公主，妻单于。使刘敬往结和亲约。①

值得注意的是，刘邦似乎原本有意以其亲女作为和亲公主与匈奴联姻，但因吕后不愿意将唯一的女儿鲁元公主嫁往匈奴，只得以宗室女充当公主。但耐人寻味的是，刘敬曾因出使匈奴有功而受封二千户，号为建信侯。而那位"名为长公主，妻单于"的和亲使者，在历史上甚至连名字也没有留下。对于类似这样以和亲使者嫁往匈奴而换来的边境暂时和平，后世颇有史家不以为然。司马光在《资治通鉴》卷十二中曾就此评论道："建信侯谓冒顿残贼，不可以仁义说，而欲与为婚姻，何前后之相违也！夫骨肉之恩，尊卑之叙，唯仁义之人为能知之；奈何欲以此服冒顿哉！盖上世帝王之御夷狄也，服则怀之以德，叛则震之以威，未闻与为婚姻也。且冒顿视其父如禽兽而猎之，奚有于妇翁？建信侯之术，固已疏矣；况鲁元已为赵后，又可夺乎？"然而，在当时的历史条件下，汉朝既无力击败匈奴，又迫切需要休养生息，为了阻止侵扰，和亲似乎又成为唯一的选

---

① 《史记》卷九九《刘敬叔孙通列传》，中华书局，1959年，第2719页。

择。除此之外，还需要经常性地赠予匈奴数量巨大、价值不菲的财物。此后文帝和景帝均派遣和亲公主前往匈奴，汉匈之间大体维持了相对和平的局面，如《史记》卷一一〇《匈奴列传》："孝文帝崩，孝景帝立，而赵王遂乃阴使人于匈奴。吴楚反，欲与赵合谋入边。汉围破赵，匈奴亦止。自是之后，孝景帝复与匈奴和亲，通关市，给遗匈奴，遣公主，如故约。终孝景时，时小入盗边，无大寇。"① 关于所谓"故约"的具体内容，《匈奴列传》也有记载："愿寝兵休士卒养马，除前事，复故约，以安边民，以应始古，使少者得成其长，老者安其处，世世平乐。"②

　　汉武帝时为求夹击匈奴，遣使与乌孙和亲。如张骞所建议："今单于新困于汉，而故浑邪地空无人。蛮夷俗贪汉财物，今诚以此时而厚币赂乌孙，招以益东，居故浑邪之地，与汉结昆弟，其势宜听，听则是断匈奴右臂也。既连乌孙，自其西大夏之属皆可招来而为外臣。"③ 于是便有细君公主出使乌孙之事，而她大概是汉代历史上第一位留下姓名的和亲使者。对其出使经历，《史记》卷一二三《大宛列传》有简略记载："乌孙以千匹马聘汉女，汉遣宗室女江都翁主往妻乌孙，乌孙王昆莫以为右夫人。匈奴亦遣女妻昆莫，昆莫以为左夫人。昆莫曰'我老'，乃令其孙岑娶妻翁主。"④

　　当时汉匈之间的敌对关系不仅表现为直接兵戎相见，也表现为和亲使者的派遣方式。正如王子今先生所指出，从"匈奴闻其与汉通，怒欲击之"到"匈奴亦遣女妻昆莫"，既表明匈奴欲借此破坏汉朝和亲政策的意图，也"体现出匈奴西域外交方式的灵活性"⑤。宋超先生认为："昆莫以细君公主为右夫人，同时又迎娶匈奴女为左夫人。乌孙习俗与匈奴同，皆以'左'为尊。乌孙以匈奴女为左夫人，位在细君公主右夫人之上，表明乌孙虽然已与汉廷和亲，但为了避免激怒匈奴，故而在昆莫夫人的名份上抑汉崇胡。"⑥ 由于乌孙和匈奴习俗皆以左为尊，细君公主的地位和待遇可想而知。加上远赴异域，语言不通，其中的悲愁寂寞恐怕也无人可以倾诉。细君公主颇具悲情色彩的个人遭遇，在《汉书》卷九六下《西域传

---

① 《史记》卷一一〇《匈奴列传》，中华书局，1959 年，第 2904 页。
② 《史记》卷一一〇《匈奴列传》，中华书局，1959 年，第 2896 页。
③ 《史记》卷一二三《大宛列传》，中华书局，1959 年，第 3168 页。
④ 《史记》卷一二三《大宛列传》，中华书局，1959 年，第 3172 页。
⑤ 王子今：《匈奴西域"和亲"史事》，《咸阳师范学院学报》2012 年第 5 期。
⑥ 宋超：《和亲史话》，社会科学文献出版社，2012 年，第 56 页。

下》中有着更为详细的记载：

> 公主至其国，自治宫室居，岁时一再与昆莫会，置酒饮食，以币帛赐王左右贵人。昆莫年老，语言不通，公主悲愁，自为作歌曰："吾家嫁我兮天一方，远托异国兮乌孙王。穹庐为室兮旃为墙，以肉为食兮酪为浆。居常土思兮心内伤，愿为黄鹄兮归故乡。"天子闻而怜之，间岁遣使者持帷帐锦绣给遗焉。
>
> 昆莫年老，欲使其孙岑陬尚公主。公主不听，上书言状，天子报曰："从其国俗，欲与乌孙共灭胡。"岑陬遂妻公主。①

与乌孙相似的匈奴习俗，对于女性在婚姻中的权益显得相当淡漠："匈奴父子乃同穹庐而卧。父死，妻其后母；兄弟死，尽取其妻妻之。无冠带之饰，阙庭之礼。"② 不难想见，细君公主为实现汉武帝"欲与乌孙共灭胡"的战略方针作出了巨大的个人牺牲，由此带来的心灵创伤，恐怕是难以平复的。

与细君公主有类似经历的和亲使者，还有远嫁匈奴的王昭君。关于其人生平，以《后汉书》卷八九《南匈奴传》所记较为翔实：

> 初，元帝时，以良家子选入掖庭。时呼韩邪来朝，帝敕以宫女五人赐之。昭君入宫数岁，不得见御，积悲怨，乃请掖庭令求行。呼韩邪临辞大会，帝召五女以示之。昭君丰容靓饰，光明汉宫，顾景斐回，竦动左右。帝见大惊，意欲留之，而难于失信，遂与匈奴。生二子。及呼韩邪死，其前阏氏子代立，欲妻之，昭君上书求归，成帝敕令从胡俗，遂复为后单于阏氏焉。③

所谓"以良家子选入掖庭"，《汉书》卷九《元帝纪》则作"待诏掖庭"，应劭注曰："郡国献女未御见，须命于掖庭，故曰待诏。"④ 汉代后宫制度以名号和秩等区别等级高下，如《后汉书》卷一〇上《皇后纪上》："自武、元之后，世增淫费，至乃掖庭三千，增级十四。"李贤注曰："婕妤一，娙娥二，容华三，充衣四，已上武帝置；昭仪五，元帝置；美人六，良人七，七子八，八子九，长使十，少使十一，五官十二，顺常十

---

① 《汉书》卷九六下《西域传下》，中华书局，1962年，第3903页。
② 《史记》卷一一〇《匈奴列传》，中华书局，1959年，第2900页。
③ 《后汉书》卷八九《南匈奴传》，中华书局，1965年，第2941页。
④ 《汉书》卷九《元帝纪》，中华书局，1962年，第297页。

三，无涓、共和、娱灵、保林、良使、夜者十四，此六官品秩同为一等
也。"① 又据《汉书》卷九七上《外戚传上》："无涓、共和、娱灵、保林、
良使、夜者皆视百石。上家人子、中家人子视有秩斗食云。"颜师古注曰：
"家人子者，言采择良家子以入宫，未有职号，但称家人子也。"王昭君初
入掖庭时，或许因出身的关系曾为"良使"。在此之上，又有长使、少使
等名号。颜师古注曰："长使、少使，主供使者。"② 对此，有学者认为是
"三种以使为名的宫官"③。但鉴于阎步克先生已经揭示"比秩"所蕴含的
特殊官制史意义④，似乎不宜将其直接视为"宫官"，而这些可能都是和
亲使者专用的名号。

在今天的安徽灵璧有一处独特景致——"灵璧手印"，传说是细君公
主出使途中所留下的痕迹。元代诗人钱惟善《灵璧手印篇》诗前序云：
"汉以江都女刘细君嫁乌孙王，女过灵璧，尝扶以石，后人镌石为模，腕
节分明，故述其事而为之辞。"诗句缠绵悱恻，可见作者对细君公主的不
幸遭遇，寄托了深切怜悯和叹息之情。从诗中所用词句如"穹庐"和"环
佩"、"青冢"和"黄鹄"来看，似乎隐然有将细君与昭君并举的意图，这
或许与两人相似的人生境遇有关。而细君与昭君命途多舛的相似经历，或
许正是古代历史上众多和亲使者的人生缩影。

关于古代和亲使者所发挥的历史作用，有学者指出："在常驻使节尚
未产生的古代世界，和亲女作为某种替代性的常驻使节在一定情况下弥补
了这一不足。和亲女之具有常驻使节作用，体现于其具有持节出使之身份
和庞大的陪同使团，她们通过常驻于和亲国之日常活动了解和掌握该国的
国情和动态，为朝廷决策提供情报和建议，乃至直接参与谈判、斡旋等使
命；她们还发挥女性之特点和优势，通过繁衍后嗣，将和亲效应从时间上
延伸，空间上扩展。"⑤ 这一概括性论述，对于汉代和亲使者应当也是适
用的，其中又以继细君公主之后出使乌孙的解忧公主及其侍从最具代表
意义。

细君公主出使乌孙的时间并不长，大概是因为思乡愁绪难以排解，数

①　《后汉书》卷一〇上《皇后纪上》，中华书局，1965 年，第 399 - 400 页。
②　《汉书》卷九七上《外戚传上》，中华书局，1962 年，第 3935 页。
③　宁志新：《隋唐使职制度研究（农牧工商编）》，中华书局，2005 年，第 2 页。
④　参见阎步克：《从爵本位到官本位——秦汉官僚品位结构研究》，三联书店，2009 年，下
编第一章、第三章、第四章。
⑤　黎虎：《和亲女的常驻使节作用——以汉代为中心》，《江汉论坛》2011 年第 1 期。

年之后便郁郁而终。王先谦《汉书补注》卷六六下引徐松曰："公主在乌
孙，仅四五年而死。"① 其后汉朝为与乌孙维持联盟关系，继续派遣和亲
公主，如《汉书》卷九六下《西域传下》："公主死，汉复以楚王戊之孙解
忧为公主，妻岑陬。"关于解忧公主出使乌孙的具体时间，黎虎先生认为
当在武帝太初四年（前101年）。② 其时正当李广利伐大宛，"天子使使告
乌孙，大发兵并力击宛。乌孙发二千骑往，持两端，不肯前"③。可见细
君公主并没有很好地完成汉与乌孙联盟的任务，而这一重大使命则落到了
解忧公主身上。然而，朝臣之中也有人认为乌孙不可信，贬低甚至否定和
亲政策与和亲使者的贡献，如《汉书》卷七八《萧望之传》：

> 先是乌孙昆弥翁归靡因长罗侯常惠上书，愿以汉外孙元贵靡为
> 嗣，得复尚少主，结婚内附，畔去匈奴。诏下公卿议，望之以为"乌
> 孙绝域，信其美言，万里结婚，非长策也"。天子不听。神爵二年，
> 遣长罗侯惠使送公主配元贵靡。未出塞，翁归靡死，其兄子狂王背约
> 自立。惠从塞下上书，愿留少主敦煌郡。惠至乌孙，责以负约，因立
> 元贵靡，还迎少主。诏下公卿议，望之复以为"不可。乌孙持两端，
> 亡坚约，其效可见。前少主在乌孙四十余年，恩爱不亲密，边境未以
> 安，此已事之验也。今少主以元贵靡不得立而还，信无负于四夷，此
> 中国之大福也。少主不止，徭役将兴，其原起此"。天子从其议，征
> 少主还。后乌孙虽分国两立，以元贵靡为大昆弥，汉遂不复与
> 结婚。④

从"少主在乌孙四十余年"等语可知，解忧公主作为和亲使者在乌孙
居住和活动的时间相当之长。但所谓"恩爱不亲密，边境未以安"，恐怕
未必符合事实。解忧公主为维持汉朝与乌孙的友好关系以及促成两国联合
对抗匈奴的入侵，是做出过积极努力的。例如，《汉书》卷八《宣帝纪》：
"匈奴数侵边，又西伐乌孙。乌孙昆弥及公主因国使者上书，言昆弥愿发
国精兵击匈奴，唯天子哀怜，出兵以救公主。"⑤ 于是汉朝为此发动十五
万大军，分五路进军，又与乌孙联军进击，大破匈奴，这一联合军事行动

---

①　王先谦：《汉书补注》卷六六下，中华书局，1983年，第1627页。
②　黎虎：《解忧公主出塞的历史贡献》，《北京师范大学学报（社会科学版）》1979年第4期。
③　《史记》卷一二三《大宛列传》，中华书局，1959年，第3178页。
④　《汉书》卷七八《萧望之传》，中华书局，1962年，第3279页。
⑤　《汉书》卷八《宣帝纪》，中华书局，1962年，第243页。

所取得的辉煌战果见于《汉书》卷七〇《常惠传》："以惠为校尉，持节护
乌孙兵。昆弥自将翕侯以下五万余骑从西方入至右谷蠡庭，获单于父行及
嫂居次，名王骑将以下三万九千人，得马牛驴骡橐佗五万余匹，羊六十余
万头，乌孙皆自取卤获。惠从吏卒十余人随昆弥还，未至乌孙，乌孙人盗
惠印绶节。惠还，自以当诛。时汉五将皆无功，天子以惠奉使克获，遂封
惠为长罗侯。"① 可见乌孙所取得的战果甚至要多于汉朝，这应当与解忧
公主的活动有一定关系。但一时的军事胜利并不能掩盖两国关系中存在的
瑕疵，从事后"乌孙人盗惠印绶节"来看，汉使或许仍未得到应有的待遇
和尊重。

尹湾汉墓出土的"武库永始四年兵车器集簿"有"乌孙公主诸侯使节
九十三"，此处"乌孙公主"即为解忧公主。有学者认为简文记录使节数
量之多，正是和亲公主与汉朝消息往来频繁的证明。② 不过，也有学者认
为这些是楚国派往乌孙的使者完成使命后回复上交的使节，一直在彭城的
武库保存，来往于汉地和乌孙之间的使者可能具有多重身份。③ 还有学者
认为断句当作"乌孙公主、诸侯使节九十三"④，由此涉及乌孙公主是否
在与中央政府互派使者之余，还与汉朝的诸侯国有使者往来的问题。但无
论如何，解忧公主作为和亲使者，不仅本身就持节，且拥有派遣持节使者
的权力，其侍从冯嫽"持汉节"巡行乌孙境内，并调解其内部矛盾就是
明证：

> 初，楚主侍者冯嫽能史书，习事，尝持汉节为公主使，行赏赐于
> 城郭诸国，敬信之，号曰冯夫人。为乌孙右大将妻，右大将与乌就屠
> 相爱，都护郑吉使冯夫人说乌就屠，以汉兵方出，必见灭，不如降。
> 乌就屠恐，曰："愿得小号。"宣帝征冯夫人，自问状。遣谒者竺次、
> 期门甘延寿为副，送冯夫人。冯夫人锦车持节，诏乌就屠诣长罗侯赤
> 谷城，立元贵靡为大昆弥，乌就屠为小昆弥，皆赐印绶。破羌将军不

① 《汉书》卷七〇《常惠传》，中华书局，1962年，第3004页。
② 袁延胜：《尹湾汉简〈武库永始四年兵车器集簿〉所见西域史事探微》，《西域研究》
2008年第1期。
③ 谢绍鹢：《江苏尹湾汉简所见的武库与使节辨析》，《西域研究》2009年第2期。
④ 李均明：《尹湾汉墓出土"武库永始四年兵车器集簿"初探》，载连云港市博物馆、中国
文物研究所编：《尹湾汉墓简牍综论》，科学出版社，1999年，第86-120页；李成珪：《前长安
武库收藏目录之发现——关于尹湾简牍〈武库永始四年兵车器集簿〉之探讨》，载长沙市文物考
古所编：《长沙三国吴简暨百年来简帛发现与研究国际学术研讨会论文集》，中华书局，2005年，
第411-437页。

出塞还。后乌就屠不尽归诸翕侯民众，汉复遣长罗侯惠将三校屯赤
谷，因为分别其人民地界，大昆弥户六万余，小昆弥户四万余，然众
心皆附小昆弥。①

所谓"为公主使"，可见冯嫽出使巡行西域诸国是奉解忧公主之命而
进行的。更值得注意的是"持汉节"，则她并非代表乌孙，而是代表解忧
公主和汉帝国而开展亲善友好活动的。因为"节"是使者最重要的信物，
受命于君，使于四方，以节为信。两汉史籍中对于使者不辱使命的赞誉，
有"全节"与"守节"的说法。典型例子如苏武出使匈奴，"留单于庭十
九岁乃还，奉使全节"②。使者未必都持节，但持节则更显示出使者身份
的官方性。由之前细君公主"岁时一再与昆莫会，置酒饮食，以币帛赐王
左右贵人"可知，和亲使者代表汉朝进行赏赐是经常性的行为。又由"天
子闻而怜之，间岁遣使者持帏帐锦绣给遗焉"，可知其物资来源于官方输
送，以保障其使命顺利达成。也正因为如此，冯嫽的出使行为才能得到西
域诸国的普遍欢迎和信任，以至于被尊称为"冯夫人"。

冯嫽以汉使身份调解乌孙内部矛盾，平息了大、小昆弥的纷争，使得
汉与乌孙之间的联盟更加稳固，其行踪在悬泉汉简中也有所反映：

> 甘露二年二月庚申朔丙戌，鱼离置啬夫禹移县（悬）泉置，遣佐
> 光持传马十匹，为冯夫人柱，廪穬麦小卅二石七斗，又茭廿五石二
> 钧。今写券墨移书到，受薄（簿）入，三月报，毋令缪（谬），如律
> 令。[II 0115（3）：96]③

这应是"宣帝征冯夫人，自问状"之后，冯嫽又"锦车持节"返回乌
孙传达天子诏令，在出使途中经过悬泉置时，补充马匹和草料的记录。
《资治通鉴》将宣帝征冯嫽回京及其返回乌孙事系于甘露元年，有学者指
出："据此汉简可知冯嫽自长安返回乌孙是在甘露二年。"④ 其说应可从，
可以看到冯嫽使团沿途在"置"获得补给与使用"传马"的明确记载。

汉与乌孙及西域各国的联盟，是实现"断匈奴右臂"战略目标的关键
步骤。在此时期，乌孙从最初对汉"持两端"，到后来"畔绝匈奴"而臣
属于汉，和亲使者所发挥的作用可谓至关重要。其中解忧公主从武帝太初

---

① 《汉书》卷九六下《西域传下》，中华书局，1962年，第3907页。
② 《汉书》卷七《昭帝纪》，中华书局，1962年，第223页。
③ 胡平生、张德芳：《敦煌悬泉汉简释粹》，上海古籍出版社，2001年，第141页。
④ 黎虎：《和亲女的常驻使节作用——以汉代为中心》，《江汉论坛》2011年第1期。

年间远嫁乌孙，直至宣帝甘露三年（前 51 年）才回到长安，两年后便去世了。解忧公主在乌孙居住和生活的时间，几乎长达半个世纪之久。难能可贵的是，她也曾经历种种困辱，作出过个人牺牲，但并未见有何怨言。从文献和简牍材料来看，解忧公主与汉朝的往来是密切的，涉及事务是广泛的，而她始终从大局出发，并不以私情为重，显示出较高的文化素养和政治眼光。而这一点，似乎是细君和昭君所不及的。

有学者总结和亲使团的历史功绩："解忧公主及其侍者冯嫽在乌孙和西域地区长期的、积极的活动对于促进汉与乌孙关系以及汉与西域诸国关系的发展，起了积极的作用。"① 对于她们的出使活动与历史贡献，应当予以充分肯定。

第二节　汉代西域使者与边疆经略②

西汉以降，随着中华文明对未知世界的探索日渐深入，以及陆上丝绸之路的持续畅通，西域逐渐成为不同文化系统相互接触、碰撞和融合的历史舞台。③ 在汉王朝尝试对西域实施多样化的族群交往和区域控制的历史进程中，不应忽视西域使者④所发挥的重要作用。两汉王朝关于西域经略指导理念、具体措施和成败得失之异同，也可由"使"的历史活动与人生

① 黎虎：《解忧公主与王昭君比较研究》，《西域研究》2011 年第 1 期。

② 本节部分内容已作为阶段性成果发表，参见李斯：《立高怀远：汉代西域使者与边疆经略》，《西域研究》2021 年第 1 期。

③ 一般认为，西汉以来史籍中"西域"所指称的具体地理范围有广义和狭义之分。前者包括中亚乃至更远区域，后者似仅指玉门关和阳关以西的今新疆地区。近年来又有学者自立足中原的地域理念之外，对诸如"匈奴西域"等与"西域"名义密切相关的概念加以重新阐释和辨明，其论说意见得到传世文献和新出考古资料的有力支持，值得相关研究者重视。但为方便起见，本书所称"西域"概念仍以广义为主，下文不另出注。关于广义和狭义"西域"概念的考察，参见杨建新：《"西域"辩正》，《新疆大学学报（哲学社会科学版）》1981 年第 1 期；周振鹤《西汉政区地理》下篇第三章，人民出版社，1987 年，第 176 页；刘宾：《古代中原人的西域观念》，《西域研究》1993 年第 1 期，第 28～39 页；贺灵：《西域地名的文化意义》，《西域研究》2003 年第 1 期，第 48～54 页；周振鹤、李晓杰、张莉：《中国行政区划通史·秦汉卷》第二编下篇第十一章，复旦大学出版社，2016 年，第 493 页。关于"匈奴西域"及其相关概念的新近研究，参见王子今：《"西域"名义考》，《清华大学学报（哲学社会科学版）》2010 年第 3 期，收入氏著《匈奴经营西域研究》，中国社会科学出版社，2016 年，第 1-13 页；孙闻博：《〈史记〉所见"匈奴西域"考——兼论〈史记·大宛列传〉的撰作特征》，《西域研究》2019 年第 4 期；刘志平：《从〈焦氏易林〉看汉代人的"西域"认知》，《西域研究》2019 年第 4 期。

④ 本书所说的"西域使者"，主要指中央王朝派往西域的使者。

浮沉得以部分体现。对相关史实的探讨，或许有助于丰富与深化汉代西域经略史、民族关系史和文化交流史等方面的认识，其动态发展的历史线索可能也会因此而更加清晰和明朗。

一、"立功绝域"：汉代西域使者的时代境遇与个人追求

鲁迅先生在回顾汉代精神风貌时，曾写下"遥想汉人多少闳放""毫不拘忌""魄力究竟雄大"等语，相关论断给予后人重要启示："要进步或不退步，总须时时自出新裁，至少也必取材异域。"[①] 汉代作为中国历史上英雄辈出的时期，显现出中华文明面向世界的广阔胸襟和宏大气魄。

汉武帝时期经略西域的历史进程中，不应忽视"使"的突出作用。"多少闳放""毫不拘忌""魄力究竟雄大"等语，似乎也反映出雄健有为、奋发进取的时代精神和社会风尚。相对于西汉初年因"休养生息"和"无为而治"而形成的较为舒缓松弛的社会节奏，汉武帝时期的时代乐章明显实现了由平缓向轻快的转换。张骞"凿空"西域的成功，实际开创了汉代西域经略史上第一个英雄时代，据说其间甚至一度出现"使者相望于道"的盛况：

> 汉始筑令居以西，初置酒泉郡以通西北国。因益发使抵安息、奄蔡、黎轩、条枝、身毒国。而天子好宛马，使者相望于道。诸使外国一辈大者数百，少者百余人，人所赍操大放博望侯时。其后益习而衰少焉。汉率一岁中使多者十余，少者五六辈，远者八九岁，近者数岁而反。[②]

张骞"凿空"之后，西域使者的出使规模和频度增长迅速。"大者数百，少者百余人"，说明使团人数和规模已相当可观；"远者八九岁，近者数岁而反"，反映出出使距离和空间范围的明显扩大。

元光年间（前 134 年—前 129 年），司马相如为"通西南夷"事上书汉武帝，其中有句话引起汉武帝的特别注意："盖世必有非常之人，然后有非常之事；有非常之事，然后有非常之功。非常者，固常人之所异也。"所谓"非常之事"，《史记索隐》引张揖曰："非常之事，其本难知，众人

---

① 鲁迅：《坟·看镜有感》，载《鲁迅全集》第一卷，人民文学出版社，2005 年，第 208 - 213 页。

② 《史记》卷一二三《大宛列传》，中华书局，1959 年，第 3170 页。

惧也。"① 汉武帝对此番话似乎颇为激赏，以至二十多年后又在诏书中予以特别强调，《汉书·武帝纪》载元封五年（前 106 年）求贤诏：

> 初置刺史部十三州。名臣文武欲尽，诏曰："盖有非常之功，必待非常之人。故马或奔踶而致千里，士或有负俗之累而立功名。夫泛驾之马，跅弛之士，亦在御之而已。其令州郡察吏民有茂才异等可为将相及使绝国者。"②

该诏明确指出"使绝国"实为"非常之事""非常之功"，需要留待"非常之人"才得以实现。

众多使者远赴绝域的历史表现，固然因主观条件和客观环境的不同而有差异，但试图复制张骞成功轨迹应是主要驱动因素之一，这也得到了最高统治者的正面支持。《史记·大宛列传》载："自博望侯开外国道以尊贵，其后从吏卒皆争上书言外国奇怪利害，求使。天子为其绝远，非人所乐往，听其言，予节，募吏民毋问所从来，为具备人众遣之，以广其道。来还不能毋侵盗币物，及使失指，天子为其习之，辄覆案致重罪，以激怒令赎，复求使。使端无穷，而轻犯法。其吏卒亦辄复盛推外国所有，言大者予节，言小者为副，故妄言无行之徒皆争效之。其使皆贫人子，私县官赍物，欲贱市以私其利外国。外国亦厌汉使人人有言轻重，度汉兵远不能至，而禁其食物以苦汉使。"③ 所谓"士或有负俗之累而立功名"，其中自然不乏"妄言无行之徒"，甚至有"私县官赍物，欲贱市以私其利外国"等品行低劣之举，此类情形或许在早期西域经略史上是较为普遍存在的。由于早期西域使者素质参差不齐，往往不能圆满完成出使任务，更谈不上彰显大国气度。

在实现个人财富增值和阶层跃升等世俗理想之外，汉代使者当中还可以看到更为高远的人生追求。《西京杂记》可见"傅介子弃觚"的故事，后来以汉使身份刺杀楼兰王而名震西域的傅介子，少年时"尝弃觚而叹"："大丈夫当立功绝域，何能坐事散儒！"④ 班超"投笔从戎"的故事亦可见类似表述："家贫，常为官佣书以供养。久劳苦，尝辍业投笔叹曰：'大丈

① 《史记》卷一一七《司马相如列传》，中华书局，1959 年，第 3050 页。
② 《汉书》卷六《武帝纪》，中华书局，1962 年，第 197 页。
③ 《史记》卷一二三《大宛列传》，中华书局，1959 年，第 3171 页。
④ 葛洪撰，周天游校注：《西京杂记》，三秦出版社，2006 年，第 128-129 页。

夫无它志略，犹当效傅介子、张骞立功异域，以取封侯，安能久事笔研间乎？"① 在新疆罗布泊地区出土的汉代锦绣图案中，可见"登高明望四海"之类文字，宋明诗亦多见"登高明"语，或许可以视为使者出行心态的体现。②《汉书·陈汤传》载："建昭三年，汤与延寿出西域。汤为人沉勇有大虑，多策谋，喜奇功，每过城邑山川，常登望。"③ 所谓"登望"，《后汉书·梁竦传》又作"登高远望"："竦生长京师，不乐本土，自负其才，郁郁不得意。尝登高远望，叹息言曰：'大丈夫居世，生当封侯，死当庙食。如其不然，闲居可以养志，《诗》《书》足以自娱，州郡之职，徒劳人耳。'"④ 从"不乐本土""登高远望"等文字，不难感受到梁竦积极进取、奋发有为的博大情怀和开阔胸襟。

　　张骞、傅介子、班超等人的出使活动与历史事迹，较好地反映了时代境遇和个人追求的相对契合。《后汉书·西域传》卷末以高度赞赏的语气评述西域使者筚路蓝缕的历史功绩："西域风土之载，前古未闻也。汉世张骞怀致远之略，班超奋封侯之志，终能立功西遐，羁服外域。"⑤ 所谓"致远之略""封侯之志"等语，犹如大时代浪潮激荡之下的一小片水花，折射出壮丽多姿的绚烂光彩。将个人命运融入国家命运，在完成时代使命的基础上谋求个人事业的成功，无论中外古今都可说是合情合理的有为之举。立高怀远的人生志向，应是驱使汉代使者克服常人难以想象的艰难险阻，勇于探索未知世界，建立不朽功勋的重要精神因素之一。

二、后张骞时代的西域经略与"三绝三通"

　　张骞出使西域，本以与大月氏结成军事联盟共同对抗匈奴为主要目的。尽管匈奴以其强盛兵势持续对西域施加军事、经济、政治等多方面影响，"汉使"与"匈奴使"在西域的竞争甚至一度相当激烈，但汉武帝时期实际已出现"西域内属"的有利形势。关于后张骞时代西域经略情况的发展脉络，《后汉书·西域传》有如下表述：

　　　　武帝时，西域内属，有三十六国。汉为置使者、校尉领护之。宣帝改曰都护。元帝又置戊己二校尉，屯田于车师前王庭。哀、平间，

　① 《后汉书》卷四七《班超传》，中华书局，1965 年，第 1571 页。
　② 王子今：《登高明望四海》，《光明日报》2002 年 8 月 6 日，收入氏著《秦汉边疆与民族问题》，中国人民大学出版社，2011 年，第 490 页。
　③ 《汉书》卷七〇《陈汤传》，中华书局，1962 年，第 3010 页。
　④ 《后汉书》卷三四《梁竦传》，中华书局，1965 年，第 1172 页。
　⑤ 《后汉书》卷八八《西域传》，中华书局，1965 年，第 2931 页。

自相分割，为五十五国。王莽篡位，贬易侯王，由是西域怨叛，与中国遂绝，并复役属匈奴。匈奴敛税重刻，诸国不堪命，建武中，皆遣使求内属，愿请都护。光武以天下初定，未遑外事，竟不许之。……自建武至于延光，西域三绝三通。①

所谓"三绝三通"，其时间范围主要涵盖西汉晚期至东汉中后期。西汉哀、平之世，中央王朝对西域控制能力和影响程度呈现急速下降态势，西域"自相分割，为五十五国"便是明证。王莽篡汉不仅导致"西域怨叛，与中国遂绝"，而且客观上造成西域"并复役属匈奴"的严重后果。

东汉建立后，不堪匈奴役使的西域"皆遣使求内属"，其后百余年间，"背叛"与"复通"成为东汉西域经略史上交替出现的两种主流态势。对于这一复杂历史情势的持续原因，已有学者从政治、经济、军事等方面进行了多领域的探究。② 尽管部分相关讨论仍有进一步斟酌的空间，但有一点可以明确，此后历代王朝多少都从"三绝三通"的史实中吸取了经验和教训。清人诗云"一家经咒出天方，伯克司城纳税粮。万里尽归都护节，三通三绝笑延光"③，其中似乎隐约流露出某种"后见之明"的历史优越感。有论者将"三绝三通"的主要原因归结为东汉时期由西汉的"开拓"转向"保守"，或许有重新加以审视和讨论的必要。④

被视为东汉"中兴"之主的光武帝刘秀在明确拒绝西域各国"内属"请求时，给出的理由是"天下初定，未遑外事"。其后史籍更有对当时具体情势的记述：

> 二十一年冬，车师前王、鄯善、焉耆等十八国俱遣子入侍，献其珍宝。及得见，皆流涕稽首，愿得都护。天子以中国初定，北边未服，皆还其侍子，厚赏赐之。是时贤自负兵强，欲并兼西域，攻击益甚。诸国闻都护不出，而侍子皆还，大忧恐，乃与敦煌太守檄，愿留侍子以示莎车，言侍子见留，都护寻出，冀且息其兵。裴遵以状闻，

① 《后汉书》卷八八《西域传》，中华书局，1965年，第2909-2912页。
② 参见苗普生：《略论东汉三绝三通西域》，《新疆师范大学学报（社会科学版）》1985年第2期；李正周：《东汉"三绝三通"西域与"羌祸"之关联》，《烟台师范学院学报（哲学社会科学版）》2004年第3期；李大龙：《两汉王朝治理西域的经验与教训》，《北方民族大学学报（哲学社会科学版）》2010年第5期；刘国防：《政策因素对两汉西域经略的影响——以龟兹为例》，《西域研究》2015年第3期。
③ 钱仲联主编：《清诗纪事·光绪宣统朝卷·董沛·演番部合乐辞三十六首》，凤凰出版社，2004年，第3178页。
④ 吕晓洁：《汉唐王朝的西域政策与文化交流》，《中州学刊》2015年第7期，第126-129页。

天子许之。二十二年，贤知都护不至，遂遗鄯善王安书，令绝通汉道。安不纳而杀其使。贤大怒，发兵攻鄯善。安迎战，兵败，亡入山中。贤杀略千余人而去。其冬，贤复攻杀龟兹王，遂兼其国。鄯善、焉耆诸国侍子久留敦煌，愁思，皆亡归。鄯善王上书，愿复遣子入侍，更请都护。都护不出，诚迫于匈奴。天子报曰："今使者大兵未能得出，如诸国力不从心，东西南北自在也。"于是鄯善、车师复附匈奴，而贤益横。①

西域十八国为表示诚意，"俱遣子入侍，献其珍宝"，甚至于"及得见，皆流涕稽首"的表现在史家笔下显得颇为真切，其请求借助汉王朝影响力以脱离匈奴役使的决心与愿望可谓相当强烈。此事发生于建武二十一年（45 年），距东汉开国虽已超过 20 年，刘秀所谓"力不从心"等语当有确指，似乎不能全然视为脱离实际情势考虑的遁词。《资治通鉴》在引述此番言论后，又加入"班固论曰"等一大段文字，一定程度上反映出后世史家的认识态度和评价标准。② 其史源依据当来自《汉书·西域传》赞曰：

> 孝武之世，图制匈奴，患其兼从西国，结党南羌，乃表河西，列四郡，开玉门，通西域，以断匈奴右臂，隔绝南羌、月氏。单于失援，由是远遁，而幕南无王庭。

> 遭值文、景玄默，养民五世，天下殷富，财力有余，士马强盛。故能睹犀布、玳瑁则建珠崖七郡，感枸酱、竹杖则开牂柯、越巂，闻天马、蒲陶则通大宛、安息。自是之后，明珠、文甲、通犀、翠羽之珍盈于后宫，蒲梢、龙文、鱼目、汗血之马充于黄门，巨象、师子、猛犬、大雀之群食于外囿。殊方异物，四面而至。于是广开上林，穿昆明池，营千门万户之宫，立神明通天之台，兴造甲乙之帐，落以随珠和璧，天子负黼依，袭翠被，冯玉几，而处其中。设酒池肉林以飨四夷之客，作《巴俞》都庐、海中《砀极》、漫衍鱼龙、角抵之戏以观视之。及赂遗赠送，万里相奉，师旅之费，不可胜计。至于用度不足，乃榷酒酤，管盐铁，铸白金，造皮币，算至车船，租及六畜。民力屈，财用竭，因之以凶年，寇盗并起，道路不通，直指之使始出，

---

① 《后汉书》卷八八《西域传》，中华书局，1965 年，第 2924 页。
② 《资治通鉴》卷四三《汉纪三十五·世祖光武皇帝中之下·二十二年》，中华书局，1956 年，第 1403 - 1404 页。

衣绣杖斧，断斩于郡国，然后胜之。是以末年遂弃轮台之地，而下哀痛之诏，岂非仁圣之所悔哉！且通西域，近有龙堆，远则葱岭，身热、头痛、县度之阨。淮南、杜钦、扬雄之论，皆以为此天地所以界别区域，绝外内也。《书》曰"西戎即序"，禹既就而序之，非上威服致其贡物也。

西域诸国，各有君长，兵众分弱，无所统一，虽属匈奴，不相亲附。匈奴能得其马畜旃罽，而不能统率与之进退。与汉隔绝，道里又远，得之不为益，弃之不为损。盛德在我，无取于彼。故自建武以来，西域思汉威德，咸乐内属。唯其小邑鄯善、车师，界迫匈奴，尚为所拘。而其大国莎车、于阗之属，数遣使置质于汉，愿请属都护。圣上远览古今，因时之宜，羁縻不绝，辞而未许。虽大禹之序西戎，周公之让白雉，太宗之却走马，义兼之矣，亦何以尚兹！①

如果能够自觉排除传统中原本位主义的影响，或许对于所谓西域"得之不为益，弃之不为损"的认识，还有再加讨论和辨明的必要。《诗经》有云："无言不雠，无德不报；惠于朋友，庶民小子。"动辄以"兵众""小邑""大国"等客观因素作为"因时之宜"的参照标准，恐怕不仅无从彰显"盛德在我"的观念自信，而且更无意中透露出某种空谈"威德"的自欺之感。

三、从"海内虚耗"到"兵可不费中国而粮食自足"

征诸史实，我们固然可以看到西汉初年休养生息至"文景之治"的财富积累对西域经略的重要支撑，但却无法认同完全以国力强弱作为考察和评价西域政策及相关措施的出发点。如果重新考虑"弃轮台之地""下哀痛之诏"等语的具体历史背景，或许有助于深化相关认识和理解。班固追述汉昭帝即位之初的天下形势，直言不讳地指出"承孝武奢侈余敝师旅之后，海内虚耗，户口减半"②。所谓"海内虚耗"的真实成因，《汉书·西域传》亦有较为透彻的解说："自武帝初通西域，置校尉，屯田渠犁。是时军旅连出，师行三十二年，海内虚耗。"③ 可知汉武帝后期已经因经营西域造成严重的财政困难和社会危机。

有鉴于西域"复通"之后复杂多样的民族形势，东汉班超于建初三年

---

① 《汉书》卷九六下《西域传下》，中华书局，1962 年，第 3928 - 3930 页。
② 《汉书》卷七《昭帝纪》，中华书局，1962 年，第 233 页。
③ 《汉书》卷九六下《西域传下》，中华书局，1962 年，第 3912 页。

（78 年）提出因地制宜的战略构想，以求长久平定西域：

> "臣窃见先帝欲开西域，故北击匈奴，西使外国，鄯善、于窴即时向化。今拘弥、莎车、疏勒、月氏、乌孙、康居复愿归附，欲共并力破灭龟兹，平通汉道。若得龟兹，则西域未服者百分之一耳。臣伏自惟念，卒伍小吏，实愿从谷吉效命绝域，庶几张骞弃身旷野。昔魏绛列国大夫，尚能和辑诸戎，况臣奉大汉之威，而无铅刀一割之用乎？前世议者皆曰取三十六国，号为断匈奴右臂。今西域诸国，自日之所入，莫不向化，大小欣欣，贡奉不绝，唯焉耆、龟兹独未服从。臣前与官属三十六人奉使绝域，备遭艰厄。自孤守疏勒，于今五载，胡夷情数，臣颇识之。问其城郭小大，皆言'倚汉与依天等'。以是效之，则葱岭可通，葱岭通则龟兹可伐。今宜拜龟兹侍子白霸为其国王，以步骑数百送之，与诸国连兵，岁月之间，龟兹可禽。以夷狄攻夷狄，计之善者也。臣见莎车、疏勒田地肥广，草牧饶衍，不比敦煌、鄯善间也，兵可不费中国而粮食自足。且姑墨、温宿二王，特为龟兹所置，既非其种，更相厌苦，其势必有降反。若二国来降，则龟兹自破。愿下臣章，参考行事。诚有万分，死复何恨？臣超区区，特蒙神灵，窃冀未便僵仆，目见西域平定，陛下举万年之觞，荐勋祖庙，布大喜于天下。"书奏，帝知其功可成，议欲给兵。平陵人徐干素与超同志，上疏愿奋身佐超。五年，遂以干为假司马，将弛刑及义从千人就超。①

班超上书得到最高统治者的赞赏和支持，但朝中对于拨给兵卒的具体数量仍然存在分歧。从班超在西域三十余年的经历来看，得到来自中央王朝的实质支援并不算多，甚至可以说为数很少。所谓"与官属三十六人奉使给绝域，备遭艰厄"等语并非夸张，其自信能以少数兵力实现"西域平定"的宏大意图，应当主要归功于"以夷狄攻夷狄""兵可不费中国而粮食自足"等切合实际的战略设计。

班超以这一特殊方式所取得的巨大成就，受到时人及后世普遍肯定。但也可以看到，某些历史学者对此有所批评和贬抑。王夫之的意见堪称典型：

> 汉之通西域也，曰"断匈奴右臂"。君讳其贪利喜功之心，臣匿

---

① 《后汉书》卷四七《班超传》，中华书局，1965 年，第 1575 – 1576 页。

其徼功幸赏之实，而为之辞尔。夫西域岂足以为匈奴右臂哉？班固曰："西域诸国，各有君长，兵众分弱，无所统一，虽属匈奴，不相亲附，匈奴能得其马畜旃罽，而不能与之进退。"此当时实徵理势之言也。

抑考张骞、傅介子、班超之伏西域也，所将不过数十人，屯田之卒不过数百人，而杀其王、破其国，翱翔寝处其地而莫之敢雠。若是者，曾可以为汉而制匈奴乎？可以党匈奴而病汉乎？且匈奴之犯汉也，自辽左以至朔方，横亘数千里，皆可阑入，抑何事南绕玉门万里而窥河西？则武帝、张骞之诬也较著。光武闭关而绝之，曰："东西南北自在也。"灼见其不足为有无而决之矣。

夷狄而为中国害，其防之也，劳可不恤，而虑不可不周。如无能害而徼其利，则虽无劳焉而祸且伏，虽无患焉而劳已不堪，明者审此而已矣。宋一亡于金，再亡于元，皆此物也。用夷攻夷，适足以为黠夷笑，王化贞之愚，其流毒惨矣哉！①

张骞、傅介子、班超等以数十百人"伏西域"，恰恰说明当时西域出使环境恶劣。阴谋和暴力固然成为使者竞胜的重要手段，但却无法反推出西域诸国无足轻重的结论。无视西域实际情势而轻率质疑其不"可以为汉而制匈奴"以及不"可以党匈奴而病汉"，恐怕只能视为纸上谈兵的书生迂腐之见。钱穆先生说对本国历史当存"温情与敬意"，我们并不怀疑班超"实愿从谷吉效命绝域，庶几张骞弃身旷野"等语的真实情感，但人力有时而穷，空有一腔忠勇报国热血却于事无补。如果从这一认识出发，对于所谓"用夷攻夷，适足以为黠夷笑"等论断则更应重新审视和检讨。后人对待历史和评价历史人物应当秉持相对客观的历史态度，过于严苛的道德标准其实无关宏旨。

四、"荡佚简易"：班超安定西域的成功之道

班超以其久在西域的深厚历练和丰富经验，对于继任西域都护就西域经略的总体指导理念曾有"简易""严急"之分辨：

初，超被征，以戊己校尉任尚为都护。与超交代，尚谓超曰："君侯在外国三十余年，而小人猥承君后，任重虑浅，宜有以诲之。"

---

① 王夫之撰，舒士彦点校：《读通鉴论》卷六《光武三三》，中华书局，1975 年，第 153-154 页。

超曰："年老失智，任君数当大位，岂班超所能及哉！必不得已，愿
进愚言。塞外吏士，本非孝子顺孙，皆以罪过徙补边屯。而蛮夷怀鸟
兽之心，难养易败。今君性严急，水清无大鱼，察政不得下和。宜荡
佚简易，宽小过，总大纲而已。"超去后，尚私谓所亲曰："我以班君
当有奇策，今所言平平耳。"尚至数年，而西域反乱，以罪被征，如
超所戒。①

任尚以"严急"导致"西域反乱"，更反映出班超经略西域的成功绝
非偶然，其指导理念与具体模式被实践证明确实可行。关于"塞外吏士，
本非孝子顺孙"和"蛮夷怀鸟兽之心，难养易败"的认知，应当源于长期
仔细的实地考察。这一审慎客观的态度才是保障西域长治久安的可靠基
础。如何把握"宽""严"之间的合适尺度，因时、因地、因人制定并实
施相关政策，考验历代王朝西域经略者的行政智慧和管理才能。

我们还可以看到，所谓"荡佚简易"以及"宽小过，总大纲"等行之
有效的策略方针，对后世应对类似复杂多样的民族情势也产生了积极而深
远的影响。诸葛亮凭借"心战为上"而成功平定南中，可能也得自相关
启示：

《襄阳记》曰：建兴三年，亮征南中，谡送之数十里。亮曰："虽
共谋之历年，今可更惠良规。"谡对曰："南中恃其险远，不服久矣，
虽今日破之，明日复反耳。今公方倾国北伐以事强贼，彼知官势内
虚，其叛亦速。若殄尽遗类以除后患，既非仁者之情，且又不可仓卒
也。夫用兵之道，攻心为上，攻城为下，心战为上，兵战为下，愿公
服其心而已。"亮纳其策，赦孟获以服南方。故终亮之世，南方不敢
复反。②

其实，马谡提出"攻心为上""心战为上"等建议，不仅暗合"用兵
之道"，而且对众多少数民族聚居区域的持续经营和长久安定也是适用的。

在今天的成都武侯祠前，仍然留存清人赵藩的一副对联，可视为历史
镜鉴："能攻心则反侧自消，从古知兵非好战；不审势即宽严皆误，后来
治蜀要深思。"《三国志》的作者陈寿曾这样评价诸葛亮"治蜀"的功绩：
"诸葛亮之为相国也，抚百姓，示仪轨，约官职，从权制，开诚心，布公

---

① 《后汉书》卷四七《班超传》，中华书局，1965年，第1586页。
② 《三国志·蜀书·董刘马陈董吕传》，中华书局，1982年，第983-984页。

道。尽忠益时者虽仇必赏，犯法怠慢者虽亲必罚。服罪输情者，虽重必释；游辞巧饰者，虽轻必戮。善无微而不赏，恶无纤而不贬。庶事精练，物理其本，循名责实，虚伪不齿。终于邦域之内，咸畏而爱之，刑政虽峻而无怨者，以其有心平而劝戒明也。可谓识治之良才，管、萧之亚匹矣。"① 如果联系诸葛亮平定南中"攻心为上"的史实，可知其"治"的成功实际来源于"审势"之"识"，似乎也与班超经略西域思想有异曲同工之处。对此，王夫之《读通鉴论》亦有一番论述颇堪玩味："班超以简，而制三十六国之命，子勇用之而威亦立。诸葛孔明以严，而司马懿不敢攻，姜维师之终以败。古今异术，攻守异势，邻国与夷狄盗贼异敌。太史公之右广而左不识，为汉之出塞击匈奴也。温公之论，其犹坐堂皇、持文墨以遥制阃外之见与！"② 审时度势并无固定标准，应当注重从实际出发考虑问题，其中蕴含的历史经验与教训值得后人深思。

五、"薄待功臣"：汉代西域使者的人生浮沉与历史评价

清人赵翼《廿二史札记》"汉使立功绝域"条依次评述汉代西域使者的事功，对两汉时期的相关差异有所涉及。他首先注意到"是时汉之兵力实强"，因此"其时奉使者亦皆有胆决策略，往往以单车使者，斩名王、定属国于万里之外"。具体而言，西汉如傅介子、文忠等人"此皆以单使立奇功者也"；常惠、冯奉世等人则被归为"擅发属国兵而定乱者""用便宜调发诸国兵以靖反侧者也"。关于上述众人的成功原因，也较为全面客观地指出："汉之威力，行于绝域，奉使者亦皆非常之才，故万里折冲，无不如志。"西汉使者以"汉之威力"为坚强后盾于西域展现个人才能的史例，还有著名的"楚王侍者冯嫽"，亦可证明当时"不惟朝臣出使者能立功，即女子在外，亦仗国威以辑夷情矣"。值得注意的是，赵翼在述及东汉使臣时却只提到班超父子事迹：

> 东汉班超，为假司马使西域。至鄯善，鄯善王广，初甚敬超，后忽疏懈。超谓其吏士"此必有虏使来"，乃召侍胡，诘之果然。遂与其吏士三十六人，夜攻杀虏使，召广以首示之，广遂纳子为质。后超又出使西域，先至于阗，其王广德礼甚疏，信巫言，求超善马。超令巫来受马，即斩送广德，广德大恐，杀匈奴使者而降。龟兹王建为匈奴所立，攻破疏勒，立龟兹人兜题为疏勒王。超遣吏田虑先往降之，

---

① 《三国志·蜀书·董刘马陈董吕传》，中华书局，1982年，第934页。
② 王夫之撰，舒士彦点校：《读通鉴论》卷三《武帝五》，中华书局，1975年，第54页。

> 戒虑曰"兜题本非疏勒种，国人不附，若不即降，可即执之"。虑遂劫缚兜题，超即赴之，因立其故王兄子为疏勒王。后超奉诏还朝，疏勒、于窴皆抱超马号泣曰"依汉使如父母，诚不可去"。超遂仍驻疏勒，击斩其反者。又勒康居、于窴拘弥兵万人攻姑墨破之。后疏勒王忠反，超又讨斩之。又发于窴诸国兵击莎车，杀五千余级，莎车遂降。以次降月氏、龟兹、姑墨、焉耆诸国。于是西域五十余国皆内属。后其子勇，复为西域长史。谕降龟兹王白英，发其兵至车师，击走匈奴。又发鄯善诸国兵，击擒车师后部王军，就立故王子加特奴为王。又使别校斩东且弥王，亦更立其种人为王。又发诸国兵，击匈奴走之。于是车师无复虏迹，城郭皆安。此班氏父子之功，更优于西汉诸人也。①

通过基于史实记载的比较，不难发现"班氏父子之功""更优于西汉诸人也"等论断的历史合理性。

然而，对于班超自西域归来后的人生境遇，后人不乏有为其鸣冤抱屈者。《后汉演义》的作者有感于班超之待遇竟不如宦官郑众："班超有抚定西域之大功，年老不得召归，幸有同产女弟之博学贞操，为后宫所师事，方得以一篇奏牍，上感九重。至超归而月余即殁，狐死首丘，吾犹为超幸矣！夫苏武归而仅为典属国，班超归而仅得射声校尉，至病逝后，并谥法而且靳之，汉之薄待功臣久矣！无惑乎李陵之降虏不返也！"其中将苏武、班超作为"汉之薄待功臣"的代表，虽属小说家言，亦反映出一定的史识。

历代诗文多有将苏武、班超并提，抒发有关人生浮沉的愤懑之情。唐人诗云："剑刓秋水鬓梳霜，回首胡天与恨长。官竟不封右校尉，斗曾生挟左贤王。寻班超传空垂泪，读李陵书更断肠。今日灞陵陵畔见，春风花雾共茫茫。"② 以"班超传""李陵书"并举，发出类似"李广难封"的千古怨叹。尽管英雄如班超者很可能未必有"恨"，甚至于宁"恨"无悔，但这种质朴情感的传递，却隐然寄托了普通民众对于西域英雄人物和英雄时代的怀念与追忆。元人诗云："西域风尘汗漫游，十年辜负旧渔舟。曾观八阵云奔速，亲见三川席卷收。烟锁居延苏子恨，云埋青冢汉家羞。深

---

① 赵翼著，王树民校证：《廿二史札记校证》，中华书局，1984年，第56－58页。

② 贯休著，胡大浚笺注：《贯休歌诗系年笺注》卷二一《灞陵战叟》，中华书局，2011年，第917－918页。

思篱下西风醉，谁羡班超万里侯。"① 所谓"苏子恨""汉家羞"等语，恐
怕不只是单纯基于对仗的用词。如果联系到以"守节不屈"而著称的苏
武，自西域归来后曾经历上层政治斗争而被免职的史实，或许会对"回首
胡天与恨长"等诗句所要表达的复杂情愫有更为真切的感受。当然，我们
不能忽视"诗穷而后工"的传统影响，历代诗文对苏武、班超等人的悲剧
人生的同情，似乎也可理解为诗人自怜心态的流露。② 相比之下，可能更
值得我们关注的是：一个国家、一个民族如何看待和评价自己的英雄人
物，实际上是其文明发展程度与历史认识水平的客观反映。

第三节　司马相如"通西南夷"与西南丝路开拓③

西汉蜀郡太守文翁广立官学，蜀地因而文教大盛，相继产生了以司马
相如为代表的一大批文化名人，史称"文翁化蜀"。这一使得蜀地确立华
夏文化正统身份的标志性事件，不仅带有强烈的儒学教化色彩，而且对早
期西南丝绸之路开拓具有重要影响。司马相如及其副使"通西南夷"事业
的成功，又是以"文翁化蜀"后相对普及的文化条件为基础的。在早期西
南丝绸之路开拓进程中，由当地少数民族担任向导和翻译的情形可能较为
普遍。史籍所见"九译""重译"记录，也可以理解为华夏文化扩张达到
空前规模所产生的一种文化自信现象。汉武帝时期司马相如及其副使等人
探索和开拓"西夷西"道路，值得边疆史和民族史研究者特别关注。结合
相关文献进行分析，或许有助于我们增进对当时蜀地文化形势、民族关系
和区域社会等方面的认识。

一、从"文翁倡其教"到"相如为之师"

文翁为西汉景帝时蜀郡太守，广立官学，招属县子弟就读，免其徭
役，优者录用，蜀地因而文教大盛，闻名于世，史称"文翁化蜀"。对此，
《汉书·循吏传》记载得较为详细：

> 文翁，庐江舒人也。少好学，通《春秋》，以郡县吏察举。景帝

---

① 耶律楚材著，谢方点校：《湛然居士文集》卷三《过云川和刘正叔韵》，中华书局，1986
年，第60页。
② 王子今：《说唐诗"苏武"咏唱》，《湖湘论坛》2013年第5期，第55-61页。
③ 本节部分内容已作为阶段性成果发表，参见李斯：《"文翁化蜀"与早期西南丝绸之路开
拓》，《西南民族大学学报（人文社科版）》2018年第12期。

末，为蜀郡守，仁爱好教化。见蜀地辟陋有蛮夷风，文翁欲诱进之，乃选郡县小吏开敏有材者张叔等十余人亲自饬厉，遣诣京师，受业博士，或学律令。减省少府用度，买刀布蜀物，赍计吏以遗博士。数岁，蜀生皆成就还归，文翁以为右职，用次察举，官有至郡守刺史者。

又修起学官于成都市中，招下县子弟以为学官弟子，为除更徭，高者以补郡县吏，次为孝弟力田。常选学官僮子，使在便坐受事。每出行县，益从学官诸生明经饬行者与俱，使传教令，出入闺阁。县邑吏民见而荣之，数年，争欲为学官弟子，富人至出钱以求之。由是大化，蜀地学于京师者比齐鲁焉。至武帝时，乃令天下郡国皆立学校官，自文翁为之始云。

文翁终于蜀，吏民为立祠堂，岁时祭祀不绝。至今巴蜀好文雅，文翁之化也。①

郡守文翁因"见蜀地辟陋有蛮夷风"，从而"欲诱进之"的施政理念及行政举措，在《汉书·地理志》中也有所反映：

景、武间，文翁为蜀守，教民读书法令，未能笃信道德，反以好文刺讥，贵慕权势。及司马相如游宦京师诸侯，以文辞显于世，乡党慕循其迹。后有王褒、严遵、扬雄之徒，文章冠天下。由文翁倡其教，相如为之师，故孔子曰："有教亡类。"②

值得注意的是，史籍所谓"仁爱好教化"的施政风格，起初似并非专指推行儒学，"或学律令""教民读书法令"等行政举措的制定，可能更多与蜀地"辟陋""有蛮夷风"的现实因素有关，甚至于蜀地一时出现"未能笃信道德""反以好文刺讥，贵慕权势"的社会风气。"文翁之化"最终能够在蜀地社会和士人中得到广泛认同，不仅有赖于"学官弟子"优厚待遇的巨大吸引力，也得益于司马相如、王褒、严遵、扬雄等一大批受益于"学官"的巴蜀文化名人的社会影响力。

"文翁兴学"对蜀地文化的开创性意义不言而喻。随着后世蜀人对文翁长期的追思缅怀和祭祀崇拜，以至于"文翁兴学"在相当程度上被认为是蜀地摆脱"蛮夷风"、确立华夏文化正统身份的标志性事件，文翁本人"以文化蜀"的儒生形象渐渐深入人心，甚至成为蜀地地方文化的重要组

---

① 《汉书》卷八九《循吏传》，中华书局，1962年，第3625－3627页。
② 《汉书》卷二八《地理志》，中华书局，1962年，第1645页。

成部分。① 蜀地人民对于文翁的长期追思和祭祀并非仅限于民间层面，《汉书·循吏传》篇末称："元始四年，诏书祀百辟卿士有益于民者，蜀郡以文翁、九江以召父应诏书。岁时郡二千石率官属行礼，奉祠信臣冢，而南阳亦为立祠。"② 似乎"文翁之化""有益于民"的认识，已经上升为具有国家意志的广泛认同。

历代史家和文人多推崇"文翁之化"作为地方良吏典型的模范意义。如《隋书·循吏传》称："古之善牧人者，养之以仁，使之以义，教之以礼，随其所便而处之，因其所欲而与之，从其所好而劝之。如父母之爱子，如兄之爱弟，闻其饥寒为之哀，见其劳苦为之悲，故人敬而悦之，爱而亲之。若子产之理郑国，子贱之居单父，贾琮之牧冀州，文翁之为蜀郡，皆可以恤其灾患，导以忠厚，因而利之，惠而不费。其晖映千祀，声芳不绝，夫何为哉？用此道也。然则五帝、三王不易人而化，皆在所由化之而已。故有无能之吏，无不可化之人。"③ 其中提到"文翁之为蜀郡""恤其灾患""导以忠厚""因而利之"等惠民有为之举，应是其政绩"晖映千祀""声芳不绝"的主要原因。卢照邻《文翁讲堂》："锦里淹中馆，岷山稷下亭。空梁无燕雀，古壁有丹青。槐落犹疑市，苔深不辨铭。良哉二千石，江汉表遗灵。"④ 裴铏《题文翁石室》："文翁石室有仪形，庠序千秋播德馨。古柏尚留今日翠，高岷犹蔼旧时青。人心未肯抛膻蚁，弟子依前学聚萤。更叹沱江无限水，争流只愿到沧溟。"⑤ 所谓"有无能之吏""无不可化之人"的民生认识和历史经验，值得施政治民者重视。顾炎武《日知录》卷十九"通经为吏"条曰：

　　汉武帝从公孙弘之议，下至郡太守卒史，皆用通一艺以上者。唐高宗总章初，诏诸司令史，考满者限试一经。昔王粲作《儒吏论》，以为先王博陈其教，辅和民性，使刀笔之吏皆服雅训，竹帛之儒亦通文法。故汉文翁为蜀郡守，选郡县小吏开敏有才者张叔等十余人，亲自饬厉，遣诣京师，受业博士。后汉栾巴为桂阳太守，虽干吏卑末，皆课令习读，程试殿最，随能升授。吴顾邵为豫章太守，小吏资质佳

　　① 杨民：《"蛮夷风"与"好文雅"：班固视野中的"文翁兴学"再认识》，《西南民族大学学报（人文社科版）》2008 年第 6 期。
　　② 《汉书》卷八九《循吏传》，中华书局，1962 年，第 3643 页。
　　③ 《隋书》卷七三《循吏传》，中华书局，1973 年，第 1673 页。
　　④ 彭定求等编：《全唐诗》卷四二，中华书局，1960 年，第 524 页。
　　⑤ 彭定求等编：《全唐诗》卷五九七，中华书局，1960 年，第 6909 页。

者，辄令就学，择其先进，擢置右职。而梁任昉有《历吏人讲学》诗。然则昔之为吏者，皆曾执经问业之徒，心术正而名节修，其舞文以害政者寡矣。

　　东京之盛，自期门羽林之士，悉令通《孝经章句》。贞观之时，自屯营飞骑，亦给博士，使授以经。有能通经者，听得贡举。小人学道则易使也，岂不然乎？

强调"昔之为吏者，皆曾执经问业之徒"成为汉代以来选择地方官吏的首要标准，其关键原因就在于"心术正而名节修"对于澄清吏治和教化百姓具有重大影响。

二、"文翁遣相如东受七经"

文翁与司马相如同为西汉蜀地文化名人，不仅在历史上活动时间极为接近，而且均对蜀文化做出了独特贡献。自《汉书·地理志》首倡"文翁倡其教，相如为之师"① 的文化象征意义，后世多有人以为司马相如"文章冠天下"与"文翁化蜀"有着密不可分的文化联系。郭沫若诗云："文翁治蜀文教敷，爰产扬雄与相如。诗人从此蜀中多，唐有李白宋有苏。"② 同为蜀人的陈寿似乎也对班固之说有所引申，《三国志·蜀书·秦宓传》特别提到"文翁遣相如东受七经"一事：

　　蜀本无学士，文翁遣相如东受七经，还教吏民，于是蜀学比于齐鲁。故《地里志》曰："文翁倡其教，相如为之师。"汉家得士，盛于其世；仲舒之徒，不达封禅，相如制其礼。夫能制礼造乐，移风易俗，非礼所秩有益于世者乎！③

明确指出"文翁遣相如东受七经，还教吏民"是推进蜀地学术文化发展、促成"蜀学比于齐鲁"的重要原因。

然而，此说自问世以来争议不断，其疑点之一在于《史记》《汉书》司马相如列传正文中均不载此事。还有学者以为，司马相如在京师为郎当在景帝末，恰与"文翁化蜀"同时，而司马相如于景帝末年已归蜀，应不可能再有"文翁遣相如东受七经，还教吏民"之事。④ 另据《史记·司马

---

① 《汉书》卷二八《地理志》，中华书局，1962 年，第 1645 页。
② 郭沫若：《郭沫若全集》（第 4 卷），人民文学出版社，1984 年，第 319 页。
③ 《三国志》卷三八《秦宓传》，中华书局，1959 年，第 973 页。
④ 刘南平：《司马相如"东受七经"考》，《张家口师专学报（社会科学版）》1995 年第 1 期。

相如列传》，他在景帝末年先后以朝廷郎官和梁王宾客身份"得与诸生游士居数岁"，后因失去政治依靠才还蜀。但陈寿所载秦宓之说对后世影响较大。例如，唐人司马贞为《史记·司马相如列传》"相如既学"句所作《史记索隐》称："秦宓云'文翁遣相如受七经'。"① 此后如王钦若《册府元龟》、王应麟《玉海》、郑樵《通志》等均采用了《三国志·秦宓传》的说法。还有学者对"七经"之名提出疑问，因西汉只立五经博士，"七经"之说始于东汉，则"文翁遣相如东受七经"之说恐与历史事实不符。由于秦宓在蜀中享有较高的声誉，《三国志》作者陈寿是蜀人，其师谯周年轻时曾师从秦宓，故陈寿把秦宓之信采入《三国志》是很自然的事情。② 秦宓之说出现于特重经学的东汉末年，关于司马相如形象的描写可能是出于浓厚主观色彩的"重构"。

但值得注意的是，《史记·司马相如列传》提及"事孝景帝"的具体出仕方式"以赀为郎"，在汉代需要达到一定的家庭财产标准。而据其本传，司马相如的家庭出身显然并非豪富之家。人们所熟知的卓文君"夜亡奔相如"故事有涉及家庭财产的具体情节：

> 会梁孝王卒，相如归，而家贫，无以自业。素与临邛令王吉相善，吉曰："长卿久宦游不遂，而来过我。"于是相如往，舍都亭。临邛令缪为恭敬，日往朝相如。相如初尚见之，后称病，使从者谢吉，吉愈益谨肃。临邛中多富人，而卓王孙家僮八百人，程郑亦数百人，二人乃相谓曰："令有贵客，为具召之。"并召令。令既至，卓氏客以百数。至日中，谒司马长卿，长卿谢病不能往，临邛令不敢尝食，自往迎相如。相如不得已，强往，一坐尽倾。酒酣，临邛令前奏琴曰："窃闻长卿好之，愿以自娱。"相如辞谢，为鼓一再行。是时卓王孙有女文君新寡，好音，故相如缪与令相重，而以琴心挑之。相如之临邛，从车骑，雍容闲雅甚都；及饮卓氏，弄琴，文君窃从户窥之，心悦而好之，恐不得当也。既罢，相如乃使人重赐文君侍者通殷勤。文君夜亡奔相如，相如乃与驰归成都。家居徒四壁立。卓王孙大怒曰："女至不材，我不忍杀，不分一钱也。"人或谓王孙，王孙终不听。文君久之不乐，曰："长卿第俱如临邛，从昆弟假贷犹足为生，何至自苦如此！"相如与俱之临邛，尽

---

① 《史记》卷一一七《司马相如列传》，中华书局，1959年，第2999页。
② 房锐：《对司马相如成名与文翁化蜀关系的再认识——以〈三国志·秦宓传〉所录秦宓致王商书信为重点》，《唐都学刊》2007年第6期。

卖其车骑，买一酒舍酤酒，而令文君当垆。相如身自著犊鼻裈，与保
庸杂作，涤器于市中。卓王孙闻而耻之，为杜门不出。昆弟诸公更谓
王孙曰："有一男两女，所不足者非财也。今文君已失身于司马长卿，
长卿故倦游，虽贫，其人材足依也，且又令客，独奈何相辱如此！"
卓王孙不得已，分予文君僮百人，钱百万，及其嫁时衣被财物。文君
乃与相如归成都，买田宅，为富人。①

　　所谓"家居徒四壁立"，正是家庭贫穷的生动写照。《汉书·景帝纪》
记载当时选官的具体标准："今訾算十以上乃得宦，廉士算不必众。有市
籍不得宦，无訾又不得宦，朕甚愍之。訾算四得宦，亡令廉士久失职，贪
夫长利。"所谓"訾算"，唐人颜师古注曰："訾，读与赀同。""訾算"有
明确限额，服虔注曰："訾万钱，算百二十七也。"应劭曰："古者疾吏之
贪，衣食足知荣辱，限訾十算乃得为吏。十算，十万也。贾人有财不得为
吏，廉士无訾又不得官，故减訾四算得官矣。"② 此诏书发布于景帝去世
前一年，司马相如"以赀为郎"的时间应当在此前后。但即便以费用较低
的"四算"来计，仍然至少需要四万钱"乃得为吏"，如此巨大的花费恐
怕不是"家居徒四壁立"的司马相如所能单独承担的。故有学者提出，文
翁在景帝时可能也私自送人（如相如）往长安受经于官立博士或民间经
师。文翁弟子甚多，不是一时一地所遣，司马相如可能是文翁最早私自荐
送至京师受经的弟子，而不必是在文翁任蜀守之时。③ 这一观点的可能性
应是存在的。有学者还从司马相如的人生阶段分析，认为司马相如在游梁
期间并未获得赏识，归蜀后一直心有不甘，故极有可能接受文翁之遣而
"东受七经"。④ 总之，"文翁遣相如东受七经"之说不仅见于历代典籍⑤，

---

　　① 《史记》卷一一七《司马相如列传》，中华书局，1959年，第3000-3001页。

　　② 《汉书》卷五《景帝纪》，中华书局，1962年，第152页。

　　③ 束景南：《司马相如游梁年代与生平的再考辨——答刘开扬先生》，《文学遗产》1987年
第1期。

　　④ 鲁红平：《论司马相如的儒家思想》，《西南民族大学学报（人文社科版）》2008年
第9期。

　　⑤ 除前引《史记·司马相如列传》《三国志·蜀书·秦宓传》外，后世学者多从此说。例
如：《全上古三代秦汉三国六朝文》："文翁遣相如东受七经，还教吏民。"参见严可均辑：《全上
古三代秦汉三国六朝文·全三国文》卷六一《秦宓·与王商书》，中华书局，1958年，第2766
页；《全元文》："子游自吴北学，长卿东受七经。"参见李修生主编：《全元文》卷八○七《送刘
宗道归夷门序》，江苏古籍出版社，1998年，第495页；《史记志疑》："蜀志秦宓云'文翁遣相如
东受七经，还教吏民'。宓此语与汉地理志所谓'文翁倡其教，相如为之师'者正合。"参见梁玉
绳撰，贺次君点校：《史记志疑》卷三四《司马相如列传》，中华书局，1981年，第1413页。

也与西汉"以赀为郎"的史实相符，似不宜轻易否定。

三、司马相如"通西南夷"

"文翁化蜀"这一使得蜀地确立华夏文化正统身份的标志性事件，不仅带有强烈的儒学教化色彩，而且对早期西南丝绸之路的开拓具有重要影响。据《史记·司马相如列传》，司马相如在朝中任郎官数年，又被汉武帝任命为"通西南夷"的使者：

> 相如为郎数岁，会唐蒙使略通夜郎西僰中，发巴蜀吏卒千人，郡又多为发转漕万余人，用兴法诛其渠帅，巴蜀民大惊恐。上闻之，乃使相如责唐蒙，因喻告巴蜀民以非上意。
>
> ············
>
> 相如还报。唐蒙已略通夜郎，因通西南夷道，发巴、蜀、广汉卒，作者数万人。治道二岁，道不成，士卒多物故，费以巨万计。蜀民及汉用事者多言其不便。是时邛莋之君长闻南夷与汉通，得赏赐多，多欲愿为内臣妾，请吏，比南夷。天子问相如，相如曰："邛、莋、冉、駹者近蜀，道亦易通，秦时尝通为郡县，至汉兴而罢。今诚复通，为置郡县，愈于南夷。"天子以为然，乃拜相如为中郎将，建节往使。副使王然于、壶充国、吕越人驰四乘之传，因巴蜀吏币物以略西夷。至蜀，蜀太守以下郊迎，县令负弩矢先驱，蜀人以为宠。于是卓王孙、临邛诸公皆因门下献牛酒以交欢。卓王孙喟然而叹，自以得使女尚司马长卿晚，而厚分与其女财，与男等同。司马长卿便略定西夷，邛、莋、冉、駹、斯榆之君皆请为内臣。除边关，关益斥，西至沫、若水，南至牂柯为徼，通零关道，桥孙水以通邛都。还报天子，天子大说。[1]

司马相如作为中央派遣的"持节"专使，在西南边疆开发、民族交流和交通探索进程中发挥了重要作用。他不仅提出"复通"西南夷的建议，而且作为首席使臣"建节往使"，其副使明言为"王然于、壶充国、吕越人"等三人。所谓"略定西夷，邛、莋、冉、駹、斯榆之君皆请为内臣"，体现出交通探索和外交实践的成功。"除边关，关益斥，西至沫、若水，南至牂柯为徼，通零关道，桥孙水以通邛都"，则可以理解为部分行政和军事机构已经在西南道路沿线上比较重要的交通枢纽和关隘予

---

① 《史记》卷一一七《司马相如列传》，中华书局，1959年，第3044-3047页。

以设置。

汉武帝时代因张骞"凿空"西域之功，决策者得以了解更多关于西南道路的交通地理信息。《史记·西南夷列传》记载了汉武帝因张骞建议，试图开通"西夷西"道路以沟通"大夏"而结成反匈奴军事联盟的外交尝试：

> 及元狩元年，博望侯张骞使大夏来，言居大夏时见蜀布、邛竹杖，使问所从来，曰"从东南身毒国，可数千里，得蜀贾人市"。或闻邛西可二千里有身毒国。骞因盛言大夏在汉西南，慕中国，患匈奴隔其道，诚通蜀，身毒国道便近，有利无害。于是天子乃令王然于、柏始昌、吕越人等，使间出西夷西，指求身毒国。至滇，滇王尝羌乃留，为求道西十余辈。岁余，皆闭昆明，莫能通身毒国。[①]

张骞"盛言""身毒国道便近，有利无害"，能够"通蜀"，其信息来源或许得自往来"西夷西"通路的"蜀贾"，这一民间自由贸易而形成的天然商贸通道，可能早于张骞通西域之前就已经存在。只是由于这一地区存在纷杂的多民族势力，导致"天子""使间出西夷西，指求身毒国"的努力未能获得预期效果，甚至"间出"之汉使往往遭遇"留""闭"等外交阻碍。司马迁本人也曾有奉使前往巴蜀以南甚至抵达昆明等地区的亲身经历，因此《史记·西南夷列传》中转述张骞关于"西夷西"沿线的民族地理形势，应当大体真实可信。

有学者指出，早期西南丝绸之路开拓过程中使节"留""闭"现象，尽管在后世看来可能只是西南地区交通发展史上短暂的停顿，但在当时却往往伴随着铁与血的悲壮故事。[②] 有关"王然于、柏始昌、吕越人等""使间出西夷西"的事迹，《史记·大宛列传》又记作：

> 天子欣然，以骞言为然，乃令骞因蜀犍为发间使，四道并出：出駹，出冉，出徙，出邛、僰，皆各行一二千里。其北方闭氐、筰，南方闭巂、昆明。昆明之属无君长，善寇盗，辄杀略汉使，终莫得通。然闻其西可千余里有乘象国，名曰滇越，而蜀贾奸出物者或至焉，于是汉以求大夏道始通滇国。初，汉欲通西南夷，费多，道不通，罢

---

① 《史记》卷一一六《西南夷列传》，中华书局，1959 年，第 2995－2996 页。
② 王子今：《汉武帝"西夷西"道路与向家坝汉文化遗存》，载《秦汉史论丛》（第十四辑），四川人民出版社，2017 年，第 10 页。

之。及张骞言可以通大夏，乃复事西南夷。①

由所谓"复事西南夷"可知，这是汉武帝时代又一次西南通路探索，而此前失败的原因在于"费多""道不通"。汉武帝"因蜀犍为发间使，四道并出"的外交战略决策，在中国古代交通史、边疆史、民族史及外交史上均有重要意义，也值得中外文化交流史研究者留意。有关汉武帝开发西南夷的动机及意义，有论者以为"不是纯粹为了西南夷的经济发展"，或者"不是为了开发西南夷地区的经济资源"。② 类似肯定汉武帝时代西南道路的开拓主要出于外交战略与文化交流的意见，或许应当予以重视。

四、司马相如副使"王然于"等人事迹

汉使"四道并出"的记载，似可理解为因出发点不同而相对独立的四条交通线路，即"出駹，出冉，出徙，出邛、僰，皆各行一二千里"。但《史记·西南夷列传》却只留下了"王然于、柏始昌、吕越人"三位使者的姓名，而《史记·大宛列传》所谓"皆各行一二千里""昆明之属无君长，善寇盗，辄杀略汉使"等记载都表明早期西南通路开拓的艰辛与危险。

司马相如"复通"西南夷的副使"王然于"等人于史书仅见姓名，我们甚至无法确定其具体籍贯及族属。不过从汉武帝"因蜀犍为发间使，四道并出"的记载来看，这几人应当对于处理"西南夷"边疆与民族问题具备相当经验。因该地区沿线交通和民族关系较为复杂，《史记·大宛列传》："天子既闻大宛及大夏、安息之属皆大国，多奇物，土著，颇与中国同业，而兵弱，贵汉财物；其北有大月氏、康居之属，兵强，可以赂遗设利朝也。且诚得而以义属之，则广地万里，重九译，致殊俗，威德遍于四海。"所谓"重九译"，《史记正义》："言重重九遍译语而致。"③ 可以看到在汉文化向周边传播与扩张的过程中，相关翻译人员即"译"的历史作用。作为司马相如助手的"王然于"等人，或许也曾扮演了类似的历史角色。

汉代涉外机构的属官设置可见"译官"之名。《汉书·百官公卿表上》："典客，秦官，掌诸侯归义蛮夷，有丞。景帝中六年更名大行令，武

---

① 《史记》卷一二三《大宛列传》，中华书局，1959年，第3166页。

② 郭筱磊：《浅谈汉武帝开拓西南夷地区的根本原因》，《淮海工学院学报（人文社会科学版）》2014年第1期。

③ 《史记》卷一二三《大宛列传》，中华书局，1959年，第3167页。

帝太初元年更名大鸿胪。属官有行人、译官、别火三令丞及郡邸长丞。"①
"典属国"也有"九译令"等属官。自张骞"凿空"西域后，西域各国无
论国家大小、人口多少，均设置有"译长"一职。人口规模较大的龟兹
国，"译长"有四人之多。而仅有二十七户的"单桓国"，也设有"译长"
一人。《汉书·西域传下》总结称："最凡国五十。自译长、城长、君、
监、吏、大禄、百长、千长、都尉、且渠、当户、将、相至侯、王，皆佩
汉印绶，凡三百七十六人。"② 关于张骞第一次出使西域的副手堂邑父，
《史记·大宛列传》曾明确提及其族属及特殊技能："堂邑父胡人，善射，
穷急射禽兽给食。初，骞行时百余人，去十三岁，唯二人得还。"③ 类似
由当地少数民族担任向导和翻译任务的情形，可能在早期丝绸之路开拓进
程中较为普遍。

费孝通先生在民族学界长期研究的基础上，提出了著名的"民族走
廊"概念，在这种走廊中必然保留着民族或族群众多的历史与文化积
淀。④《后汉书·马融传》言及先王文化成就，曾有"明德曜乎中夏，威
灵畅乎四荒，东邻浮巨海而入享，西旅越葱领而来王，南徼因九译而致
贡，朔狄属象胥而来同"之语。李贤注引《西河旧事》曰："九译谓九重
译语而通中国也。"郑玄注曰："通夷狄之言者曰象胥，其有才智者也。此
类之本名，东方曰寄，南方曰象，西方曰狄鞮，北方曰译。此官正为象
者，周始有南越重译来贡献，是以名通言语之官为象胥。"⑤ 体现出对外
交往与文化传播中"译"的重要作用。所谓"九译"可能并非实指，而是
重重转译之意。有学者认为："在理解汉代'大一统'意识成熟和普及的
文化条件的基础上关注'重译'现象，应当是适宜的。"⑥ 所谓"九译"
"重译"记录，似乎也可以理解为华夏文化扩张达到空前规模所产生的一
种文化自信现象。

习近平总书记在庆祝中国共产党成立95周年大会上的重要讲话中指
出："文化自信，是更基础、更广泛、更深厚的自信。"考察早期西南丝绸

---

① 《汉书》卷一九上《百官公卿表上》，中华书局，1962年，第730页。
② 《汉书》卷九六下《西域传下》，中华书局，1962年，第3928页。
③ 《史记》卷一二三《大宛列传》，中华书局，1959年，第3159页。
④ 涂裕春：《古丝绸之路与各民族的融合》，《西南民族大学学报（人文社科版）》2004年第2期。
⑤ 《后汉书》卷六〇上《马融传》，中华书局，1965年，第1967页。
⑥ 王子今：《"重译"理想与"重译"记录》，载《秦汉边疆与民族问题》，中国人民大学出版社，2011年，第430页。

之路的开拓过程，不应忽视使节团成员的文化素质与相关翻译人员即
"译"的历史作用。这一文化现象的出现，又是以"文翁化蜀"后相对普
及的文化条件为基础的，由此也可体现"文翁之化"余风流韵不仅泽及汉
帝国的西南地区，而且对于中华民族共同体的凝聚过程，以及东亚乃至世
界文化交流的历史进程也有着深广的影响。

第四章　秦汉"间使"探微

秦汉史籍中可见"间使"之称。相对于公开派遣的使者,"间使"多具有秘密使者的性质,不仅行踪诡秘,而且任务重要,甚至能够对当时的政治形势和历史走向产生重大影响。对于这类使者,以往关注似乎不多,本章将在钩稽史料的基础上,对其活动及历史影响加以论述。关东六国为了遏制秦国崛起并延阻其东进战略,曾采取多种方式以求"弱秦"和"间秦"。"间秦"行为达到了部分预期目的,但也促使秦人不断反思和总结经验教训,并逐渐认识到"用间"在统一进程中的战略重要性。秦人"用间"不惜耗费巨资,往往能够以此奠定胜利于战场之外。"离其君臣之计"的成功为秦人"卒兼天下"奠定坚实基础,不应忽视"间"者在此过程中所发挥的历史作用。"上智为间"和"用间可不战而屈人之兵"也是早期间谍史上值得关注的现象。

第一节　"间使"往来与秦统一进程①

秦统一是中国历史上的重大事件。对于秦统一的成功原因,学界较多关注军事、政治、经济等方面的考察,"武力"之外的某些因素长期未能得到应有重视。马非白先生在《秦集史·尉缭传》按语中指出:"世但知始皇帝以武力征经营天下,而岂知武力之外,尚有其最毒辣之间谍政策哉!"②"间谍政策"可以成为"武力之外"辅助统一的重要手段,应当是值得重视的历史认识。近年亦有学者从情报战和间谍战等角度予以探讨,

---

① 本节部分内容已作为阶段性成果发表,参见李斯:《秦统一进程的间谍史考察》,《湘潭大学学报(哲学社会科学版)》2020年第3期。

② 马非白:《秦集史》,中华书局,1982年,第378页。

部分论断可能仍有进一步斟酌和讨论的空间。① 探讨"秦"与"六国"之间的间谍活动及其特征，或许能够丰富和增进关于秦统一进程的具体细节以及早期间谍史的认识。

一、"阴通间使"与"弱秦""间秦"活动

秦始皇完成统一大业之后，在巡游途中刻石纪功，其中特别提道："六王专倍，贪戾傲猛，率众自强。暴虐恣行，负力而骄，数动甲兵。阴通间使，以事合纵，行为辟方。内饰诈谋，外来侵边，遂起祸殃。"② 所谓"阴通间使""内饰诈谋"等语，可以理解为秦人总结统一事业成败得失与经验教训的历史记忆。战国后期，由于秦的实力增长迅速，关东六国针对秦的间谍活动也日趋频繁。派往秦国的使者，其目的并不仅仅在于完成礼节性的外交任务。"间使"之得名，主要与其身负"间秦"使命有关。《史记·河渠书》记载：

> 而韩闻秦之好兴事，欲罢之，毋令东伐，乃使水工郑国间说秦，令凿泾水自中山西邸瓠口为渠，并北山东注洛三百余里，欲以溉田。中作而觉，秦欲杀郑国。郑国曰："始臣为间，然渠成亦秦之利也。"秦以为然，卒使就渠。渠就，用注填阏之水，溉泽卤之地四万余顷，收皆亩一钟。于是关中为沃野，无凶年，秦以富强，卒并诸侯，因命曰郑国渠。③

郑国以"水工"身份"间说秦"，即秦史上著名的"郑国渠"事件，《史记·李斯列传》又作："会韩人郑国来间秦，以作注溉渠，已而觉。"《史记正义》有对于"间秦"的具体解说："郑国渠首起雍州云阳县西南二十五里，自中山西邸瓠口为渠，傍北山，东注洛，三百余里以溉田。又曰韩苦秦兵，而使水工郑国间秦作注溉渠，令费人工，不东伐也。"④ 可见郑国"间说秦""间秦"的主要动机实为通过修建大型水利设施以消耗秦的国力，进而达到使秦国"不东伐"的战略目的。绵延三百余里的郑国渠

---

① 参见郑玲童：《论秦国统一过程中的间谍战》，《秦汉研究》2008 年第 1 期；熊剑平：《浅析战国时期纵横家的间谍活动》，《军事历史》2010 年第 3 期；付金才：《论战国时期秦国的间谍战》，《石家庄学院学报》2011 年第 4 期；吉家友：《间谍战在秦统一中的应用及效果》，《信阳师范学院学报（哲学社会科学版）》2013 年第 3 期；孙家洲：《"反间"：秦统一进程中的成功策略》，《咸阳师范学院学报》2017 年第 5 期。

② 《史记》卷六《秦始皇本纪》，中华书局，1959 年，第 261 页。

③ 《史记》卷二九《河渠书》，中华书局，1959 年，第 1408 页。

④ 《史记》卷八七《李斯列传》，中华书局，1959 年，第 2541 页

确属浩大工程，可以想见所"费""人工"数量之巨大。然而，在郑国"为间"的真实意图暴露后，秦人的反应耐人寻味。有学者以为："秦人对经济的重视、对水利的重视、对实用技术的重视，超越了政治偏见，这体现了秦人具有很强的科学精神、开放意识和宽阔的胸襟。"① 这一论断具有历史合理性，值得相关研究者重视。注重实际效用的功利主义精神，是秦文化中浓墨重彩的一笔，也是秦统一天下的重要因素之一。

如果联系"渠就"实际造成"关中为沃野，无凶年，秦以富强，卒并诸侯"的客观效果，可以看到秦文化中注重实际效用的功利主义倾向，这一实用理念也体现在对待别国"间"的处理上。《史记·李斯列传》也提到郑国渠事件："会韩人郑国来间秦，以作注溉渠，已而觉。秦宗室大臣皆言秦王曰：'诸侯人来事秦者，大抵为其主游间于秦耳，请一切逐客。'"② 韩人"间秦"事件引发秦国上层统治集团对于"客"真实身份及其意图的空前争论，竟然导致"一切逐客"的激烈后果。《资治通鉴》将"逐客"之议系于始皇十年："宗室大臣议曰：'诸侯人来仕者，皆为其主游间耳，请一切逐之。'于是大索，逐客。"③ 所谓"游间"，胡三省注曰："谓游说以间秦之君臣。"可以推想，类似韩人郑国以"间说秦""间秦"为使命的"间"者活动在秦国可能是较为普遍的存在。尽管将"诸侯人来事秦者"一律视为"为其主游间于秦"而实行无差别的"逐客"措施可能有些反应过激，但也反映出当时在秦活动"间"者人数之多、范围之广、影响之深。

关东六国为了达成合纵反秦之目的，不仅在军事、外交上结为联盟，而且有针对性地进行了大量的侦察与间谍活动。特别是与秦为近邻的韩、赵、魏三国，采取了多种方式以求"弱秦"和"间秦"。

赵国之所以能在战国后期与秦抗衡一时，也与一批善用间谍的名将有关。例如，赵奢巧妙利用"秦间"传递假情报，"纵兵击之，大破秦军，秦军解而走。遂解阏与之围而归"④。又如，李牧"日击数牛飨士，习射骑，谨烽火，多间谍，厚遇战士"，故能屡次"击破秦军，南距韩、魏"⑤。秦、赵长平之战后，秦将白起趁势进击，韩、赵两国危在旦夕。

① 王子今、郭诗梦：《秦"郑国渠"命名的意义》，《西安财经学院学报》2011年第3期。
② 《史记》卷八七《李斯列传》，中华书局，1959年，第2541页。
③ 《资治通鉴》卷六《秦纪一·始皇帝上·十年》，中华书局，1956年，第216页。
④ 《史记》卷八一《廉颇蔺相如列传》，中华书局，1959年，第2445页。
⑤ 《史记》卷八一《廉颇蔺相如列传》，中华书局，1959年，第2451页。

于是赵国派苏代离间白起与范雎的关系，不仅成功地使秦国暂时罢兵，还使两人互生嫌隙，甚至间接导致了后来白起被赐死：

> 韩、赵恐，使苏代厚币说秦相应侯曰："武安君禽马服子乎?"曰："然。"又曰："即围邯郸乎?"曰："然。""赵亡则秦王王矣，武安君为三公。武安君所为秦战胜攻取者七十余城，南定鄢、郢、汉中，北禽赵括之军，虽周、召、吕望之功不益于此矣。今赵亡，秦王王，则武安君必为三公，君能为之下乎? 虽无欲为之下，固不得已矣。秦尝攻韩，围邢丘，困上党，上党之民皆反为赵，天下不乐为秦民之日久矣。今亡赵，北地入燕，东地入齐，南地入韩、魏，则君之所得民亡几何人。故不如因而割之，无以为武安君功也。"于是应侯言于秦王曰："秦兵劳，请许韩、赵之割地以和，且休士卒。"王听之，割韩垣雍、赵六城以和。正月，皆罢兵。武安君闻之，由是与应侯有隙。[1]

苏代能够成功说动秦相应侯范雎，"厚币"是必不可少的物质基础，点明"武安君必为三公"并反问"君能为之下乎"则体现以言辞离间的巧妙。故范雎言于秦王曰："秦兵劳，请许韩、赵之割地以和，且休士卒。"秦因此撤兵。"武安君闻之，由是与应侯有隙。"此后，白起因与秦王意见不合，对多次征召都以病推辞。秦王与应侯范雎等商议，决定令其"自裁"。对于秦国名将白起的悲剧遭遇，有论者以为："范雎受到赵国间谍的离间，在关键时刻为了个人利益帮助秦王害死白起，以除掉政敌，这是白起之死的重要原因之一。"[2] 白起之死固然有其复杂性，但赵国间谍的离间活动确曾起到重要作用。征诸史实，应当承认这一观点具备一定历史合理性。

魏国本有"用间"的传统，以"善间"闻名的信陵君曾在边境部署大量军情工作人员：

> 公子与魏王博，而北境传举烽，言"赵寇至，且入界"。魏王释博，欲召大臣谋。公子止王曰："赵王田猎耳，非为寇也。"复博如故。王恐，心不在博。居顷，复从北方来传言曰："赵王猎耳，非为寇也。"魏王大惊，曰："公子何以知之?"公子曰："臣之客有能深得赵王阴事者，赵王所为，客辄以报臣，臣以此知之。"[3]

---

① 《史记》卷七三《白起王翦列传》，中华书局，1959年，第2335-2336页。
② 黄富成：《中国古代间谍史》，中国人民公安大学出版社，1989年，第49页。
③ 《史记》卷七七《魏公子列传》，中华书局，1959年，第2377页。

这里虽然只提到信陵君之"客"能够"深得赵王阴事"，但以其门客数千人的规模推想，秦国内部很有可能也存在其间谍网络。清人朱逢甲《间书》也注意到信陵君"长于用间"："信陵用客为间，能先知赵猎非寇，倘赵寇非猎，信陵亦必先知也。信陵长于用间，与《孙子》之言英雄所见略同。考《史记》，信陵所著有《魏公子兵法》。其书言用间必精，今《孙子》十三篇传，而《魏公子兵法》不传，可惜也。且信陵善间，而后魏王中秦间，信陵竟以间废，亦可慨也。"① 所谓"魏王中秦间，信陵竟以间废"，应当可以理解为秦人仿效其用间方式所取得的具体成果之一。

二、"离其君臣之计"与秦人"卒兼天下"

关东六国"间秦"行为达到了部分预期目的，但也促使秦人不断反思和总结经验教训，并逐渐认识到"用间"在统一进程中的战略重要性。面对六国"相聚约从"的强大实力，《史记·李斯列传》可以看到不仅仅限于军事征服的"天下一统""急就"构想：

> 至秦，会庄襄王卒，李斯乃求为秦相文信侯吕不韦舍人；不韦贤之，任以为郎。李斯因以得说，说秦王曰："胥人者，去其几也。成大功者，在因瑕衅而遂忍之。昔者秦穆公之霸，终不东并六国者，何也？诸侯尚众，周德未衰，故五伯迭兴，更尊周室。自秦孝公以来，周室卑微，诸侯相兼，关东为六国，秦之乘胜役诸侯，盖六世矣。今诸侯服秦，譬若郡县。夫以秦之强，大王之贤，由灶上骚除，足以灭诸侯，成帝业，为天下一统，此万世之一时也。今怠而不急就，诸侯复强，相聚约从，虽有黄帝之贤，不能并也。"秦王乃拜斯为长史，听其计，阴遣谋士赍持金玉以游说诸侯。诸侯名士可下以财者，厚遗结之；不肯者，利剑刺之。离其君臣之计，秦王乃使其良将随其后。秦王拜斯为客卿。②

所谓"阴遣谋士"体现"用间"的隐秘性，"厚遗结之"与"利剑刺之"反映"用间"方式因具体对象和面临情况的不同而有所差异，阴谋和暴力竟然也成为竞胜的重要手段之一。《资治通鉴》在引述这段记载之后又总结道："数年之中，卒兼天下。"③ 对于秦统一的军事成功，梁启超也

---

① 朱逢甲：《间书》，黄岳校注，群众出版社，1979 年，第 15 页。
② 《史记》卷八七《李斯列传》，中华书局，1959 年，第 2540－2541 页。
③ 《资治通鉴》卷六《秦纪一·始皇帝上·十年》，中华书局，1956 年，第 218 页。

写道："其将王翦王贲蒙骜蒙武蒙恬，皆一时之杰也。行此策十余年，六国尽灭。"①肯定"行此策"与"六国尽灭"的密切联系。

秦人"用间"不惜耗费巨资，往往能够以此奠定胜利于战场之外。由于秦"间言"的成功，赵王不顾重臣反对，执意派缺乏实战经验的赵括取代廉颇为将，导致后来长平之战的惨败。《史记·廉颇蔺相如列传》对此记载较为详细：

> 七年，秦与赵兵相距长平，时赵奢已死，而蔺相如病笃，赵使廉颇将攻秦，秦数败赵军，赵军固壁不战。秦数挑战，廉颇不肯。赵王信秦之间。秦之间言曰："秦之所恶，独畏马服君赵奢之子赵括为将耳。"赵王因以括为将，代廉颇。蔺相如曰："王以名使括，若胶柱而鼓瑟耳。括徒能读其父书传，不知合变也。"赵王不听，遂将之。②

不仅如此，赵国最后的名将李牧也因秦国间谍散布流言而被杀，赵旋即为秦所灭："赵王迁七年，秦使王翦攻赵，赵使李牧、司马尚御之。秦多与赵王宠臣郭开金，为反间，言李牧、司马尚欲反。赵王乃使赵葱及齐将颜聚代李牧。李牧不受命，赵使人微捕得李牧，斩之。废司马尚。后三月，王翦因急击赵，大破杀赵葱，虏赵王迁及其将颜聚，遂灭赵。"③《史记·田敬仲完世家》也记载秦以"间金"贿赂齐国重臣之事："始，君王后贤，事秦谨，与诸侯信，齐亦东边海上，秦日夜攻三晋、燕、楚，五国各自救于秦，以故王建立四十余年不受兵。君王后死，后胜相齐，多受秦间金，多使宾客入秦，秦又多予金，客皆为反间，劝王去从朝秦，不修攻战之备，不助五国攻秦，秦以故得灭五国。"④《战国策·秦策四》亦载秦王派遣顿弱携重金从事间谍活动："乃资万金，使东游韩、魏，入其将相；北游燕、赵，而杀李牧。齐王入朝，四国毕从，顿子说也。"类似的例子还有信陵君"窃符救赵"后，因秦国间谍散布谣言而被魏王罢黜之事：

> 秦王患之，乃行金万斤于魏，求晋鄙客，令毁公子于魏王曰："公子亡在外十年矣，今为魏将，诸侯将皆属，诸侯徒闻魏公子，不闻魏王。公子亦欲因此时定南面而王，诸侯畏公子之威，方欲共立

---

①　梁启超：《战国载记·纪秦并六国章第六》，中华书局，2015年，第45页。

②　《史记》卷八一《廉颇蔺相如列传》，中华书局，1959年，第2446页。

③　《史记》卷八一《廉颇蔺相如列传》，中华书局，1959年，第2451页。

④　《史记》卷四六《田敬仲完世家》，中华书局，1959年，第1902页。

之。"秦数使反间，伪贺公子得立为魏王未也。魏王日闻其毁，不能
不信，后果使人代公子将。公子自知再以毁废，乃谢病不朝。与宾客
为长夜饮，饮醇酒，多近妇女。日夜为乐饮者四岁，竟病酒而卒。其
岁，魏安釐王亦薨。秦闻公子死，使蒙骜攻魏，拔二十城，初置东
郡。其后秦稍蚕食魏，十八岁而虏魏王，屠大梁。①

所谓"多予金""资万金""行金万斤"等语，体现出间谍活动的具体
资金耗费，而这也是离间活动得以顺利实行并获得成功的重要经济基础。
从上述史实不难发现，"离其君臣之计"的顺利实施确实为秦以军事方式
促成"天下一统"奠定坚实基础。在这一幕幕看似波澜不惊、鲜见血雨腥
风的较量中，不应忽视"秦间"所发挥的历史作用。

秦人以"用间"这一特殊方式取得的巨大成功，受到时人及后世的肯
定。但也可以看到，某些学者就此有所批评和贬抑。郭嵩焘的意见堪称
典型：

> 案《田完世家》："后胜相齐，多受秦间金，为反间，劝王去从朝
> 秦。"《李牧传》："秦多与赵王宠臣郭开金，为反间。"皆李斯相秦时
> 事也。然《赵奢传》云："赵王信秦之间言。"则犹在昭襄王之世。
> 《信陵君传》："魏安釐王三十年，公子率五国之兵破秦河外。秦王乃
> 行万金于魏，求晋鄙客令毁公子。"则犹在庄襄王之世。《范雎传》
> 云："昭王用范雎谋，纵反间，买赵。"盖秦君臣专务以诈欺诸侯，尤
> 善以反间离其君臣，其由来久矣。②

所谓"秦君臣专务以诈欺诸侯"的论断，或许不免受到后世儒学正统
学者"过秦"观念的影响，甚至隐约透露出某种"后见之明"的道德优越
感。但他敏锐地注意到秦人"尤善以反间离其君臣"这一政治文化传统
"由来久矣"，却是值得重视的历史认识。

三、"上智为间"："用间"成功的关键保障

如果追溯早期间谍史，可以看到"用间"的主要意图是收集情报和伺机
破坏。情报与信息并不完全等同，广义的情报基本上可以定义为经过处理的
信息。③ 收集情报的侦察间谍可能起源很早，无论是出于侦察兽群动向的

---

① 《史记》卷七七《魏公子列传》，中华书局，1959 年，第 2384 页。
② 郭嵩焘撰，梁小进主编：《史记札记·卷五上》，岳麓书社，2012 年，第 214 - 215 页。
③ 厄内斯特·沃克曼：《间谍的历史》，刘彬、文智译，文汇出版社，2009 年，第 3 页。

狩猎需要，还是为了原始部落之间的生存战争，都依赖于情报的准确获取。①

　　清人朱逢甲所编著之《间书》引用大量史料，对中国历史上的间谍活动予以概略评述，堪称第一部中国古代间谍史话。《间书》开篇写道："用间始于夏之少康，使女艾间浇。"②《史记·吴太伯世家》可以看到夏朝少康"使人诱之，遂灭有过氏"的历史记载。对此，《史记索隐》引《左传》云："使女艾谍浇，遂灭过、戈。"杜预曰："谍，候也。"③ 中国历史上最早有明确记载的间谍，或许已经兼具侦候与"用间"的使命。

　　先秦时已有专门的间谍机构与职官。《周礼·秋官》："士师之职，……掌士之八成，一曰邦汋，二曰邦贼，三曰邦谍。"郑玄注云："汋读如酌"，因上古"邦"即"国"，故"国汋者，斟酌盗取国家密事"。而郑玄又注"邦谍"云："为异国反间。"孙诒让释曰："为异国反间者，谓以邦谍之密谋输入异国。"④ 可见"邦汋"与"邦谍"在具体分工上又有不同，前者以侦察情报为主，后者以反间破坏为主。先秦兵书《六韬》也提到军中专门的间谍职官："耳目七人，主往来听言视变，览四方之事，军中之情。……羽翼四人，主扬名誉，震远方，摇动四境，以弱敌心。游士八人，主伺奸候变，开阖人情，观敌之意，以为间谍。"⑤ 所谓"耳目""羽翼""游士"等称谓，体现出间谍活动独有的隐秘性与灵活性。

　　《孙子·用间》篇是中国古代第一部专门论述间谍理论及其实际运作的兵家著作，也是世界间谍史上最早的专门文献，对古今中外的间谍思想与实践都产生了极为深远的影响。书中对间谍种类有较为细密的划分："故用间有五：有因间，有内间，有反间，有死间，有生间。五间俱起，莫知其道，是谓神纪，人君之宝也。"⑥ 在尚无专门间谍训练的古代，如何选拔和招募间谍是一大难题。《孙子》未言其详，后世注家则多有发挥。例如，生间"必取内明外愚、形劣心壮、矫捷劲勇、闲于鄙事、能忍饥寒垢耻者为之"。还应"有贤材智谋，能自开通于敌之亲贵，察其动静，知

---

　　① 在法国旧石器时代晚期的岩洞壁画中，还画有戴着兽面面具的猎人，以更有效地"侦察"和伏击野兽。参见刘家和：《世界上古史》，吉林人民出版社，1980年，第32页。
　　② 朱逢甲：《间书》，群众出版社，1979年，第1页。
　　③ 《史记》卷三一《吴太伯世家》，中华书局，1959年，第1469页。
　　④ 孙诒让撰，王文锦、陈玉霞点校：《周礼正义》，中华书局，1987年，第3360页。
　　⑤ 《六韬译注》，河北人民出版社，1992年，第73页。
　　⑥ 《十一家注孙子校理》（增订本），中华书局，1999年，第291页。

其事计，彼所为己知其实"①。间谍任务的复杂性和危险性，对执行者的脑力、体力及综合素质都提出很高要求。

"上智"与"谋臣"是先秦时"为间"人选的主要来源。《孙子·用间》篇特别强调"上智为间"的重要性："明君贤将，能以上智为间者，必成大功。"②《史记·李斯列传》在记载其狱中上书时，曾提道："臣为丞相，治民三十余年矣。逮秦地之陕隘。先王之时秦地不过千里，兵数十万。臣尽薄材，谨奉法令，阴行谋臣，资之金玉，使游说诸侯，阴修甲兵，饰政教，官斗士，尊功臣，盛其爵禄，故终以胁韩弱魏，破燕、赵，夷齐、楚，卒兼六国，虏其王，立秦为天子，罪一矣。"③所谓"阴行谋臣，资之金玉，使游说诸侯"等应是间谍活动的具体内容，而"终以胁韩弱魏，破燕、赵，夷齐、楚，卒兼六国，虏其王，立秦为天子"等语则反映出间谍活动的巨大成效。《孙子·用间》篇这样总结"用间"原则及其重要性："明君贤将，所以动而胜人，成功出于众者，先知也。先知者，不可取于鬼神，不可象于事，不可验于度，必取于人，知敌之情者也。"随后对于"五间"也有具体说明："因间者，因其乡人而用之。内间者，因其官人而用之。反间者，因其敌间而用之。死间者，为诳事于外，令吾间知之，而传于敌间也。生间者，反报也。"其中尤以"反间"最为关键："五间之事，主必知之，知之必在于反间，故反间不可不厚也。"④"反间"指使敌方间谍为我所用，有将计就计的意味，但尚未上升到主动防御的高度，可视为早期反间谍的一种手段。但史籍中对于"反间"的概念不如《孙子》明晰，往往将用间都说成反间，专指用计使敌人内部产生矛盾与分化。

由于间谍工作的隐秘性，用间过程中还需要时刻保持警惕，防止泄密。对此，《孙子·用间》篇提出具体要求："故三军之事，亲莫亲于间，赏莫厚于间，事莫密于间，非圣智不能用间，非仁义不能使间，非微妙不能得间之实。微哉，微哉，无所不用间也。间事未发而先闻者，间与所告者皆死。"⑤这与《孙子》所谓"兵者诡道"的主张是相符合的，保密原则是关系到用间成功与否的关键所在。

---

① 《十一家注孙子校理》（增订本），中华书局，1999 年，第 296 页。
② 《十一家注孙子校理》（增订本），中华书局，1999 年，第 301 页。
③ 《史记》卷八七《李斯列传》，中华书局，1959 年，第 2561 页。
④ 《十一家注孙子校理》（增订本），中华书局，1999 年，第 290 - 300 页。
⑤ 《十一家注孙子校理》（增订本），中华书局，1999 年，第 296 - 297 页。

在复杂多变的隐蔽斗争中，也逐渐发展出种类繁多的间谍技术手段。有学者回顾中国古代间谍史，将其总结为十五种："窃听、通讯、密码、代号、秘语、暗器、毒药、摹迹、密写、化装、查验、伪造、判析、拆封、密藏。"① 具体到秦汉时期，传世文献所见较多的是窃听技术。例如，范雎初见秦王，"左右多窃听者"，其中可能就潜伏有敌国间谍，故"范雎恐，未敢言内，先言外事，以观秦王之俯仰"②。主要活跃于秦惠王时期的政治家甘茂（一说樗里疾）曾运用窃听手段刺探国君与大臣之谈话内容，事见《韩非子·外储说右上》：

> 甘茂相秦惠王，惠王爱公孙衍，与之间有所言，曰："寡人将相子。"甘茂之吏道穴闻之，以告甘茂。甘茂入见王，曰："王得贤相，臣敢再拜贺。""寡人托国于子，安更得贤相？"对曰："将相犀首。"王曰："子安闻之？"对曰："犀首告臣。"王怒犀首之泄，乃逐之。

> 一曰：犀首，天下之善将也，梁王之臣也。秦王欲得之与治天下，犀首曰："衍人臣者也，不敢离主之国。"居期年，犀首抵罪于梁王，逃而入秦，秦王甚善之。樗里疾，秦之将也，恐犀首之代之将也，凿穴于王之所常隐语者。俄而王果与犀首计曰："吾欲攻韩，奚如？"犀首曰："秋可矣。"王曰："吾欲以国累子，子必勿泄也。"犀首反走再拜曰："受命。"于是樗里疾已道穴听之，见郎中皆曰："兵秋起攻韩，犀首为将。"于是日也，郎中尽知之；于是月也，境内尽知之。王召樗里疾曰："是何匈匈也，何道出？"樗里疾曰："似犀首也。"王曰："吾无与犀首言也，其犀首何哉？"樗里疾曰："犀首也羁旅，新抵罪，其心孤，是言自嫁于众。"王曰："然。"使人召犀首，已逃诸侯矣。③

甘茂（樗里疾）能够探知政敌与秦王的"隐语"，并最终以此除去竞争对手，有赖于"凿穴"及窃听技术的使用。《墨子·备穴》记载了"凿穴"人员选拔与设备情况："令陶者为罂，容四十斗以上，固幎之以薄皮革，置井中，使聪耳者伏罂而听之，审知穴之所在，凿穴迎之。"《墨子·备穴》又提到"穴听"的具体设置："戒持罂，容三十斗以上，狸穴中，

① 褚良才：《中国古代间谍史话》，中州古籍出版社，1998年，第414-457页。
② 《史记》卷七九《范雎蔡泽列传》，中华书局，1959年，第2409页。
③ 王先慎撰，钟哲点校：《韩非子集解》，中华书局，1998年，第319-320页。

丈一，以听穴者声。"① 类似的技术可能在秦统一过程的"用间"活动中已经得到较为广泛的应用。

四、"用间可不战而屈人之兵"

秦统一的历史进程，主要是通过大规模军事征服活动完成的，由此造成的战争成本也十分惊人。《孙子·用间》篇首先便说："凡兴师十万，出征千里，百姓之费，公家之奉，日费千金，内外骚动，怠于道路，不得操事者，七十万家，相守数年，以争一日之胜，而爱爵禄百金，不知敌之情者，不仁之至也，非人之将也，非主之佐也，非胜之主也。"②《孙子·作战》篇又曰："凡用兵之法，驰车千驷，革车千乘，带甲十万，千里馈粮。则内外之费，宾客之用，胶漆之材，车甲之奉，日费千金，然后十万之师举矣。"③ 所谓"内外之费""日费千金"等战争相关费用，恐怕主要还得由民众来承担。因此，《孙子》提出"用间"是确保战争胜利的重要前提。如果仅仅因为"爱爵禄百金"而不愿派出间谍，不仅决策者要背负"不仁"之名，从军事动员成本的角度考量也是得不偿失的。对于所谓"不仁之至"的具体解说，历代注解《孙子》者多有发挥：

> 李筌曰：惜爵赏，不与间谍，令窥敌之动静，是为不仁之至也。
> 杜牧曰：言不能以厚利使间也。梅尧臣曰：相守数年，则七十万家所费多矣；而乃惜爵禄百金之微，不以遗间钓情取胜，是不仁之极也。王皙曰：惜财赏，不用间也。张预曰：相持且久，七十万家财力一困；不知恤此，而反靳惜爵赏之细，不以间求索知敌情者，不仁之甚也。④

出于"惜爵赏""惜财赏"等微不足道的原因而主动选择"不用间"，却发动旷日持久的战争导致"七十万家财力一困"，可以认为是战争主导者因小失大的决策失误。

如果单纯从经济角度考虑，战争并非解决纷争的最优选择。清人朱逢甲《间书》提出："夫主战斗力也，用间斗智也。斗力何如斗智？战胜仅能杀贼党，用间可以擒贼王。……用间可不战而屈人之兵。"⑤ 尉缭当时

---

① 孙诒让：《墨子间诂》（下册），中华书局，2001 年，第 561 - 562 页。
② 《十一家注孙子校理》（增订本），中华书局，1999 年，第 289 页。
③ 《十一家注孙子校理》（增订本），中华书局，1999 年，第 30 页。
④ 《十一家注孙子校理》（增订本），中华书局，1999 年，第 289 - 290 页。
⑤ 朱逢甲：《间书》，群众出版社，1979 年，第 187 页。

向秦王建议设立专门用间机制,其花费"不过亡三十万金,则诸侯可尽"。如果以《孙子》中"兴师十万"需要"日费千金"来计算,"三十万金"仅仅相当于十万人的部队出征三百天的花费,还省却了至少七十万民众的休耕备战之劳。战国后期的战争规模,不仅远远超过十万人,而且某些重大战役持续时间也很长。例如,秦赵长平之战仅赵国就被坑杀四十万人。而秦获胜的代价也并不轻松,为了弥补人力不足,竟至于"发年十五以上悉诣长平"①。通过计算不难发现,"用间"活动显著地减少了士卒伤亡和民众负担。能够注意到"斗力"不如"斗智",认为"用间可以不战而屈人之兵",应属切合实际的持平之论,且体现出关注民众疾苦、注重改善民生的"人本"倾向与人文关怀。

秦国间谍活动的成功便在于以较少代价瓦解了敌国合纵联盟,减少了统一过程中的阻力。事实上,六国的国力总和要远远强于秦国,而六国破灭也并非因为整体战斗力不强。正如苏辙《六国论》所说,六国"贪获尺寸之利,背盟败约,秦兵不出,而天下自困矣",最终亦不能独完。秦国通过用间,发展壮大了敌国统治阶层内部的亲秦势力,也为秦逐一击破六国创造了有利条件。对此,苏轼曾有一番较为透彻的论述:"齐、秦不两立,秦未尝须臾忘齐也,而四十余年不加兵者,岂其情乎!齐人不悟而与秦合,故秦得以其间取三晋。三晋亡,齐盖岌岌矣。方是时,犹有楚与燕也。三国合,犹能以拒秦。秦大出兵伐楚,伐燕,而齐不救,故二国亡,而齐亦虏不阅岁,如晋取虞、虢也,可不谓巧乎?二国既灭,齐乃发兵守西界,不通秦使,呜呼!亦晚矣。"② 可以明确的是,秦人"以其间"取三晋,又"伐楚""伐燕",进而灭齐等一系列军事成功,都得到相应的"用间"战略与间谍行动的有力支持。

总之,"用间"的成功为秦人"卒兼天下"奠定了坚实基础,不应忽视"间"者在此过程中所发挥的历史作用。"上智为间"和"用间可不战而屈人之兵"也是早期间谍史上值得关注的现象。"用间"比较显著地减少了士卒伤亡和民众负担,其积极意义应当予以肯定。而有关此时期的"间"者往来与"用间"方式等问题,不仅是早期间谍史的重要内容,而且对后世间谍理论及其实践也产生了深远影响。

---

① 《史记》卷七三《白起王翦列传》,中华书局,1959 年,第 2334 页。
② 苏轼:《苏轼文集》(第一册),孔凡礼点校,中华书局,1986 年,第 142 页。

第二节　六国"间使"与秦帝国的崩溃

重大历史事件的发生原因，往往错综复杂，不易把握。秦王朝何以二世而亡？秦帝国的崩溃，究竟是历史的必然，还是偶然性的事件？本节所做的尝试性探讨，可视为对这一老问题的新思考。人是历史活动的主体，也是历史事件的创造者和推动者。秦汉之际，有一类人的活动对帝国政治和历史走向具有重要影响。无论是作为入秦使者的郑国、韩非，还是作为求仙使者的燕、齐海上方术之士，甚至长期潜伏在秦廷的赵高等人，都兼具相同的"间使"身份和"间秦"使命。由此视角出发，秦王朝的一系列重大政治事件，如伐匈奴、废封建、入海求仙、焚书坑儒等，都有重新思考和定义的必要。这些事件并非孤立和偶然发生的，其幕后均有六国"间使"往来活动的蛛丝马迹。而秦帝国的最终崩溃，也与之有着重大联系。

一、韩人"间秦"考①

战国以降，群雄逐鹿，争斗不休，这一历史背景为游说舌辩之士提供了施展才能与抱负的广阔舞台。这一类人，大概可视为外交使者，典型者如苏秦、张仪等人，以游说诸侯而取卿相，纵横捭阖，名显当时。对此，《孟子·滕文公下》中曾有人感慨道："公孙衍、张仪岂不诚大丈夫哉？一怒而诸侯惧，安居而天下熄。"虽然孟子本人并不认同这种观点，而主张"富贵不能淫，贫贱不能移，威武不能屈，此之谓大丈夫"②，但应当指出，像这样一言合意，立取卿相的行为，其实是当时士人的普遍追求。《韩非子·奸劫弑臣》："适当世明主之意，则有直任布衣之士，立为卿相之处。"③ 士人类似心态的记载还有不少，无疑都或多或少地具备较为鲜明的时代烙印。

秦始皇完成统一大业之后，在巡游途中刻石纪功，其文曰："皇帝休烈，平一宇内，德惠修长。……六王专倍，贪戾慠猛，率众自强。暴虐恣行，负力而骄，数动甲兵。阴通间使，以事合纵，行为辟方。内饰诈谋，

---

① 本小节部分内容已作为阶段性成果发表，参见李斯：《韩人"间秦"——韩非之死的历史真相》，《文史知识》2013年第3期。

② 孟子反驳的是景春的话，其人大约与孟子同时，可能也是游说诸侯的纵横之士。参见杨伯峻：《孟子译注》，中华书局，2005年，第140-141页。

③ 王先慎撰，钟哲点校：《韩非子集解》，中华书局，1998年，第105页。

外来侵边，遂起祸殃。义威诛之，殄熄暴悖，乱贼灭亡。"① 所谓六国
"阴通间使""内饰诈谋"等语，不仅是历史真实的反映，也可视为秦人总
结统一事业中成败得失与经验教训的历史记忆。到了战国后期，由于秦的
实力增长迅速，关东六国针对秦的外交活动也日趋频繁。派往秦国的使
者，并非都是单纯的外交使节，其目的也并不仅仅在于完成礼节性的外交
任务，有些人甚至带有极为险恶的政治阴谋。以韩国为例，《史记》卷二
九《河渠书》：

> 而韩闻秦之好兴事，欲罢之，毋令东伐，乃使水工郑国间说秦，
> 令凿泾水自中山西邸瓠口为渠，并北山东注洛三百余里，欲以溉田。
> 中作而觉，秦欲杀郑国。郑国曰："始臣为间，然渠成亦秦之利也。"
> 秦以为然，卒使就渠。渠就，用注填阏之水，溉泽卤之地四万余顷，
> 收皆亩一钟。于是关中为沃野，无凶年，秦以富强，卒并诸侯，因命
> 曰郑国渠。②

《汉书》卷二九《沟洫志》记载略同，但郑国之语多了一句："臣为韩
延数岁之命，而为秦建万世之功。"③ 这样看来，作为水利专家的郑国，
在其专业范围之外，对天下局势亦有较为明晰的认识。所谓"为韩延数岁
之命"等语，固然可能只是阴谋败露之后的遁词，是否也正好反映出这其
实是韩人的缓兵之计呢？如宋人林之奇就认为韩人此谋，只是"偷生苟
活"者的拙计，于事无补，适得其反，可谓颇有见地。④ 但他认为韩人在
秦修郑国渠的数年之中只是得过且过，未能有所作为，似乎过于苛求了。
以韩国的实力而言，显然是不可能与秦国正面抗衡的。而所谓"齐、楚之
君皆庸黯懦愚，故遂蹈其计中而不悟"，则反映出秦人外交活动的卓有成

---

① 《史记》卷六《秦始皇本纪》，中华书局，1959 年，第 261 页。
② 《史记》卷二九《河渠书》，中华书局，1959 年，第 1408 页。
③ 《汉书》卷二九《沟洫志》，中华书局，1962 年，第 1678 页。
④ 林之奇《拙斋文集》卷一三《史论》"郑国间秦"条曰："君子创业垂统，必为万世之
计。而战国之君，其所以为国者，苟可以延数年之命者，无所不为。是所谓偷生苟活者也。夫韩
王使郑国为间于秦，使之凿渠以延数年之命，信可谓拙矣。然向使于此数年之间，有以处之，亦
未为拙也。汉高祖与项羽转战以争天下，尝谓随何曰：'为我说九江王布使叛楚，若得羽留齐数
月，则吾取天下之计定矣。'古之人固有缓敌人之兵以成其谋者。项羽留数月，而高祖取天下
之计遂成。况缓其兵于数年之久乎？秦既从郑国之策，数年不伐韩，而韩于此数年之间，亦不
见其有所为者，徒玩岁阅月，以苟一旦之命。数年之后，秦之渠既成，而韩亦亡矣。自秦人为远
交近攻之策，二十年而不加兵于楚，四十年而不加兵于齐。幸而齐、楚之君皆庸黯懦愚，故遂蹈
其计中而不悟。使齐、楚之君有如一越王勾践，则夫二十年、四十年之间，秦安得而遁之哉！"

效。正如马非百先生《秦集史》所评论的："世但知始皇帝以武力征经营天下，而岂知武力之外，尚有其最毒辣之间谍政策哉！"

　　不管使者肩负何种政治使命，其活动目的都是尽量为其所属国家或政治集团争取利益，这本来无可厚非。因此，本书对于此类使者活动，主要着眼于史实层面的论述，并不涉及道德评判。然而不得不说，在郑国事发之后，秦人的反应值得玩味。正如王子今先生所指出的："为什么在其'间秦'的阴谋已经败露之后，却依然可以让他负责这一工程？为什么在工程完成之后，竟然命曰'郑国渠'来纪念这样一个原本要危害秦国的外国阴谋分子？唯一的解释是：秦人对经济的重视、对水利的重视、对实用技术的重视，超越了政治偏见，这体现了秦人具有很强的科学精神、开放意识和宽阔的胸襟。"① 注重实际效用的功利主义精神，是秦文化中浓墨重彩的一笔，也是秦统一天下的重要因素之一。《史记》卷八七《李斯列传》也提到郑国渠事件："会韩人郑国来间秦，以作注溉渠，已而觉。秦宗室大臣皆言秦王曰：'诸侯人来事秦者，大抵为其主游间于秦耳，请一切逐客。'李斯议亦在逐中。"② 于是便催生了名垂千古的《谏逐客书》，秦王读后，深为折服，"乃除逐客之令，复李斯官，卒用其计谋。官至廷尉。二十余年，竟并天下，尊主为皇帝，以斯为丞相。夷郡县城，销其兵刃，示不复用。使秦无尺土之封，不立子弟为王、功臣为诸侯者，使后无战攻之患"③。由于使者活动而引起秦国政局巨大动荡，水工郑国功不可没。不妨试想，如果逐客之议得以实行，秦所损失的将不仅是宝贵的人才资源，其富强之道也无从实现，而战国历史乃至整个中国历史的走向恐怕都会发生偏转，其后的历史面貌也必将与我们现在所知道的迥然有异。然而，历史在此并未偏离正确的轨道，其原因当然与秦始皇本人的雄才大略和知人善任有关，至于更深层次的原因，恐怕还在于秦文化所蕴含的实用主义取向。从这个意义上来说，最后是由秦而不是别的国家来完成统一大业，确实并非历史的偶然。

　　作为韩国上层贵族代表的韩非，也曾出使秦国，其事当在李斯上《谏逐客书》后不久。《史记》卷六《秦始皇本纪》："十年，……大索，逐客。李斯上书说，乃止逐客令。李斯因说秦王，请先取韩以恐他国，于是使斯

---

　　① 王子今、郭诗梦：《秦"郑国渠"命名的意义》，《西安财经学院学报》2011 年第 3 期，第 81 页。

　　② 《史记》卷八七《李斯列传》，中华书局，1959 年，第 2541 页。

　　③ 《史记》卷八七《李斯列传》，中华书局，1959 年，第 2546 页。

下韩。韩王患之，与韩非谋弱秦。"① 可见韩国使者阴谋败露，反而加速了秦攻韩的步伐。但据《史记》卷六三《老子韩非列传》，热衷权术和志在一统的秦始皇读到韩非著作后，颇为欣赏，因而产生了将其收为己用的念头，"秦因急攻韩。韩王始不用非，及急，乃遣非使秦"②。韩非是荀子门下高足，早年曾为国事屡次上书韩王，但均不见用，失意之余，只得退而著书立说。虽然如此，韩非想要挽救其国于危难之中的志向并未改变，而他也终于在人生的暮年得到韩王任用，作为"弱秦"的使者来到了秦国。那么，他是如何开展其阴谋活动的呢？史称韩非"为人口吃，不能道说"③，恐怕不能像一般的舌辩之士那样取悦君王，但他一到秦国，便向秦王提出伐赵以存韩的建议，今本《韩非子·存韩》即是明证。然而，《韩非子·初见秦》却有劝秦王攻韩之语，有学者以此为据，加上《韩非子·亡征》中的片言只语，便断定韩非其实不忠于韩国，而有事秦之心，但却被人陷害致死④，未免失之偏颇。事实上，《初见秦》篇不太可能全为韩非自作，而《存韩》篇所载劝秦攻赵以存韩是可信的。对此，林剑鸣先生早已辩之甚明。⑤

　　显而易见，韩非使秦与郑国说秦的意图并无本质区别，都是韩人借外交活动之名，而行阴谋破坏之实。秦始皇固然欣赏韩非的政治学说，但绝不可能接受其"存韩"的提议。因为韩是秦之东邻，秦若想要东进，就必须先灭韩。只要秦致力于天下统一，韩的灭亡就只是时间问题。纵使韩人先以修郑国渠为名妄图损耗秦之国力，后又劝秦伐赵以求遗祸他国，这一历史趋势都不会因此改变。秦、韩不能并存，是地缘政治使然，正如《史记》卷七九《范雎蔡泽列传》所说："秦、韩之地形相错如绣。秦之有韩也，譬如木之有蠹也，人之有心腹之病也。天下无变则已，天下有变，其为秦患者孰大于韩乎？王不如收韩。"⑥ 作为外交使者的韩非，对此形势似乎始终缺乏足够清楚的认识，也许其自恃文笔了得，便毫无顾忌地向秦王兜售其包括"弱秦"在内的诸多主张，秦王虽"悦之"，但"未信用"。⑦ 有学者指出，秦始皇欣赏的主要是韩非的君主极权论，而韩非人

---

① 《史记》卷六《秦始皇本纪》，中华书局，1959 年，第 230 页。
② 《史记》卷六三《老子韩非列传》，中华书局，1959 年，第 2155 页。
③ 《史记》卷六三《老子韩非列传》，中华书局，1959 年，第 2146 页。
④ 龚维英：《试析韩非之死》，《中国史研究》1983 年第 2 期。
⑤ 林剑鸣：《秦史稿》，中国人民大学出版社，2009 年，第 284 页。
⑥ 《史记》卷七九《范雎蔡泽列传》，中华书局，1959 年，第 2410 页。
⑦ 《史记》卷六三《老子韩非列传》，中华书局，1959 年，第 2155 页。

生悲剧的根源就在于：他"只能谈君主极权，而不肯轻谈统一天下，……从而招致祸败，竟至做了统一天下和保存祖国之矛盾的牺牲品"①。这一论断有理有据，可谓切中肯綮。也许正是看出了韩非终有存韩之念而无事秦之心，李斯、姚贾向秦王进言："韩非，韩之诸公子也。今王欲并诸侯，非终为韩不为秦，此人之情也。今王不用，久留而归之，此自遗患也。不如以过法诛之。"对此，"秦王以为然，下吏治非"②。韩非终于因此见杀，客死于秦。

但需要指出的是，韩非其人并非政治斗争的无辜牺牲品。作为阴谋"弱秦"的韩国使者，其意图是明显的，行动是积极的，证据是确凿的。《韩非子·初见秦》开篇对秦军事实力大加赞美，所谓"秦战未尝不克，攻未尝不取，所当未尝不破，开地数千里，此其大功也"。但随后话锋一转，却说什么"然而兵甲顿，士民病，蓄积索，田畴荒，困仓虚，四邻诸侯不服，霸王之名不成。此无异故，其谋臣皆不尽其忠也"③。尽管《初见秦》篇可能有后人附入的内容，但所谓"其谋臣皆不尽其忠也"，却很像是韩非在秦所发言论，其目的无疑是离间秦国君臣，进而为韩国从中渔利。《史记集解》引《战国策》曰："秦王封姚贾千户，以为上卿。韩非短之曰：'贾，梁监门子，盗于梁，臣于赵而逐。取世监门子梁大盗赵逐臣与同社稷之计，非所以励群臣也。'王召贾问之，贾答云云，乃诛韩非也。"其事出自《战国策·秦策五》，原文作：

> 四国为一，将以攻秦。秦王召群臣宾客六十人而问焉，曰："四国为一，将以图秦，寡人屈于内，而百姓靡于外，为之奈何？"群臣莫对。姚贾对曰："贾愿出使四国，必绝其谋，而安其兵。"乃资车百乘，金千斤，衣以其衣，冠带以其剑。姚贾辞行，绝其谋，止其兵，与之为交以报秦。秦王大悦。贾封千户，以为上卿。
>
> 韩非知之，曰："贾以珍珠重宝，南使荆、吴，北使燕，出问三年，四国之交未必合也，而珍珠重宝尽于内。是贾以王之权，国之宝，外自交于诸侯，愿王察之。且梁监门子，尝盗于梁，臣于赵而逐。取世监门子，梁之大盗，赵之逐臣，与同知社稷之计，非所以厉群臣也。"

---

① 周乾溁：《说韩非之死》，《史学集刊》1993年第4期。
② 《史记》卷六三《老子韩非列传》，中华书局，1959年，第2155页。
③ 王先慎撰，钟哲点校：《韩非子集解》，中华书局，1998年，第4页。

王召姚贾而问曰："吾闻子以寡人财交于诸侯，有诸？"对曰："有。"王曰："有何面目复见寡人？"对曰："曾参孝其亲，天下愿以为子；子胥忠于君，天下愿以为臣；贞女工巧，天下愿以为妃；今贾忠王而王不知也。贾不归四国，尚焉之？使贾不忠于君，四国之王尚焉用贾之身？桀听谗而诛其良将，纣闻谗而杀其忠臣，至身死国亡。今王听谗则无忠臣矣。"

王曰："子监门子，梁之大盗，赵之逐臣。"姚贾曰："太公望，齐之逐夫，朝歌之废屠，子良之逐臣，棘津之雠不庸，文王用之而王。管仲，其鄙人之贾人也，南阳之弊幽，鲁之免囚，桓公用之而伯。百里奚，虞之乞人，传卖以立革之皮，穆公相之而朝西戎。文公用中山盗，而胜于城濮。此四士者，皆有诟丑，大诽于天下，明主用之，知其可与立功。使若卞随、务光、申屠狄，人主岂得其用哉！故明主不取其污，不听其非，察其为己用。故可以存社稷者，虽有外诽者不听，虽有高世之名而无咫尺之功者不赏。是以群臣莫敢以虚愿望于上。"

秦王曰："然。"乃可复使姚贾而诛韩非。①

由此可见，韩非为了达到阻止姚贾出使四国之目的，可谓极尽造谣中伤之能事，但聪明反被聪明误，事泄被杀。类似言行，是与其图谋"弱秦"，进而"存韩"的使命相符合的。关于韩非离间秦国君臣之事，很可能并非仅姚贾一例，只是见诸史籍的甚少而已。如果将之前的郑国同韩非加以比较，前者坦陈其事，并未因此获罪，反而继续被委以重任，名垂史册。而同样是阴谋败露，加上秦王原本颇为欣赏韩非，为何最后还是下定决心将其诛杀？难道不是因为后者对秦国的危害更大吗？政治斗争的本质就是极其残酷的，出于种种原因，人们固然总是会对失败者寄予较多同情，但历史终究是由胜利者书写的。正如有学者所说："李斯与韩非的矛盾斗争，是紧紧地围绕着赞成还是反对秦统一中国这个根本问题而展开的。……李斯杀韩非就是这场斗争的必然结局和归宿。它集中地反映了秦韩两国间的矛盾激化和尖锐程度，同时也表现了李斯辅助秦王统一中国的决心和勇气。'嫉妒'二字是说明不了这一复杂的历史情况和这场斗争的实质的。"② 司马迁"独悲韩子为《说难》而不能自脱耳"③，似乎不无惋

---

① 《战国策》（全三册），上海古籍出版社，1985年，第293－299页。
② 王举忠：《李斯杀韩非原因考辨》，《辽宁大学学报（哲学社会科学版）》1981年第1期。
③ 《史记》卷六三《老子韩非列传》，中华书局，1959年，第2155页。

惜之意，但并未洞明其本质原因。作为使者的韩非，确曾为达成使命而积极活动，虽然功败垂成，也算死得其所。对此，王举忠先生曾一针见血地指出："韩非死于存韩，死于弱秦，这就是问题的实质。"① 从这个意义上来说，韩非之死恐怕不能视为"个人利益"之争所造成的冤案。②

战国以降，统一观念逐渐成为历史潮流。关东六国为了阻止秦完成统一，利用使者大肆进行阴谋破坏活动，虽然也曾收到一些效果，但终究是螳臂当车。《史记》卷六九《苏秦列传》："苏秦兄弟三人，皆游说诸侯以显名，其术长于权变。而苏秦被反间以死，天下共笑之，讳学其术。"③ 使者活动之成败，固然与其自身能力有关，但最终还是由当时具体形势决定的，《史记》卷七九《范雎蔡泽列传》说得很明白：

> 太史公曰：韩子称"长袖善舞，多钱善贾"，信哉是言也！范雎、蔡泽世所谓一切辩士，然游说诸侯至白首无所遇者，非计策之拙，所为说力少也。及二人羁旅入秦，继踵取卿相，垂功于天下者，固强弱之势异也。然士亦有偶合，贤者多如此二子，不得尽意，岂可胜道哉！然二子不困厄，恶能激乎？④

所谓"士亦有偶合"，可能即暗指韩非。但是，作为使者的韩非虽然未能达成使命，其思想和学说却对秦始皇与秦汉政治产生了重要而又深远的影响。正如林剑鸣先生所指出的："在接受韩非的理论以前，秦王政只遵循秦国一贯传统，实行法治统治，还看不到他有目的地、有意识地使用'术'和'势'。但从接受韩非的理论以后，特别是统一中国以后，秦始皇就明显地加强了对术和势的运用。……韩非入秦后不久虽就被害，但他的理论主张实际已在秦国实现。尤其在秦王政身上，韩非的影响是十分清楚的。"⑤

二、秦始皇与求仙使者

秦始皇完成统一大业之后，其主要兴趣开始转向求仙与长生。《史记》卷六《秦始皇本纪》："三十二年，始皇之碣石，使燕人卢生求羡门、高

① 王举忠：《李斯杀韩非原因再考辨》，《辽宁大学学报（哲学社会科学版）》1985 年第 4 期，第 49 页。

② 徐勇：《李斯杀韩非原因浅析——兼与王举忠同志商榷》，《松辽学刊（社会科学版）》1986 年第 1 期。

③ 《史记》卷六九《苏秦列传》，中华书局，1959 年，第 2277 - 2278 页。

④ 《史记》卷七九《范雎蔡泽列传》，中华书局，1959 年，第 2425 页。

⑤ 林剑鸣：《秦史稿》，中国人民大学出版社，2009 年，第 275 - 276 页。

誓。"所谓"羡门"，韦昭注曰："古仙人"。所谓"高誓"，《史记正义》
曰："亦古仙人"。随后又"刻碣石门"，其辞曰：

> 遂兴师旅，诛戮无道，为逆灭息。武殄暴逆，文复无罪，庶心咸
> 服。惠论功劳，赏及牛马，恩肥土域。皇帝奋威，德并诸侯，初一泰
> 平。堕坏城郭，决通川防，夷去险阻。地势既定，黎庶无徭，天下咸
> 抚。男乐其畴，女修其业，事各有序。惠被诸产，久并来田，莫不安
> 所。群臣诵烈，请刻此石，垂著仪矩。①

从"天下咸抚""莫不安所"等语，不难想见秦始皇此时志得意满的
心情。或许也正是这项前无古人的伟业基本完成，促使秦始皇的心态开始
发生较大转变，即由开拓进取转向巩固守成。始皇于是"因使韩终、侯
公、石生求仙人不死之药"。其后不久，"燕人卢生使入海还，以鬼神事，
因奏录图书，曰'亡秦者胡也'。始皇乃使将军蒙恬发兵三十万人北击胡，
略取河南地"②。卢生本来是一个只会装神弄鬼的方士，当然不可能得见
仙人，求来仙药。但为了完成使命，此人挖空心思，不仅煞有介事地"奏
录图书"，又捏造出所谓"亡秦者胡也"之类的鬼话，由此引发了秦对匈
奴的大规模战争。李斯曾经反对出兵匈奴，力陈其危害，但秦始皇一意孤
行，导致严重后果，甚至被认为是秦帝国崩溃的前兆。③ 这不禁使人联想
起之前郑国、韩非等韩国使者针对秦的阴谋破坏活动，有学者认为："卢
生绝不是单纯盗名图利的方士，而是一个反秦的方士。他以方士的身份，
利用秦始皇迷信神仙，寻求长生的心理，大搞反秦破坏活动。他所引发的
北击匈奴和坑儒惨案等重大政治事件，加速了秦王朝的灭亡。"④ 此说有
一定道理。

---

　① 《史记》卷六《秦始皇本纪》，中华书局，1959 年，第 251 - 252 页。
　② 《史记》卷一一二《平津主父列传》："昔秦皇帝任战胜之威，蚕食天下，并吞战国，海
内为一，功齐三代。务胜不休，欲攻匈奴，李斯谏曰：'不可。夫匈奴无城郭之居，委积之守，
迁徙鸟举，难得而制也。轻兵深入，粮食必绝；踵粮以行，重不及事。得其地不足以为利也，遇
其民不可役而守也。胜必杀之，非民父母也。靡敝中国，快心匈奴，非长策也。'秦皇帝不听，
遂使蒙恬将兵攻胡，辟地千里，以河为境。地固泽咸卤，不生五谷。然后发天下丁男以守北河。
暴兵露师十有余年，死者不可胜数，终不能逾河而北。是岂人众不足，兵革不备哉？其势不可
也。又使天下蜚刍挽粟，起于黄、腄、琅邪负海之郡，转输北河，率三十钟而致一石。男子疾耕
不足于粮饷，女子纺绩不足于帷幕。百姓靡敝，孤寡老弱不能相养，道路死者相望，盖天下始畔
秦也。"（第 2954 页）
　③ 《史记》卷七九《范雎蔡泽列传》，中华书局，1959 年，第 2425 页。
　④ 白音查干：《卢生其人与秦王朝的速亡》，《内蒙古师范大学学报（哲学社会科学版）》
2000 年第 3 期。

卢生为了掩饰求仙失败的事实，继续编造谎言以迷惑秦始皇：

卢生说始皇曰："臣等求芝奇药仙者常弗遇，类物有害之者。方中，人主时为微行以辟恶鬼，恶鬼辟，真人至。人主所居而人臣知之，则害于神。真人者，入水不濡，入火不爇，陵云气，与天地久长。今上治天下，未能恬倓。愿上所居宫毋令人知，然后不死之药殆可得也。"于是始皇曰："吾慕真人，自谓'真人'，不称'朕'。"乃令咸阳之旁二百里内，宫观二百七十复道甬道相连，帷帐钟鼓美人充之，各案署不移徙。行所幸，有言其处者，罪死。始皇帝幸梁山宫，从山上见丞相车骑众，弗善也。中人或告丞相，丞相后损车骑。始皇怒曰："此中人泄吾语。"案问莫服。当是时，诏捕诸时在旁者，皆杀之。自是后莫知行之所在。听事，群臣受决事，悉于咸阳宫。①

此时的秦始皇，大概已经是利令智昏，不仅又完全听信了这一套鬼话，甚至连其亲自确定的至高无上的皇帝专用称谓都甘心放弃，而开始自称"真人"。《盐铁论·散不足》谓秦始皇性喜"览怪迂，信机祥"②，而这一心理弱点被卢生等方士利用，借以对秦始皇及帝国政治施加影响，造成了极为恶劣的后果。秦始皇为辟恶鬼而"时为微行"，因此逐渐疏远了与群臣的联系，其后崩于沙丘，而"独子胡亥、赵高及所幸宦者五六人知上死"③，直接导致皇位继承失序与帝国政局动荡，也不能不说与此有关。但卢生等人也知道把戏不可久玩，于是在对秦始皇为人与秦政讥讽一番之后，竟然就此潜逃了，事见《史记》卷六《秦始皇本纪》：

侯生、卢生相与谋曰："始皇为人，天性刚戾自用，起诸侯，并天下，意得欲从，以为自古莫及己。专任狱吏，狱吏得亲幸。博士虽七十人，特备员弗用。丞相诸大臣皆受成事，倚辨于上。上乐以刑杀为威，天下畏罪持禄，莫敢尽忠。上不闻过而日骄，下慑伏谩欺以取容。秦法，不得兼方，不验，辄死。然候星气者至三百人，皆良士，畏忌讳谀，不敢端言其过。天下之事无小大皆决于上，上至以衡石量书，日夜有呈，不中呈不得休息。贪于权势至如此，未可为求仙药。"于是乃亡去。始皇闻亡，乃大怒曰："吾前收天下书不中用者尽去之。

---

① 《史记》卷六《秦始皇本纪》，中华书局，1959年，第257页。
② 桓宽撰集，王利器校注：《盐铁论校注》，中华书局，1992年，第355页。
③ 《史记》卷六《秦始皇本纪》，中华书局，1959年，第264页。

悉召文学方术士甚众，欲以兴太平，方士欲练以求奇药。今闻韩众去不报，徐市等费以巨万计，终不得药，徒奸利相告日闻。卢生等吾尊赐之甚厚，今乃诽谤我，以重吾不德也。诸生在咸阳者，吾使人廉问，或为妖言以乱黔首。"于是使御史悉案问诸生，诸生传相告引，乃自除。犯禁者四百六十余人，皆坑之咸阳，使天下知之，以惩后。益发谪徙边。始皇长子扶苏谏曰："天下初定，远方黔首未集，诸生皆诵法孔子，今上皆重法绳之。臣恐天下不安。唯上察之。"始皇怒，使扶苏北监蒙恬于上郡。[①]

将求仙失败的原因归咎于秦始皇"贪于权势"，或许只是一个借口。所谓"上至以衡石量书，日夜有呈，不中呈不得休息"，王子今先生认为可能是方士从神秘主义文化的视角，"对秦始皇行政风格的客观性的描述"。如此惊人的公文处理效率，足以说明秦始皇确实是古代帝王中少有的一位勤政典型，"而秦王朝行政特征的峻急节奏，也可以因此有所体现"[②]。这些方士耗时日久，花费巨大，不仅没有为秦始皇求来长生不老的仙药，反而"徒奸利相告日闻"，"或为妖言以乱黔首"，这无疑更加剧了秦始皇的愤怒，由此引发了中国历史上著名的"坑儒"事件，而长子扶苏也因进谏而被外派为监军，从此远离了政治中心。可以说这两件对帝国政治和历史走向具有重要影响的大事，都与求仙使者的活动直接相关。而这些人的背景和动机，确有进一步考察的必要。

与卢生"相与谋"的侯生，《史记集解》引《说苑》曰："韩客侯生也"。如果此说可信，则不禁又让人联想起韩国使者郑国、韩非等人"间秦"之事。值得注意的是，侯生所谓"天下畏罪持禄，莫敢尽忠"，却与《韩非子·初见秦》篇所谓"其谋臣皆不尽其忠也"等语有着惊人的相似，这难道仅仅是偶然的巧合吗？至于卢生，则来自当时的方术与方士之乡——燕齐故地。《史记》卷二八《封禅书》："自齐威、宣之时，驺子之徒论著终始五德之运，及秦帝而齐人奏之，故始皇采用之。而宋毋忌、正伯侨、充尚、羡门高最后皆燕人，为方仙道，形解销化，依于鬼神之事。驺衍以阴阳主运显于诸侯，而燕齐海上之方士传其术不能通，然则怪迂阿谀苟合之徒自此兴，不可胜数也。"[③] 齐人邹衍的五德终始学说，对秦汉

---

① 《史记》卷六《秦始皇本纪》，中华书局，1959年，第258页。
② 王子今：《秦始皇的阅读速度》，《博览群书》2008年第1期。
③ 《史记》卷二八《封禅书》，中华书局，1959年，第1368－1369页。

帝王均有重要影响，固不待言。然而"燕齐海上之方士传其术不能通"，却多了一帮"怪迂阿谀苟合之徒"，可见司马迁对其言行是颇为鄙视的。不过，虽然《史记》卷六《秦始皇本纪》及《淮南子·道应》高诱注皆说卢生是"燕人"，但《说苑·反质》却说其是"齐客"。对此，有学者解释说："盖燕、齐二国皆好神仙之事，卢生燕人，曾为齐客，谈者各就所闻称之。"①　其实，正如王子今先生所指出的："秦汉时期文献中，常见'燕''齐'连称之例。当时燕、齐濒临渤海的地方具有共同的区域文化风格。燕、齐环渤海地区作为方术文化重要的发源地，所盛行的神仙迷信曾经使秦皇汉武倾心。"②　因此，作为方士的卢生，究竟是"燕人"还是"齐客"，不必深究。顾颉刚先生也说："鼓吹神仙说的叫做方士，想是因为他们懂得神奇的方术，或者收藏着许多药方，所以有了这个称号。《封禅书》说'燕、齐海上之方术'，可知这班人大都出于这两国。"③

在卢生与侯生之前，已有齐人徐市受命入海求仙。《史记》卷六《秦始皇本纪》："二十八年，……齐人徐市等上书，言海中有三神山，名曰蓬莱、方丈、瀛洲，仙人居之。请得斋戒，与童男女求之。于是遣徐市发童男女数千人，入海求仙人。"④《史记》卷一一八《淮南衡山列传》载伍被之言说得更为详细：

> 又使徐福入海求神异物，还为伪辞曰："臣见海中大神，言曰：'汝西皇之使邪？'臣答曰：'然'，'汝何求？'曰：'愿请延年益寿药。'神曰：'汝秦王之礼薄，得观而不得取。'即从臣东南至蓬莱山，见芝成宫阙，有使者铜色而龙形，光上照天。于是臣再拜问曰：'宜何资以献？'海神曰：'以令名男子若振女与百工之事，即得之矣。'"秦皇帝大说，遣振男女三千人，资之五谷种种百工而行。徐福得平原广泽，止王不来。⑤

徐市即大名鼎鼎的徐福，其人或许是最早东渡日本的使者。有学者认为："徐市借海神之口，径呼始皇为'汝秦王'、'汝西皇'，颇值得玩味。此不正是战国时代齐、秦对等对立关系的绝好影射吗？其中所流露的民族

①　黄晖：《论衡校释》，中华书局，1990年，第321页。
②　王子今：《秦汉时期的环渤海地区文化》，《社会科学辑刊》2000年第5期。
③　顾颉刚：《秦汉的方士与儒生》，群联出版社，1955年，第10-11页。
④　《史记》卷六《秦始皇本纪》，中华书局，1959年，第247页。
⑤　《史记》卷一一八《淮南衡山列传》，中华书局，1959年，第3086页。

意识与故国情感是显而易见的。"徐市以求仙为名，执意让秦始皇为其配备人数众多和物资丰富的巨大船队，其动机确实存在寻找海外反秦基地以光复齐国之可能。① 尽管秦始皇求仙之意甚为迫切，并身体力行，但数年之后，徐市等人求仙活动仍然毫无成效，《史记》卷六《秦始皇本纪》：

> 方士徐市等入海求神药，数岁不得，费多，恐谴，乃诈曰："蓬莱药可得，然常为大鲛鱼所苦，故不得至，愿请善射与俱，见则以连弩射之。"始皇梦与海神战，如人状。问占梦，博士曰："水神不可见，以大鱼蛟龙为候。今上祷祠备谨，而有此恶神，当除去，而善神可致。"乃令入海者赍捕巨鱼具，而自以连弩候大鱼出射之。自琅邪北至荣成山，弗见。至之罘，见巨鱼，射杀一鱼。遂并海西。②

所谓"鲛鱼"，其皮可以用来装饰天子乘舆，应是当时较为珍贵的鱼类。《史记》卷二三《礼书》："天子大路越席，所以养体也；……寝兕持虎，鲛韅弥龙，所以养威也。"《史记集解》引徐广曰："鲛鱼皮可以饰服器，音交。韅者，当马掖之革，音呼见反。"《史记索隐》也说："鲛韅者，以鲛鱼皮饰韅。韅，马腹带也。"③ 鲛鱼皮十分坚韧，是制作战甲的好材料，故《史记》卷二三《礼书》又说"楚人鲛革犀兕，所以为甲，坚如金石"④。但要射杀平时并不易见的鲛鱼，寻找起来就得花一番功夫，简牍材料在此方面或许可以提供某些新的认识和理解。

《里耶秦简（壹）》中有一枚公文简的内容较为独特，类似的文书迄今尚不多见。该简文主要反映的行政过程是县廷向其下辖乡（启陵乡）征询某类特殊水产品，以及启陵乡守对此事的回复。这条珍贵的秦代行政记录，不仅反映出当时人们对某些特殊水产品和水生物种的认知程度，而且是秦统一初期海洋探索的具体实证。

为方便起见，我们先将此简文迻录如下，再做解释和论述。

> 卅五年八月丁巳朔己未启陵乡守狐敢言之廷下令书曰取鲛鱼与⌐
> 山今卢鱼献之问津吏徒莫智·问智此鱼者具署⌐
> 物外以书言·问之启陵乡吏黔首官徒莫智敢言之·户（正）

①　张华松：《秦代的博士与方士》，《孔子研究》1999 年第 1 期。
②　《史记》卷六《秦始皇本纪》，中华书局，1959 年，第 263 页。
③　《史记》卷二三《礼书》，中华书局，1959 年，第 1162-1163 页。
④　《史记》卷二三《礼书》，中华书局，1959 年，第 1164 页。

　　　　曹

　　　　八月□□□邮人□以来ノ□发　□手（背）（8-769）①

　　简文分正、背两面，主要内容都集中于正面。有的字原未释出，陈伟、何有祖等先生在《里耶秦简校释》（下文简称《校释》）中予以补释，并做了标点和校释。据此，简文正面内容整理后标点如下：

　　　　卅五年八月丁巳朔己未，启陵乡守狐敢言之：廷下令书曰取鲛鱼与山今庐（鲈）鱼献之，问津吏、徒莫智（知）。·问智（知）此鱼者具署物色，以书言。·问之启陵乡吏、黔首、官徒、莫智。敢言之。户②

　　其中"物色"原释作"物外"，其义难解。然而"物色"为秦汉习语，史籍常见。如《汉书·元帝纪》应劭注曰："籍者，为二尺竹牒，记其年纪名字物色，县之宫门，案省相应，乃得入也。"③ 又如《后汉书·寒朗传》："朗心伤其冤，试以建等物色独问忠、平，而二人错愕不能对。"本注曰："物色谓形状也。"④ 可见所谓"物色"，应即具体的形貌特征。秦汉简牍中也多见此语，其义与史籍所载相同，故《校释》将其改释作"物色"是正确的。简文中的"物色"，可以理解为"鲛鱼与山今庐鱼"的具体形状及其特殊表征。

　　众所周知，"敢言之"是秦汉行政运作中上行文书的惯用套语。实际上，该简文应是启陵乡守"狐"对"廷下令书"的回复，而"廷下令书"的主要内容应即"取鲛鱼与山今庐鱼献之"，但因"问津吏、徒莫智"，故上级官府进一步要求"问智此鱼者具署物色"，并以公文形式上报。简文背面字迹虽漫漶不清，但依稀可见"八月""邮人□以来""狐手"等字样——由此透露出一个重要信息，这份公文是通过"邮人"这一特殊方式来传送的。而根据张家山汉简的相关规定，汉代"邮人"传递的一般是比较紧急而重要的官文书。如《二年律令·行书律》："令邮人行制书、急书，复，勿令为它事。……书不急，擅以邮行，罚金二两。……书不当以邮行者，为送告县道，以次传行之。……诸狱辟书五百里以上，及郡县官相付

　　① 湖南省文物考古研究所编：《里耶秦简（壹）》，文物出版社，2012年，第50页。
　　② 陈伟主编：《里耶秦简校释》（第一册），武汉大学出版社，2012年，第222页。
　　③ 《汉书》卷九《元帝纪》，中华书局，1962年，第286页。
　　④ 《后汉书》卷四一《寒朗传》，中华书局，1965年，第1418页。

受财物当校计者书，皆以邮行。"① 所谓"制书"，《史记·秦始皇本纪》载始皇二十六年群臣议"帝号"之言："臣等昧死上尊号，王为'泰皇'，命为'制'，令为'诏'，天子自称曰'朕'。"注引蔡邕曰："制书，帝者制度之命也，其文曰'制'。"②《汉书·高后纪》也提到汉惠帝崩，太后"临朝称制"，颜师古注曰："天子之言，一曰制书，二曰诏书。制书者，谓为制度之命也，非皇后所得称。今吕太后临朝行天子事，断决万机，故称制诏。"③ 由此可知，汉代"邮人"传递的官文书中，又以"制书"最为尊贵，因其来源为"天子之言"。故《二年律令·行书律》特别提出，承担此类特殊任务的"邮人"，可以享受相应优待。而对于"书不急"却"擅以邮行"的情况，也做出了明确的处罚规定。有学者通过对里耶秦简相关"邮人"简文的研究，推测秦代的情况也大概如此，并认为"除一些紧急必须交邮人专办的文书之外，多数文书是由下级吏员、一般民众，甚至隶臣妾递送的"④。对此，王子今先生也指出："可见当时的邮传制度，主要是为传递紧急文书和重要信息服务的。"⑤ 从已经公布的里耶秦简来看，以"邮人"传递的文书总数相对较少，可能与这一传递方式的特殊用途和重要程度有关。

那么，问题就出现了："廷下令书"要求"取鲛鱼与山今庐（鲈）鱼献之"的目的及用意究竟是什么？尽管其结果是无人知晓此鱼，但又为何要求进一步扩大征询范围，并要以公文形式做详细汇报？更令人感到不解的是，这样一份看起来似乎并不十分紧急的官府文书，为何会通过"邮人"的特殊方式予以传递？关于简文中的"鲛鱼"，《校释》称为"一种大鱼"，并引《史记·秦始皇本纪》所载方士徐市之言："蓬莱药可得，然常为大鲛鱼所苦，故不得至，愿请善射与俱，见则以连弩射之。"《校释》又引《淮南子·说山训》高诱注曰："鱼二千斤为鲛。"这确实很容易使人联想到秦始皇最后一次"出游天下"时，亲自入海射杀"巨鱼"的历史表演。其直接动机竟是为了寻求"不死"之"仙药"。

"取鲛鱼"简提到的"卅五年"，应即始皇三十五年。当时已经基本完

成统一大业的秦始皇，其兴趣开始转向求仙与长生。而大约在此时，一批以"富贵"为主要人生追求的海上"方士"逐渐聚集在始皇身边，怂恿其寻求"不死之药"。从这条珍贵的秦代行政记录可以知道，秦始皇三十五年确实曾由中央向地方发出寻找鲛鱼的文书，启陵乡的主管官员接到县廷命令，不敢怠慢，将调查结果如实上报。虽然目前所见只是启陵乡的一份文书，但以秦始皇的巨大魄力和秦代地方行政的高效运转而言，当时在全国范围内应该都开展了类似寻找鲛鱼的调查活动，由此也可见秦始皇受求仙使者的迷惑之深。值得注意的是，在徐市等人黔驴技穷，其诡说眼看就要破产之际，秦始皇身边的占梦博士却为其圆谎。在"方士"与"博士"的描述中，"大鲛鱼"被称为阻碍求仙活动的海中"恶神"，其中自有神秘主义的观念影响。而所谓"巨鱼"，则可看作对"恶神"历史形象的具体记载。如果这里的"大鲛鱼"所指即简文中的"鲛鱼"，那么一个合理的推测就是：秦始皇以行政命令向地方下达寻找鲛鱼的文书，其用意应当与"射杀"海中"恶神"代表的"大鲛鱼"有一定联系。"取鲛鱼"简正是这段充满神秘主义史事的鲜活例证。

秦始皇因"求仙"而表现出来的个人英雄主义行为，对秦帝国的政治局势与后来的历史进程都产生了重要影响。《盐铁论·散不足》谓秦始皇性喜"览怪迂，信祥禨"①，而这一心理弱点被卢生等方士利用，借以对秦始皇及帝国政治施加影响，造成了极为恶劣的后果。秦始皇为辟恶鬼而"时为微行"，因此逐渐疏远了与群臣的联系。其后由于亲自"入海"射杀"巨鱼"而染病，崩于沙丘，但结果竟是"独子胡亥、赵高及所幸宦者五六人知上死"②，直接导致皇位继承失序与帝国政局动荡，都与此有关。

秦始皇为举行封禅大典，曾经起用一批博士，可以确定其均为齐鲁之人。对此，《史记·封禅书》有较为详细的记载：

> 即帝位三年，东巡郡县，祠驺峄山，颂秦功业，于是征从齐鲁之儒生博士七十人，至乎泰山下。诸儒生或议曰："古者封禅为蒲车，恶伤山之土石草木；埽地而祭，席用葅秸，言其易遵也。"始皇闻此议各乖异，难施用，由此绌儒生。而遂除车道，上自泰山阳至巅，立石颂秦始皇帝德，明其得封也。从阴道下，禅于梁父。其礼颇采太祝之祀雍上帝所用，而封藏皆秘之，世不得而记也。

---

① 桓宽撰集，王利器校注：《盐铁论校注》，中华书局，1992年，第355页。
② 《史记》卷六《秦始皇本纪》，中华书局，1959年，第264页。

始皇之上泰山，中阪遇暴风雨，休于大树下。诸儒生既绌，不得
与用于封事之礼，闻始皇遇风雨，则讥之。[1]

由此可见，这些人虽然参与封禅活动，但并非真心实意地为秦始皇效
力。当其主张不被采纳时，就采取讥刺嘲讽的方式予以报复。如此行径，
与燕齐海上方术之士简直如出一辙。方士卢生等人说始皇为人"天性刚戾
自用"，而《说苑·至公》也记载了博士鲍白令之讥议始皇的言论："陛下
行桀、纣之道，欲为五帝之禅，非陛下所能行也。……所以自奉者，殚天
下，竭民力。偏驳自私，不能以及人。陛下所谓自营仅存之主也。何暇比
德五帝，欲官天下哉？"[2] 这至少说明，齐籍方士和博士在政治取向上是
基本一致的。也许正是因为政治理想相近，加上共同的地域文化和学术渊
源等因素，二者在反秦活动中的联系显得较为密切。卢生抨击始皇"博士
虽七十人，特备员弗用"，而博士随后便借占梦之机为卢生等人圆谎，两
件事情绝非偶然的巧合，且显示出其关系非比寻常。故有学者认为："博
士中的某些人实在是身居朝廷的方士，而方士中的某些人又实在是身处民
间的博士。"[3] 齐籍方士与齐籍博士，虽然看似身份不同，地位悬殊，却
又互为表里，结党营私，其主要矛头无疑都指向新生的秦帝国。

东汉许慎《说文解字》明确指出"鲛"为"海鱼"。《说文解字》：
"鲛：海鱼，皮可饰刀口，从鱼，交声。"[4] 段玉裁注曰："今所谓沙鱼，
所谓沙鱼皮也。许有魦字，云从沙省，盖即此鱼。"[5] 段注提到《说文》
另收有"魦"字，应与"鲛"同义，即后世通常所说的"沙鱼"或"鲨
鱼"。因其皮质坚韧，可以用于武器装备的制造。由"鲛鱼皮"可用于天
子乘舆的装饰来看，鲛鱼可能从秦汉时期开始即被视为较为珍稀的鱼种。
据唐代《通典·食货六》记载，当时临海郡、永嘉郡、漳浦郡和潮阳郡均
有鲛鱼皮上贡，有学者据此指出，后世"鲛鱼皮"的加工技术在东海和南
海地区已较为成熟。[6]

关于"鲨鱼"的体格体征及其习性，后世文献不乏记载。例如，宋人
戴侗《六书故》说道："鲨生淡水中者，鳞间有黑点文，附沙而游，唵喁

---

[1]　《史记》卷二八《封禅书》，中华书局，1959年，第1366-1367页。
[2]　刘向撰，向宗鲁校证：《说苑校证》，中华书局，1987年，第347-348页。
[3]　张华松：《秦代的博士与方士》，《孔子研究》1999年第1期。
[4]　《说文解字》，北京：中华书局，2013年，第244页下栏。
[5]　《说文解字注》，上海：上海古籍出版社，1988年，第580页上栏。
[6]　洪纬：《中国古人对鲨鱼认识的演变》，《中国农史》2014年第4期。

辄吹沙，俗名吹沙，小鱼也。海中所产，以其皮如沙而得名，哆口无鳞，胎生，其类尤多，大者伐之盈舟。"① 将"鲨鱼"分为淡水产和海产两大类，可以视为当时关于海洋动物知识的进步。但秦汉文献中常提到的"鲛鱼"，即体型较大、皮质坚韧的"鲨鱼"，则无疑应归入"海鱼"一类。

除体型较为庞大之外，"鲨鱼"更为人熟知的特征恐怕还是其性情凶猛。据现代科学调查，全世界约有 340 种鲨鱼，80％体长在 2-8 米，其中约有 32 种会攻击人或船舶，36 种被认为可能具有攻击人的习性。② 明代文献中曾这样描述渔民捕捞鲨鱼的惊险过程：

> 鲨鱼，重数百斤，其大专车，锯牙钩齿，其力如虎。渔者投饵即中，徐而牵之，怒则复纵，如此数次，俟至岸侧，少困，共拽出水，即以利刃断其首，少迟，恐有掀腾之患，故市肆者未尝见其首。余在真州药肆中见之，猛狞犹怖人也。③

所谓"其大专车""其力如虎"的记载，或许可以视为海中"巨鱼"与"恶神"形象的历史记忆。由于鲨鱼体格庞大，性情凶猛，谢肇淛甚至认为"今鲨鱼乃鳄类耳"。这种并非基于现代物种知识的分类方式，可以体现普通民众对于鲨鱼凶猛性格的恐惧心理。

但是，这样一种体格庞大、令人生畏的海中"巨鱼"，同"鲈鱼"又有什么联系呢？《校释》提到里耶秦简 8-1705 有"干鲈鱼"，《后汉书·左慈传》记载了当时被视为珍馐水产的"松江鲈鱼"，这两种"鲈鱼"的共同点应当主要在于其食用价值。

我们注意到，古代文献中也记载了"鲛鱼"在药用等方面的价值。五代韩保昇云："鲛鱼皮：'主蛊气，蛊疰方用之，即装刀靶鱼皮也。'《唐本注》：'出南海，形似鳖，无脚而有尾。'《蜀本图经》云：'鲛鱼，圆广尺余，尾长尺许，惟无足，背皮粗错。'"④ 而后世关于"鲛鱼"食用价值的继续开发，亦见于李时珍《本草纲目》："有二种，皆不类鳖，南人通谓之沙鱼，大而长喙如锯者曰胡沙，性善而肉美。小而皮粗者曰白沙，肉强而有小毒，彼人皆盐作脩脯，其皮刮治去沙，剪作鲙为食，品美味，食益

---

① 戴侗：《六书故》卷二〇，清文渊阁四库全书本，第 37 页 a。
② 沈汉祥等编：《远洋渔业》，海洋出版社，1987 年，第 402 页。
③ 谢肇淛：《五杂组》，上海古籍出版社，2012 年，第 166 页。
④ 韩保昇：《蜀本草》，尚志钧辑复，安徽科学技术出版社，2005 年，第 467 页。

人，其皮可饰刀靶。"①

由于尚未见到与"取鲛鱼"简内容相关的简文，我们尚不能完全排除这样一种可能性，即简文所谓要求地方"取鲛鱼与山今鲈鱼献之"的行政命令，可能包含有考察其食用价值及其他特殊用途的考虑。但细察简文，有"问津吏、徒莫智（知）"等语。所谓"津吏"，秦汉史籍或称"津史"，应是负责管理津渡的官员。从出土汉简数据看，"津关"往往连称，史籍亦多见。因此，王子今先生认为"津吏"之职能似与"关吏"同，主要是检查、控制出入经过津渡的人员，维护津渡通行秩序。② 由此推想，"津吏"因其职责所在，应当对其管辖区域范围内的水产物种知识具备一定的了解。如果简文提到的"鲛鱼"与"山今鲈鱼"均属一般的食用鱼类，似乎很难理解为何当地"津吏"会对此一无所知，甚至闻所未闻。

那么，如果说秦始皇为了入海射杀所谓"巨鱼"，才向全国发出"取鲛鱼""献之"的命令，为何还要一并提到"山今鲈鱼"呢？而且，对于多在沿海地带出没的"巨鱼"，为什么要在远离海洋的内陆地区来寻找呢？

我们注意到，秦汉文献中曾有湘江流域出现"大鱼"的记载。贾谊《新书・修政语上》曾提及黄帝"入江内取绿图"，注引《艺文类聚》卷十一引《河图挺佐辅》曰："黄帝乃祓斋七日，至于翠妫之川，大鲈鱼折溜而至，乃与天老迎之。五色毕具。鱼泛白图，兰叶朱文，以授黄帝，名曰录图。"而注释者以为贾文之"江"即沩水，"其源在今湖南宁乡县，注入湘江"③。纬书中多见黄帝受"大鲈鱼"所献"录图"的传说，自有其神秘主义色彩。而在后世一些文献中，"大鲈鱼"也作"大鲈"或"大鱼"。尽管纬书相关记载的年代要稍晚于秦，但也有学者认为，类似的说法可能在秦汉时期或更早就已经出现。如《易图明辨》卷一："按《隋志》云'济南伏生之传，唯刘向父子所著《五行传》是其本法'。歆以《洛书》为文字，盖亦本伏生。伏生尝为秦博士，习闻古训，《洛书》即九畴，必三代以来相传之学，非臆说也。"类似的记载可能都有着更早的史料来源。

有学者认为，秦始皇基于大一统初期的帝国文化建构考虑，为其执政合法性宣传做出过一系列努力。④ 从所谓"受命"之说来考察秦汉政治文化，或许也是理解"取鲛鱼"简意图的线索之一。如果再考虑到秦尚"水

---

① 李时珍：《本草纲目》卷四四，四库全书版，第 42 页 b、43 页 a。
② 王子今：《秦汉称谓研究》，中国社会科学出版社，2014 年，第 164 - 165 页。
③ 《新书校注》，中华书局，2000 年，第 363 页。
④ 王子今：《秦始皇议定"帝号"与执政合法性宣传》，《人文杂志》2016 年第 2 期。

德"的政治含义，似乎不应忽视所谓"大鲈鱼"授命黄帝传说与射杀海中"巨鱼"记载的政治文化象征意义。

秦始皇三十四年（前 213 年），齐籍博士淳于越向秦始皇建议恢复封建制，在朝堂上引发激烈辩论。《史记·秦始皇本纪》载：

> 始皇置酒咸阳宫，博士七十人前为寿。仆射周青臣进颂曰："他时秦地不过千里，赖陛下神灵明圣，平定海内，放逐蛮夷。日月所照，莫不宾服。以诸侯为郡县，人人自安乐，无战争之患，传之万世，自上古不及陛下威德。"始皇悦。博士齐人淳于越进曰："臣闻殷、周之王千余岁，封子弟功臣，自为枝辅。今陛下有海内，而子弟为匹夫，卒有田常、六卿之臣，无辅拂，何以相救哉？事不师古而能长久者，非所闻也。今青臣又面谀以重陛下之过，非忠臣。"始皇下其议。丞相李斯曰："五帝不相复，三代不相袭，各以治，非其相反，时变异也。今陛下创大业，建万世之功，固非愚儒所知。且越言乃三代之事，何足法也？异时诸侯并争，厚招游学。今天下已定，法令出一，百姓当家则力农工，士则学习法令辟禁。今诸生不师今而学古，以非当世，惑乱黔首。丞相臣斯昧死言：古者天下散乱，莫之能一，是以诸侯并作，语皆道古以害今，饰虚言以乱实，人善其所私学，以非上之所建立。今皇帝并有天下，别黑白而定一尊。私学而相与非法教，人闻令下，则各以其学议之，入则心非，出则巷议，夸主以为名，异取以为高，率群下以造谤。如此弗禁，则主势降乎上，党与成乎下。禁之便。臣请史官非秦记皆烧之。非博士官所职，天下敢有藏《诗》、《书》、百家语者，悉诣守、尉杂烧之。有敢偶语《诗》《书》者弃市，以古非今者族。吏见知不举者与同罪。令下三十日不烧，黥为城旦。所不去者，医药卜筮种树之书。若欲有学法令，以吏为师。"制曰："可。"①

关于博士淳于越，《史记》卷八七《李斯列传》也说是"齐人"：

> 始皇三十四年，置酒咸阳宫，博士仆射周青臣等颂称始皇威德。齐人淳于越进谏曰："臣闻之，殷周之王千余岁，封子弟功臣自为支辅。今陛下有海内，而子弟为匹夫，卒有田常、六卿之患，臣无辅弼，何以相救哉？事不师古而能长久者，非所闻也。今青臣等又面谀

---

① 《史记》卷六《秦始皇本纪》，中华书局，1959 年，第 254－255 页。

以重陛下过,非忠臣也。"始皇下其议丞相。丞相谬其说,绌其辞,乃上书曰:"古者天下散乱,莫能相一,是以诸侯并作,语皆道古以害今,饰虚言以乱实,人善其所私学,以非上所建立。今陛下并有天下,辨白黑而定一尊;而私学乃相与非法教之制,闻令下,即各以其私学议之。入则心非,出则巷议,非主以为名,异趣以为高,率群下以造谤。如此不禁,则主势降乎上,党与成乎下。禁之便。臣请诸有文学《诗》《书》百家语者,蠲除去之。令到满三十日弗去,黥为城旦。所不去者,医药卜筮种树之书。若有欲学者,以吏为师。"始皇可其议,收去《诗》《书》百家之语以愚百姓,使天下无以古非今。明法度,定律令,皆以始皇起。同文书。治离宫别馆,周遍天下。明年,又巡狩,外攘四夷,斯皆有力焉。①

　　齐籍博士之建言,其动机是否确实像其自称的那样,是为秦王朝的长治久安打算,姑且存疑。但可以肯定的是,恢复封建制度,损害的只可能是秦帝国的利益,而得利的却是六国的残存势力。若此议果真实行,对于刚建立不久的统一王朝无疑是一个巨大的隐患。故丞相李斯对其谬论予以严厉驳斥,更指出结党营私等活动的实质目的——"惑乱黔首",并建议秦始皇采取更为激烈的方式加强思想和舆论控制。所谓"主势降乎上,党与成乎下",或许即暗指方士与儒生的政治联盟。

　　然而,这些博士虽然受此打击,但并未停止其阴谋活动,不久之后又精心策划了一桩政治事件,《史记》卷六《秦始皇本纪》载:

　　　　三十六年,荧惑守心,有坠星下东郡,至地为石,黔首或刻其石曰:"始皇帝死而地分。"始皇闻之,遣御史逐问,莫服,尽取石旁居人诛之。因燔销其石。始皇不乐,使博士为《仙真人诗》及行所游天下,传令乐人歌弦之。秋,使者从关东夜过华阴平舒道,有人持璧遮使者曰:"为吾遗滈池君。"因言曰:"今年祖龙死。"使者问其故,因忽不见,置其璧去。使者奉璧具以闻。始皇默然良久,曰:"山鬼固不过知一岁事也。"退言曰:"祖龙者,人之先也。"使御府视璧,乃二十八年行渡江所沉璧也。于是始皇卜之,卦得游徙吉。迁北河榆中三万家。拜爵一级。②

---

① 《史记》卷八七《李斯列传》,中华书局,1959年,第2546-2547页。
② 《史记》卷六《秦始皇本纪》,中华书局,1959年,第259页。

所谓"使者"，即是之前聚集在始皇身边的齐籍博士。他们虽然此时已经在政治上大为失势，失去了参政议政的资格，但又借出使巡游之机，捏造出秦始皇将不久于人世的政治谣言，以图蛊惑人心，从中取利。类似行为似乎也可视为六国"间秦"活动的继续。此前两年相继发生的"坑儒"和"焚书"事件，使得六国"间使"受到沉重打击，其主要成员或身首异处，或不知所踪，活动能力大为减弱。但只要一有机会，他们就会趁机作乱，向新生的秦王朝和秦帝国投以明枪暗箭。甚至可以说，这种斗争贯穿了秦帝国的始终。秦王朝的重大政治事件，几乎均与六国"间使"的活动有关。从这个意义上来说，对于诸如"焚书坑儒"等政治事件，似不应只是从文化史和思想史的角度去理解，也有重新思考和定义的必要。当时的方士和儒生，很可能兼具六国"间使"的身份。

三、神秘的赵国"间使"

秦始皇晚年因受伪装成方士的六国"间使"蛊惑，痴迷求仙，巡游无度，不仅积劳成疾，更导致了严重后果。《史记》卷六《秦始皇本纪》：

> 至平原津而病。始皇恶言死，群臣莫敢言死事。上病益甚，乃为玺书赐公子扶苏曰："与丧会咸阳而葬。"书已封，在中车府令赵高行符玺事所，未授使者。七月丙寅，始皇崩于沙丘平台。丞相斯为上崩在外，恐诸公子及天下有变，乃秘之，不发丧。棺载辒凉车中，故幸宦者参乘，所至上食。百官奏事如故，宦者辄从辒凉车中可其奏事。独子胡亥、赵高及所幸宦者五六人知上死。赵高故尝教胡亥书及狱律令法事，胡亥私幸之。高乃与公子胡亥、丞相斯阴谋破去始皇所封书赐公子扶苏者，而更诈为丞相斯受始皇遗诏沙丘，立子胡亥为太子。更为书赐公子扶苏、蒙恬，数以罪，（其）赐死。语具在《李斯传》中。①

秦始皇晚年痴迷于求仙与长生之道，主要是由于燕齐海上方术之士的蛊惑，已如前述。而从始皇巡游天下的路线和范围来看，特别是三十七年（前210年）最后一次巡游"望于南海"，又"并海上，北至琅邪"，可见其对"入海求仙"之说的痴迷程度。而秦始皇在之罘射杀"巨鱼"后，"至平原津而病"，使人不由猜想：海上航行和频繁的求仙活动，是不是其晚年身体状况迅速恶化的直接诱因。也正是秦始皇在巡游途中的意外死

---

① 《史记》卷六《秦始皇本纪》，中华书局，1959年，第264页。

亡，引发了足以撼动帝国统治根基的重大历史事件。其中，时任中车府令的赵高的作用不容忽视。

然而，首先使人产生疑问的是，赵高的动机是什么？为什么胆敢第一时间就私自扣留秦始皇的遗诏，而这时李斯和胡亥显然还不知情。虽然他与蒙恬兄弟有过节，但赵高早已被秦始皇赦免，而秦王朝是厉行法治的，扶苏又以正直果断著称，即使扶苏即位，蒙氏兄弟掌权，难道赵高就会因此受到打击报复？事情似乎并不这么简单。关于赵高的出身，见《史记》卷八八《蒙恬列传》：

> 赵高者，诸赵疏远属也。赵高昆弟数人，皆生隐宫，其母被刑僇，世世卑贱。秦王闻高强力，通于狱法，举以为中车府令。高即私事公子胡亥，喻之决狱。高有大罪，秦王令蒙毅法治之。毅不敢阿法，当高罪死，除其宦籍，帝以高之敦于事也，赦之，复其官爵。①

赵高不是一般的阉宦，他以精通法律文书、办事认真可靠而深受始皇信任，在秦廷身居高位。据李开元先生考证，其出身可能是赵国的王族。② 赵曾为秦统一天下之劲敌，长平之战的惨烈众所周知，秦不仅"发年十五以上悉诣长平"③，秦王本人亦亲临前线，才得以最终取胜，但也由此付出巨大代价。秦统一天下之后，六国残余势力仍然继续活动，以图复国。正如章太炎《秦政记》所说："六国公族，散处间巷之间，秦以守法，不假以虚惠结人，公族之欲复其宗庙，情也。"韩国王族韩非曾以出使为名，阴谋"间秦"，但事泄身死。同为韩国上层势力代表的张良，也曾招募刺客，阴谋狙击秦始皇车驾，但"误中副车"。而赵为秦所灭，其遗族对秦王朝的刻骨仇恨亦可想而知。故赵翼《陔余丛考》卷四一"赵高志在报仇"条曰："赵高之窃权覆国，备载《李斯传》中，天下后世固无不知其奸恶矣。然《史记索隐》谓高本赵诸公子，痛其国为秦所灭，誓欲报仇，乃自宫以进，卒至杀秦子孙而亡其天下。则高直以勾践事吴之心，为张良报韩之举，此又世论所未及也。"因此，如果说赵高是潜伏在秦廷中的赵国"间使"，似乎也是可以成立的。甚至有学者认为：秦始皇虽发病突然，但亦不至于在短时间内暴毙，事非寻常，或许是被人毒杀，而最

---

① 《史记》卷八八《蒙恬列传》，中华书局，1959年，第2566页。
② 李开元：《说赵高不是宦阉——补〈史记·赵高列传〉》，《史学月刊》2007年第8期。
③ 《史记》卷七三《白起王翦列传》，中华书局，1959年，第2334页。

有可能的凶手就是赵高。①

　　值得注意的是，刘邦在西向攻秦途中，曾经遣使与赵高勾结。《史记》卷六《秦始皇本纪》："沛公将数万人已屠武关，使人私于高，高恐二世怒，诛及其身，乃谢病不朝见。"②《史记》卷八《高祖本纪》："初，项羽与宋义北救赵，及项羽杀宋义代为上将军，诸将黥布皆属，破秦将王离军，降章邯，诸侯皆附。及赵高已杀二世，使人来，欲约分王关中。沛公以为诈，乃用张良计，使郦生、陆贾往说秦将，啖以利，因袭攻武关，破之。"③ 但《汉书》卷一上《高帝纪上》不载刘邦事先"私于高"的秘密活动，仅书赵高使人来约，并把"沛公以为诈"改成"沛公不许"。④ 对此，冷鹏飞先生精辟地指出："班固为尊者讳，着意修饰的痕迹灼然可见。"⑤ 由此可见，刘邦与赵高暗通款曲是确凿无误的史实，而刘邦"使人私于高"之后，赵高及其同党即在望夷宫诛杀秦二世，两件事之间是否存在某种联系呢？清人俞樾便持此论，《春在堂丛书·湖楼笔谈》卷三曰："望夷之事，高固受计于沛公也。高本赵之疏属，《索隐》谓高痛其国为秦所灭，誓欲报仇，卒杀秦子孙而亡其天下，未为无据。"对此，郭嵩焘亦表赞同，并认为"是《高祖本纪》为得其实"⑥。以当时形势而言，赵高派遣密使与刘邦联络，正是企图以诛杀二世为见面礼，"欲约分王关中"。在汉代人看来，赵高是秦朝灭亡的罪魁祸首，如《盐铁论·相刺》曰："昔赵高无过人之志，而居万人之位，是以倾覆秦国而祸殃其宗。"⑦ 但所谓"无过人之志"，未免贬斥过甚。从赵高勾结刘邦、铲除异己、诛杀二世等一系列行为来看，他的志向和目的不是已经很清楚了吗？

　　赵高曾对李斯说："高固内官之厮役也，幸得以刀笔之文进入秦宫，管事二十余年，未尝见秦免罢丞相功臣有封及二世者也，卒皆以诛亡。"⑧可见其潜伏秦廷的时间之长。而从胡亥即位后赵高的诸多活动来看，其颠覆秦王朝的企图可谓蓄谋已久，而且是有计划、有步骤地予以实施的。《史记》卷六《秦始皇本纪》：

① 文葛里：《赵高谋杀秦始皇之谜》，《文史杂志》1996年第3期。

② 《史记》卷六《秦始皇本纪》，中华书局，1959年，第273页。

③ 《史记》卷八《高祖本纪》，中华书局，1959年，第361页。

④ 《汉书》卷一上《高帝纪上》，中华书局，1962年，第21页。

⑤ 冷鹏飞：《刘邦、赵高勾结琐谈》，《北京大学学报（哲学社会科学版）》1984年第3期。

⑥ 郭嵩焘：《史记札记》，商务印书馆，1957年，第64页。

⑦ 桓宽撰集，王利器校注：《盐铁论校注》，中华书局，1992年，第255页。

⑧ 《史记》卷八七《李斯列传》，中华书局，1959年，第2549页。

于是二世乃遵用赵高，申法令。乃阴与赵高谋曰：大臣不服，官吏尚强，及诸公子必与我争，为之奈何？"高曰："臣固愿言而未敢也。先帝之大臣，皆天下累世名贵人也，积功劳世以相传久矣。今高素小贱，陛下幸称举，令在上位，管中事。大臣鞅鞅，特以貌从臣，其心实不服。今上出，不因此时案郡县守尉有罪者诛之，上以振威天下，下以除去上生平所不可者。今时不师文而决于武力，愿陛下遂从时毋疑，即群臣不及谋。明主收举余民，贱者贵之，贫者富之，远者近之，则上下集而国安矣。"二世曰："善。"乃行诛大臣及诸公子，以罪过连逮少近官三郎，无得立者，而六公子戮死于杜。公子将闾昆弟三人囚于内宫，议其罪独后。二世使使令将闾曰："公子不臣，罪当死，吏致法焉。"将闾曰："阙廷之礼，吾未尝敢不从宾赞也。廊庙之位，吾未尝敢失节也。受命应对，吾未尝敢失辞也。何谓不臣？愿闻罪而死。"使者曰："臣不得与谋，奉书从事。"将闾乃仰天大呼天者三，曰："天乎！吾无罪！"昆弟三人皆流涕拔剑自杀。宗室振恐。群臣谏者以为诽谤，大吏持禄取容，黔首振恐。①

《史记》卷八八《蒙恬列传》则对赵高的动机和心态有更为具体细致的描写：

始皇三十七年冬，行出游会稽，并海上，北走琅邪，道病，使蒙毅还祷山川，未反。始皇至沙丘崩，秘之，群臣莫知。

是时，丞相李斯、公子胡亥、中车府令赵高常从。高雅得幸于胡亥，欲立之，又怨蒙毅法治之而不为己也，因有贼心，乃与丞相李斯、公子胡亥阴谋，立胡亥为太子。太子已立，遣使者以罪赐公子扶苏、蒙恬死。扶苏已死，蒙恬疑而复请之，使者以蒙恬属吏，更置，胡亥以李斯舍人为护军。

使者还报，胡亥已闻扶苏死，即欲释蒙恬。赵高恐蒙氏复贵而用事，怨之。毅还至，赵高因为胡亥忠计，欲以灭蒙氏，乃言曰："臣闻先帝欲举贤立太子久矣，而毅谏曰'不可'，若知贤而俞弗立，则是不忠而惑主也。以臣愚意，不若诛之。"胡亥听而系蒙毅于代。前已囚蒙恬于阳周，丧至咸阳，已葬，太子立为二世皇帝，而赵高亲近，日夜毁恶蒙氏，求其罪过，举劾之。

①　《史记》卷六《秦始皇本纪》，中华书局，1959年，第268页。

子婴进谏曰："臣闻故赵王迁杀其良臣李牧而用颜聚，燕王喜阴用荆轲之谋而倍秦之约，齐王建杀其故世忠臣而用后胜之议。此三君者，皆各以变古者失其国而殃及其身，今蒙氏，秦之大臣谋士也。而主欲一旦弃去之，臣窃以为不可。臣闻轻虑者不可以治国，独智者不可以存君。诛杀忠臣而立无节行之人，是内使群臣不相信，而外使斗士之意离也，臣窃以为不可。"胡亥不听。①

但是，所谓"赵高因为胡亥忠计，欲以灭蒙氏"等语，恐与史实不符。赵高先是教唆胡亥尽诛宗室大臣，又劝其穷奢极欲，及时行乐，哪里有半点为胡亥考虑的打算呢？对此，子婴有所察觉，但其进谏毫无效果。赵高日渐大权独揽，不久后便发生了著名的"指鹿为马"事件：

八月己亥，赵高欲为乱，恐群臣不听，乃先设验，持鹿献于二世，曰："马也。"二世笑曰："丞相误邪？谓鹿为马。"问左右，左右或默，或言马以阿顺赵高。或言鹿者，高因阴中诸言鹿者以法。后群臣皆畏高。②

东汉王符《潜夫论》卷二《潜叹》对此评论道："自此之后，莫敢正谏，而高遂杀二世于望夷，竟以亡。"③ 赵高诛杀二世之后，又忙着去秦帝号，并为掩人耳目，先立子婴为秦王，事见《史记》卷六《秦始皇本纪》：

阎乐归报赵高，赵高乃悉召诸大臣、公子，告以诛二世之状。曰："秦故王国，始皇君天下，故称帝。今六国复自立，秦地益小，乃以空名为帝，不可。宜为王如故便。"立二世之兄子公子婴为秦王。以黔首葬二世杜南宜春苑中。令子婴斋，当庙见，受王玺。斋五日，子婴与其子二人谋曰："丞相高杀二世望夷宫，恐群臣诛之，乃详以义立我。我闻赵高乃与楚约，灭秦宗室而王关中。今使我斋见庙，此欲因庙中杀我。我称病不行，丞相必自来，来则杀之。"高使人请子婴数辈，子婴不行，高果自往，曰："宗庙重事，王奈何不行？"子婴遂刺杀高于斋宫，三族高家，以徇咸阳。④

赵高虽然被子婴刺杀，身死族灭，但秦王朝也走到了尽头："子婴为

---

① 《史记》卷八八《蒙恬列传》，中华书局，1959年，第2567－2568页。
② 《史记》卷六《秦始皇本纪》，中华书局，1959年，第273页。
③ 彭铎：《潜夫论笺校正》，中华书局，1985年，第101页。
④ 《史记》卷六《秦始皇本纪》，中华书局，1959年，第275页。

秦王四十六日，楚将沛公破秦军，入武关，遂至霸上，使人约降子婴。子婴即系颈以组，白马素车，奉天子玺符，降轵道旁。沛公遂入咸阳，封宫室府库，还军霸上。居月余，诸侯兵至，项籍为从长，杀子婴及秦诸公子宗族。遂屠咸阳，烧其宫室，虏其子女，收其珍宝货财，诸侯共分之。灭秦之后，各分其地为三，名曰雍王、塞王、翟王，号曰三秦。项羽为西楚霸王，主命分天下王诸侯，秦竟灭矣。后五年，天下定于汉。"①

　　唐人周昙《赵高》诗云："赵高胡亥速天诛，率土兴兵怨毒痛。丰沛见机群小吏，功成儿戏亦何殊。"② 所谓"功成儿戏"，似对刘邦集团的投机行为和建国成就不无调侃之意，亦有文学上的夸张之处，但从某种意义上来说，又是历史真实的反映。盛极一时的秦帝国，其统治只不过维持了短短的十余年便土崩瓦解，其原因固然与皇帝本人诸多"儿戏"行为有直接关系，但其中又有六国"间使"活动所施加的各种影响。纵观六国"间秦"活动，韩人首倡其谋，燕齐方士接踵其后，至赵高总克其成，秦帝国终于因此崩溃。

　　秦汉之际风云诡谲，各种政治势力交错争锋，使得历史显示出错综复杂的面貌。但就其实质来说，无非是统一天下与"存亡继绝"之争。正如陈苏镇先生所揭示的，秦朝失败的主要原因在于："它完成了对六国的军事征服和政治统一后，未能成功地实现对六国旧地特别是楚、齐、赵地的文化统一。"③ 而这种文化上的战国局面的存在，正是六国"间使"活动的历史背景。岳庆平先生指出：反秦战争中的"存亡继绝"思想，其渊源有自，"在历史条件和时代意识的交相作用下，'存亡继绝'似又成了不得不为的选择"④。然而，在项羽以一己之力，实现了"楚虽三户，亡秦必楚"的政治预言，并依照传统恢复了分封之后，历史的走向便开始由存亡继绝向再造帝业转化。其后的刘邦吸取了项羽失败的教训，终于在项羽所建"西楚"的基础之上，开创了绵延二百余年的西汉时代。六国"间使"活动虽然导致了秦帝国的崩溃，但由分裂走向统一的历史大势并未因此改变，这既体现了历史的辩证法，又是历史垂训于后人的深刻启示。

---

　　① 《史记》卷六《秦始皇本纪》，中华书局，1959 年，第 275－276 页。
　　② 彭定求等编：《全唐诗》卷七二九，中华书局，1960 年，第 8352 页。
　　③ 陈苏镇：《〈春秋〉与"汉道"——两汉政治与政治文化研究》，中华书局，2011 年，第8 页。
　　④ 岳庆平：《西楚的历史沿革》，《湖湘论坛》2010 年第 5 期。

第三节　汉代"间使"考述

如前所述，"间使"之使命多为窥伺敌情与暗中破坏，其作用在列强争霸的战乱之时表现得尤为明显，这也是历史大势使然。例如，李斯建议秦王采取远交近攻之策，逐一消灭关东六国："秦王乃拜斯为长史，听其计，阴遣谋士赍持金玉以游说诸侯。诸侯名士可下以财者，厚遗结之；不肯者，利剑刺之。离其君臣之计，秦王乃使其良将随其后。"① 事实证明，这一分化瓦解的策略是行之有效的，秦也得以最终统一天下，其中"间使"的功劳不容忽视。但秦帝国的统治只是昙花一现，在此之后的两汉时代，战乱频仍，兵戈屡起，故史书中仍可不时见到"间使"奔波不息的身影。

一、"间使"往来与楚亡汉兴②

秦帝国的突然崩溃以及秦末大乱，固然是偶然性的突发事件，但也是六国"间使"长期渗透的结果。秦汉之际，这些人又乘时而起，为攫取各自的政治利益开始四处活动。

例如，魏人张耳和陈余，本是秦廷悬赏购求的重要人物，也是六国旧贵族残余势力的典型代表之一。秦末大乱，这二人投奔到陈胜的队伍中，其目的却并非单纯反秦而已。陈胜攻下陈不久，便欲称王，陈中豪杰父老乃说陈涉曰："将军身被坚执锐，率士卒以诛暴秦，复立楚社稷，存亡继绝，功德宜为王。且夫监临天下诸将，不为王不可，愿将军立为楚王也。"陈涉问计于张耳、陈余，两人对曰："夫秦为无道，破人国家，灭人社稷，绝人后世，罢百姓之力，尽百姓之财。将军瞋目张胆，出万死不顾一生之计，为天下除残也。今始至陈而王之，示天下私。愿将军毋王，急引兵而西，遣人立六国后，自为树党，为秦益敌也。敌多则力分，与众则兵强。如此野无交兵，县无守城，诛暴秦，据咸阳以令诸侯。诸侯亡而得立，以德服之，如此则帝业成矣。今独王陈，恐天下解也。"③ 所谓"遣人立六国后"，当然也包括魏国在内，至于"自为树党，为秦益敌"云云，恐怕就只是蛊惑人心的说辞了。对此，陈胜并没有听从。

---

① 《史记》卷八七《李斯列传》，中华书局，1959 年，第 2540 - 2541 页。
② 李斯：《项羽"都江都"考论——从"西楚霸王"名号说起》，《秦汉研究》2013 年第 1 辑。
③ 《史记》卷八九《张耳陈余列传》，中华书局，1959 年，第 2573 页。

张、陈二人见一计不成，又生一计，向陈王进言"愿请奇兵北略赵地"，但每到一地，便游说当地豪杰"因天下之力而攻无道之君，报父兄之怨而成割地有土之业"①。平定赵地的总指挥武臣，本是陈胜旧友，但被张耳、陈余挑拨之后，竟然自立为王，不仅无视率兵西进的命令，反而"使使北徇燕地以自广"②。在这种割据思想影响之下，于是"燕、赵、齐、魏皆自立为王"③，天下仿佛又回到了战国争霸的时代。有学者指出，正是这些六国旧贵族各自为计，不听号令，才导致陈胜等人孤立无援，惨遭秦军围剿而失败。④

刘邦在进军咸阳途中，曾利用"间使"与赵高相互勾结，暗通款曲。而需要指出的是，刘邦集团在较早的时候就已利用使者对项羽集团进行反间工作，且取得了显著效果，首倡其谋者是号称"多阴谋"的陈平。《史记》卷五六《陈丞相世家》：

> 其后楚急攻，绝汉甬道，围汉王于荥阳城。久之，汉王患之，请割荥阳以西以和。项王不听。汉王谓陈平曰："天下纷纷，何时定乎？"陈平曰："项王为人恭敬爱人，士之廉节好礼者多归之。至于行功爵邑，重之，士亦以此不附。今大王慢而少礼，士廉节者不来。然大王能饶人以爵邑，士之顽钝嗜利无耻者亦多归汉。诚各去其两短，袭其两长，天下指麾则定矣。然大王恣侮人，不能得廉节之士。顾楚有可乱者，彼项王骨鲠之臣亚父、钟离眛、龙且、周殷之属，不过数人耳。大王诚能出捐数万斤金，行反间，间其君臣，以疑其心，项王为人意忌信谗，必内相诛。汉因举兵而攻之，破楚必矣。"汉王以为然，乃出黄金四万斤与陈平，恣所为，不问其出入。⑤

楚国贵族之后的项羽与出身下层社会的刘邦，在性格气质与为人处世的行为方式上有着相当大的区别。但仅仅靠"恭敬爱人"，在乱世之中是很难聚集人心的，故"士亦以此不附"。而追名逐利本是人之天性，这是"行反间"得以生效的前提。刘邦困于荥阳，为项羽军重重包围，粮尽军疲之际，幸亏陈平想出此条"奇计"，才得以转危为安。对此，《史记》卷

---

① 《史记》卷八九《张耳陈余列传》，中华书局，1959年，第2574页。
② 《史记》卷四八《陈涉世家》，中华书局，1959年，第1955页。
③ 《史记》卷八《高祖本纪》，中华书局，1959年，第351页。
④ 田昌五、安作璋：《秦汉史》，人民出版社，2008年，第76页。
⑤ 《史记》卷五六《陈丞相世家》，中华书局，1959年，第2055页。

八《高祖本纪》载：

> 汉王军荥阳南，筑甬道属之河，以取敖仓。与项羽相距岁余。项羽数侵夺汉甬道，汉军乏食，遂围汉王。汉王请和，割荥阳以西者为汉。项王不听。汉王患之，乃用陈平之计，予陈平金四万斤，以间疏楚君臣。于是项羽乃疑亚父。亚父是时劝项羽遂下荥阳，及其见疑乃怒，辞老，愿赐骸骨归卒伍，未至彭城而死。①

所谓"间疏楚君臣"，最主要的目标当是项羽军中首席谋臣、号称"亚父"的范增。范增曾建议项羽在鸿门宴上杀掉刘邦，理由是"沛公居山东时，贪于财货，好美姬。今入关，财物无所取，妇女无所幸，此其志不在小。吾令人望其气，皆为龙虎，成五采，此天子气也。急击勿失"②。项羽没有听从，而让刘邦逃脱，范增得知此事，气愤地骂道："唉！竖子不足与谋。夺项王天下者，必沛公也，吾属今为之虏矣。"③ 从语气可知，范增已将项羽视为天下之主，而刘邦则是与项羽争夺天下最危险的敌人，如此良机却没能把握住，难怪他要气急败坏了。而在此之后的汉使反间活动，则更加剧了项羽和范增之间的猜忌和嫌隙，最终导致两人的关系走向全面决裂。对此，《史记》卷五六《陈丞相世家》有较为详细生动的记载：

> 陈平既多以金纵反间于楚军，宣言诸将钟离眛等为项王将，功多矣，然而终不得裂地而王，欲与汉为一，以灭项氏而分王其地。项羽果意不信钟离眛等。项王既疑之，使使至汉。汉王为太牢具，举进。见楚使，即详惊曰："吾以为亚父使，乃项王使！"复持去，更以恶草具进楚使。楚使归，具以报项王。项王果大疑亚父。亚父欲急攻下荥阳城，项王不信，不肯听。亚父闻项王疑之，乃怒曰："天下事大定矣，君王自为之！愿请骸骨归。"归未至彭城，疽发背而死。陈平乃夜出女子二千人荥阳城东门，楚因击之，陈平乃与汉王从城西门夜出，去。遂入关，收散兵复东。④

刘邦先以"太牢具"接待楚使，又佯装将项羽使者误认为范增使者，遂迅速下调了接待规格，仅以"恶草具"进楚使。关于二者之间的差别，

---

① 《史记》卷八《高祖本纪》，中华书局，1959年，第372-373页。
② 《史记》卷七《项羽本纪》，中华书局，1959年，第311页。
③ 《史记》卷七《项羽本纪》，中华书局，1959年，第315页。
④ 《史记》卷五六《陈丞相世家》，中华书局，1959年，第2055-2056页。

《汉书》卷四〇《陈平传》注家有解释。所谓"太牢具"，师古曰："举鼎
俎而来。"所谓"恶草具"，服虔曰："去肴肉，更以恶草之具。"① 这一招
表面看来并不甚高明的反间计，在为人多疑的项羽身上却取得了巨大成
功。在范增出走之后，项羽缺少了一个能为其谋划天下大势的智囊人物，
此后在战略上始终处于被动，节节败退，最终走向覆灭。

　　刘邦在平定天下后，曾在一次酒宴上问及群臣楚亡汉兴的原因，并主
动承认："夫运筹策帷帐之中，决胜于千里之外，吾不如子房；镇国家，
抚百姓，给馈饷，不绝粮道，吾不如萧何；连百万之军，战必胜，攻必
取，吾不如韩信。此三者皆人杰也，吾能用之，此吾所以取天下也。项羽
有一范增而不能用，此其所以为我擒也。"② 《全唐诗》卷七一〇载徐夤
《读史》诗云："亚父凄凉别楚营，天留三杰翼龙争。高才无主不能用，直
道有时方始平。"对项羽不能尽用范增之"高才"深表惋惜。《三国志》的
作者陈寿曾将袁绍与项羽对比，评论道："昔项羽背范增之谋，以丧其王
业，绍之杀田丰，乃甚于羽远矣！"③ 明确指出有贤人而不能用的严重后
果。元人尹廷高《玉井樵唱》卷上《题范增墓二首》诗云："攻汉亡秦计
谩奇，君王于汝奈何疑。可能少缓须臾死，亲见乌江匹马时。身作重瞳骨
鲠臣，冢间荒草几经春。残骸不朽宁多少，曾费黄金四万斤。"当然，所
谓"曾费黄金四万斤"不可能仅指范增一人。例如随何之使淮南，是为离
间项羽手下大将黥布。黥布在楚汉相争初期曾按兵不动，持观望态度，但
最后却背叛项羽，投向刘邦，这其中有使者随何的功劳，事见《史记》卷
九一《黥布列传》：

　　　　楚使者在，方急责英布发兵，舍传舍。随何直入，坐楚使者上
　　坐，曰：九江王已归汉，楚何以得发兵？"布愕然，楚使者起。何因
　　说布曰："事已构，可遂杀楚使者，无使归而疾走汉，并力。"布曰：
　　"如使者教，因起兵而击之耳。"于是杀使者，因起兵攻楚。楚使项
　　声、龙且攻淮南，项王留而攻下邑。数月，龙且击淮南，破布军。布
　　欲引兵走汉，恐楚王杀之，故间行与何俱归汉。④

　　随何先以利害说动黥布，又有意在楚使与黥布之间制造当面激烈冲

　　① 《汉书》卷四〇《陈平传》，中华书局，1962 年，第 2043 页。
　　② 《史记》卷八《高祖本纪》，中华书局，1959 年，第 381 页。
　　③ 《三国志·魏书》卷六《袁绍传》，中华书局，1959 年，第 217 页。
　　④ 《史记》卷九一《黥布列传》，中华书局，1959 年，第 2601 - 2602 页。

突，迫使黥布不得已做出抉择，此举改变了楚汉相争的力量对比，亦体现出"间使"的个人才能对于出使活动能否成功的重要性。

楚汉相争之时，天下纷乱，各地豪杰拥兵自重。刘邦能够由区区巴蜀之地进而统一中原，其手下使者于游说招纳地方武装出力甚多。其中，较为著名的除随何外，还有陆贾，史称其"以客从高祖定天下，名为有口辩士，居左右，常使诸侯"①。又有郦食其，"常为说客，驰使诸侯"②。郦食其曾游说齐王田广归汉，但引起韩信不满。《史记》卷九二《淮阴侯列传》：

> 信引兵东，未渡平原，闻汉王郦食其已说下齐，韩信欲止。范阳辩士蒯通说信曰："将军受诏击齐，而汉独发间使下齐，宁有诏止将军乎？何以得毋行也！且郦生一士，伏轼掉三寸之舌，下齐七十余城，将军将数万众，岁余乃下赵五十余城，为将数岁，反不如一竖儒之功乎？"于是信然之，从其计，遂渡河。齐已听郦生，即留纵酒，罢备汉守御。信因袭齐历下军，遂至临菑。齐王田广以郦生卖己，乃烹之，而走高密，使使之楚请救。③

由于蒯通的挑拨，韩信主动进攻已经归降的齐王田广，导致作为说客出使的郦食其被烹杀。表面上看，汉初崇尚军功，故韩信对郦生"伏轼掉三寸之舌，下齐七十余城"颇为不齿，遂有贪功攻齐之举。但也应当看到，在某些特殊的战乱时期，"间使"以其能言善辩的游说才能，往往能在两军相争之际发挥相当作用，甚至能够影响整个战局的走势。如随何自夸其使淮南之功"贤于步卒五万人骑五千"④，刘邦亦以为然。

二、辩士、间谍和刺客：汉代"间使"的历史形象

前引《史记》卷九一《黥布列传》提到在楚汉战争中曾有重要贡献的使者随何，被刘邦称为"腐儒"，其主观动机是为折损其功，原因似与自商鞅变法以来逐渐形成的尊崇军功的主流观念有关。

自商鞅变法确定了军功授爵传统以来，原有的贵族阶层逐渐走向没

---

① 《史记》卷九七《郦生陆贾列传》，中华书局，1959 年，第 2697 页。
② 《史记》卷九七《郦生陆贾列传》，中华书局，1959 年，第 2693 页。
③ 《史记》卷九二《淮阴侯列传》，中华书局，1959 年，第 2620 页。
④ 《史记》卷九一《黥布列传》："项籍死，天下定，上置酒。上折随何之功，谓何为腐儒，为天下安用腐儒。随何跪曰：'夫陛下引兵攻彭城，楚王未去齐也。陛下发步卒五万人，骑五千，能以取淮南乎？'上曰：'不能。'随何曰：'陛下使何与二十人使淮南，至，如陛下之意，是何之功贤于步卒五万人骑五千也。然而陛下谓何腐儒，为天下安用腐儒，何也？'上曰：'吾方图子之功。'乃以随何为护军中尉。布遂剖符为淮南王，都六，九江、庐江、衡山、豫章郡皆属布。"（第 2603 页）

落，取而代之的是凭借个人才能得以崭露头角的平民阶层。当时社会变动之剧烈，实为前所未有，故有学者称之为"军爵塑造新社会"①。军功爵制是在春秋战国之际，原有五等爵制走向没落之时逐渐兴起和发展的，并成为战国群雄争霸战争的有力武器。当时各国都普遍实行了军功爵制，银雀山竹简《孙膑兵法·杀士》曰："明爵禄而……士死。明赏罚□……士死。"有学者据此指出："可见爵禄制度在战争中对鼓舞士气、鼓励战士勇猛杀敌有着十分重要的作用。"② 战国时人有所谓"彼秦者，弃礼义而上首功之国也，权使其士，虏使其民"的说法，应为当时对秦国军事主义特征的普遍认识。谯周曰："秦用卫鞅计，制爵二十等，以战获首级者计而受爵。是以秦人每战胜，老弱妇人皆死，计功赏至万数。天下谓之'上首功之国'，皆以恶之也。"《史记索隐》曰："秦法，斩首多为上功。谓斩一人首赐爵一级，故谓秦为'首功之国'也。"③ 汉承秦制，尊崇军功的思想仍旧十分浓厚，至汉文帝时犹有"云中守魏尚坐上功首虏差六级"而被削爵罚作之事，可见军法规定的细密以及校验的严格程度。④

有的使者仅凭口舌之利就立功受爵，难免会引起某些亲历战阵的一线将领的嫉妒与不满。如著名的赵国"将相和"的故事，起因是作为使者的蔺相如在外交场合表现出色，凭借其智勇兼备成功遏制了秦王的嚣张气焰和无理要求，维护了本国尊严。"既罢归国，以相如功大，拜为上卿，位在廉颇之右。"这引起了宿将廉颇的强烈不满："我为赵将，有攻城野战之大功，而蔺相如徒以口舌为劳，而位居我上，且相如素贱人，吾羞，不忍为之下"，宣言曰："我见相如，必辱之！"⑤ 虽然两人的矛盾最后得以顺利化解，但也反映出"徒以口舌为劳"的使者即使取得成功，也容易招致非议和鄙视。前引《史记》卷九二《淮阴侯列传》所载韩信因不忿"郦生一士，伏轼掉三寸之舌，下齐七十余城"，执意进攻已经约降的齐王，导

---

① 杜正胜：《编户齐民——传统政治社会结构之形成》，台北联经出版事业公司，1990年，第358-371页。

② 朱绍侯：《军功爵制考论》，商务印书馆，2008年，第20页。

③ 《史记》卷八三《鲁仲连邹阳列传》，中华书局，1959年，第2461页。

④ 《史记》卷一○二《张释之冯唐列传》载冯唐说文帝语："起田中从军，安知尺籍五符？终日力战，斩首捕虏，上功莫府；一言不相应，文吏以法绳之。其赏不行而吏奉法必用。臣愚，以为陛下法太明，赏太轻，罚太重。且云中守魏尚坐上功首虏差六级，陛下下之吏，削其爵，罚作之。由此言之，陛下虽得廉颇、李牧，弗能用也。"冯唐的本意应是说汉文帝赏罚未得其度，而不是说赏罚分明不好。

⑤ 《史记》卷八一《廉颇蔺相如列传》，中华书局，1959年，第2443页。

致使者郦食其被烹杀即是一例。而在一般印象中，身经百战的宿将与能言善辩的使者，似乎总是两个极端，很少能有人一身兼二者之长。如司马迁谓李广"悛悛如鄙人，口不能道辞"①。西汉开国功臣，曾任太尉和丞相的周勃被刘邦评价为"重厚少文"。所谓"少文"，《史记》卷五七《绛侯周勃世家》记载："勃为人木强敦厚，高帝以为可属大事。勃不好文学，每召诸生说士，东乡坐而责之：'趣为我语。'其椎少文如此。"② 又如曾任中尉和御史大夫的周昌，尽管不善言辞，但曾强烈反对刘邦废长立幼：

> 昌为人强力，敢直言，自萧、曹等皆卑下之。昌尝燕时入奏事，高帝方拥戚姬，昌还走。高帝逐得，骑周昌项，问曰："我何如主也？"昌仰曰："陛下即桀纣之主也。"于是上笑之，然尤惮周昌。及帝欲废太子，而立戚姬子如意为太子，大臣故争之，莫能得；上以留侯策即止。而周昌廷争之强，上问其说，昌为人吃，又盛怒，曰："臣口不能言，然臣期期知其不可。陛下虽欲废太子，臣期期不奉诏。"上欣然而笑。既罢，吕后侧耳于东厢听，见周昌，为跪谢曰："微君，太子几废。"③

实际上，刘邦手下的从龙之臣，多半都是出身寒微、言辞鄙陋的社会下层人士，以至于天下平定之后，"群臣饮酒争功，醉或妄呼，拔剑击柱，高帝患之"④。赵翼所谓"汉初布衣将相之局"，也指出"其君既起自布衣，其臣亦自多亡命无赖之徒，立功以取将相，此气运为之也"⑤。

史载刘邦不好儒者，若有"诸客冠儒冠来者"，"辄解其冠，溲溺其中。与人言，常大骂"。故郦食其求见时，似有意表现出一副"狂生"形象：

> 初，沛公引兵过陈留，郦生踵军门上谒曰："高阳贱民郦食其，窃闻沛公暴露，将兵助楚讨不义，敬劳从者，愿得望见，口画天下便事。"使者入通，沛公方洗，问使者曰："何如人也？"使者对曰："状貌类大儒，衣儒衣，冠侧注。"沛公曰："为我谢之，言我方以天下为事，未暇见儒人也。"使者出谢曰："沛公敬谢先生，方以天下为事，

---

① 《史记》卷一〇九《李将军列传》，中华书局，1959 年，第 2878 页。
② 《史记》卷五七《绛侯周勃世家》，中华书局，1959 年，第 2071 页。
③ 《史记》卷九六《张丞相列传》，中华书局，1959 年，第 2677 页。
④ 《史记》卷九九《刘敬叔孙通列传》，中华书局，1959 年，第 2722 页。
⑤ 赵翼著，王树民校证：《廿二史札记校证》，中华书局，1984 年，第 36 页。

未暇见儒人也。"郦生瞋目案剑叱使者曰:"走!复入言沛公,吾高阳酒徒也,非儒人也!"使者惧而失谒,跪拾谒,还走,复入报曰:"客,天下壮士也。叱臣,臣恐,至失谒。曰'走!复入言,而公高阳酒徒也'。"沛公蹠雪足杖矛曰:"延客入!"①

使者见其服饰"状貌类大儒,衣儒衣,冠侧注",故将其视为"儒生"。从刘邦斥其为"竖儒"来看,王子今先生认为:这位"好读书""衣儒衣"者,应是具有非凡识见与鲜明个性的"儒生",而其自称为"高阳酒徒",也许是出于辩士的职业习惯,或有"自近于说服对象的意图"。②

虽然在汉初崇尚军功的背景之下,"徒以口舌"而立功的辩士时常为人所轻,但正如刘邦认可随何之功"贤于步卒五万人骑五千"那样,在敌对势力之间往来的使者虽然不能直接攻城略地,但也能够对改变战争局势有所助益,这不仅表现为征召说降,也表现为侦查反间,这两种使命也时有重合。

例如,"汉七年,韩王信反,高帝自往击之。至晋阳,闻信与匈奴欲共击汉,上大怒,使人使匈奴。匈奴匿其壮士肥牛马,但见老弱及羸畜。使者十辈来,皆言匈奴可击"。刘邦后又遣刘敬出使,刘敬经过仔细观察和分析,认为匈奴故意示弱,必定有诈,力言不可击。刘邦大怒,骂刘敬曰:"齐虏!以口舌得官,今乃妄言沮吾军!"遂发兵攻打匈奴,"至平城,匈奴果出奇兵围高帝白登,七日然后得解。高帝至广武。赦敬,曰:'吾不用公言,以困平城。吾皆已斩前使十辈言可击者矣。'乃封敬二千户,为关内侯,号为建信侯"③。

据说刘邦被围困于平城时,是听取了陈平的奇计,派遣秘使贿赂与游说单于之妻,才得以全身而退,事见《史记》卷一一○《匈奴列传》:

> 高帝乃使使间厚遗阏氏,阏氏乃谓冒顿曰:"两主不相困。今得汉地,而单于终非能居之也。且汉王亦有神,单于察之。"冒顿与韩王信之将王黄、赵利期,而黄利兵又不来,疑其与汉有谋,亦取阏氏之言,乃解围之一角。于是高帝令士皆持满傅矢外乡,从解角直出,竟与大军合,而冒顿遂引兵而去。汉亦引兵而罢,使刘敬结和亲

① 《史记》卷九七《郦生陆贾列传》,中华书局,1959年,第2704页。
② 王子今:《秦汉"酒徒"散论》,《西北大学学报(哲学社会科学版)》2010年第6期。
③ 《史记》卷九九《刘敬叔孙通列传》,中华书局,1959年,第2718页。

之约。①

有关使者的说辞，《汉书》卷一下《高帝纪下》注引应劭曰："陈平使画工图美女，间遣人遗于阏氏，云汉有美女如此，今皇帝困厄，欲献之。阏氏畏其夺己宠，因谓单于曰：'汉天子亦有神灵，得其土地，非能有也。'于是匈奴开其一角，得突出。"②

在汉匈对峙时期，利用使者往来进行情报侦察和反间活动较为常见，类似的例子还有著名的"马邑之围"：

> 其明年，则元光元年，雁门马邑豪聂翁壹因大行王恢言上曰："匈奴初和亲，亲信边，可诱以利。"阴使聂翁壹为间，亡入匈奴，谓单于曰："吾能斩马邑令丞吏，以城降，财物可尽得。"单于爱信之，以为然，许聂翁壹。聂翁壹乃还，诈斩死罪囚，县其头马邑城，示单于使者为信，曰："马邑长吏已死，可急来！"于是单于穿塞将十余万骑，入武州塞。当是时，汉伏兵车骑材官三十余万，匿马邑旁谷中。卫尉李广为骁骑将军，太仆公孙贺为轻车将军，大行王恢为将屯将军，太中大夫李息为材官将军，御史大夫韩安国为护军将军，诸将皆属护军。约单于入马邑，而汉兵纵发。王恢、李息、李广别从代主击其辎重。于是单于入汉长城武州塞。未至马邑百余里，行掠卤，徒见畜牧于野，不见一人。单于怪之，攻烽燧，得武州尉史。欲刺问尉史，尉史曰："汉兵数十万伏马邑下。"单于顾谓左右曰："几为汉所卖！"乃引兵还。出塞，曰："吾得尉史，乃天也。"命尉史为"天王"。塞下传言单于已引去，汉兵追至塞，度弗及，即罢。王恢等兵三万，闻单于不与汉合，度往击辎重，必与单于精兵战，汉兵势必败，则以便宜罢兵，皆无功。③

虽然汉军的反间诱敌而伏击的作战计划因为情报泄露而最终失败，但反映出"间使"活动的又一特征：用间和反间，这在战国之时已经屡见不鲜，例如《史记》卷三四《燕召公世家》："苏秦与燕文公夫人私通，惧诛，乃说王使齐为反间，欲以乱齐。"注引《孙子兵法》曰："反间者，因敌间而用之者也。凡军之所欲击，城之所欲攻，人之所欲杀，必先知其守

---

① 《史记》卷一一〇《匈奴列传》，中华书局，1959年，第2894页。
② 《汉书》卷一下《高帝纪下》，中华书局，1962年，第63页。
③ 《史记》卷一〇八《韩长孺列传》，中华书局，1959年，第2862页。

将、左右谒者、门者、舍人之姓名，令吾间必索敌间之来间我者，因而利导舍之，故反间可得用也。"①《孙子兵法》有所谓"用间"五法："用间有五，有因间，有内间，有反间，有死间，有生间。五间俱起，莫知其道，是谓神纪，人君之宝也。因间者，因其乡人而用之也。内间者，因其官人而用之也。反间者，因其敌间而用之也。死间者，为诳事于外，令吾间知之而得于敌者也。生间者，反报者也。"秦用此法，得以攻灭五国，统一天下，如《史记》卷四六《田敬仲完世家》："君王后死，后胜相齐，多受秦间金，多使宾客入秦，秦又多予金，客皆为反间，劝王去从朝秦，不修攻战之备，不助五国攻秦，秦以故得灭五国。"②

汉代以说客而行反间，还见于东汉末年曹操遣蒋干招纳周瑜之事：

> 初，曹公闻瑜年少，有美才，谓可游说动也。乃密下扬州，遣九江蒋干往见瑜。干有仪容，以才辩见称，独步江、淮之间，莫与为对。乃布衣葛巾，自托私行诣瑜。瑜出迎之，立谓干曰："子翼良苦，远涉江湖，为曹氏作说客邪？"干曰："吾与足下州里，中间别隔，遥闻芳烈，故来叙阔，并观雅规。而云说客，无乃逆诈乎？"……因谓干曰："大夫处世，遇知己之主，外托君臣之义，内结骨肉之恩，言行计从，祸福共之，假使苏、张更生，郦叟复出，犹抚其背而折其辞，岂足下幼生所能移乎？"干但笑，终无所言。干还，称瑜雅量高致，非言辞所间。③

所谓"密下扬州""自托私行"等语，都显示出"间使"出行的隐秘性，当然也有助于降低任务的风险性与提高成功率。

除了游说与间谍，史籍中也可见以秘密使者担任刺杀任务的记载。如东汉初年，刘秀发动征蜀之役，穷途末路的公孙述先后派人刺杀了大将来歙和岑彭。其中尤以来歙的记载详细，慷慨壮烈：

> 十一年，歙与盖延、马成进攻公孙述将王元、环安于河池、下辩，陷之，乘胜遂进。蜀人大惧，使刺客刺歙，未殊，驰召盖延。延见歙，因伏悲哀，不能仰视。歙叱延曰："虎牙何敢然！今使者中刺客，无以报国，故呼巨卿，欲相属以军事，而反效儿女子涕泣乎！刃

---

①　《史记》卷三四《燕召公世家》，中华书局，1959 年，第 1555 页。
②　《史记》卷四六《田敬仲完世家》，中华书局，1959 年，第 1902 页。
③　《三国志·吴书》卷九《周瑜传》，中华书局，1959 年，第 1265 页。

虽在身，不能勒兵斩公邪！"①

来歙死前自称"使者"，应该是由于其曾作为"间使"而出行，又以监军使者的身份领兵出征之故。《后汉书》载荆邯说公孙述曰："（刘秀）使西州豪杰咸居心于山东，发间使，招携贰，则五分而有其四。"李贤注曰："间使谓来歙、马援等也。携贰谓王遵、郑兴、杜林、牛邯等相次而归光武。"② 来歙曾于建武三年和五年作为使者前往说降隗嚣，但隗嚣虽遣子为质，又为臣下所惑，故犹豫不决，来歙对其责以大义之后，曾有将其就地刺杀的意图：

> 歙素刚毅，遂发愤质责嚣曰："国家以君知臧否，晓废兴，故以手书畅意。足下推忠诚，遣伯春委质，是臣主之交信也。今反欲用佞惑之言，为族灭之计，叛主负子，违背忠信乎？吉凶之决，在于今日。"欲前刺嚣，嚣起入，部勒兵，将杀歙，歙徐杖节就车而去。③

又据其本传，来歙虽常为说客出使，但重在以信义服人："为人有信义，言行不违，及往来游说，皆可案覆，西州士大夫皆信重之，多为其言，故得免而东归。"论曰："世称来君叔天下信士。夫专使乎二国之间，岂厌诈谋哉？而能独以信称者，良其诚心在乎使两义俱安，而己不私其功也。"④ 只是如此一位慷慨信士，却死于刺客之手，不禁令人扼腕叹息。

至于马援，也曾有过担任"间使"的经历，见《后汉书》卷二四《马援传》：

> 建武四年冬，嚣使奉书洛阳。援至，引见于宣德殿。世祖迎笑谓援曰："卿遨游二帝间，今见卿，使人大惭。"援顿首辞谢，因曰："当今之世，非独君择臣也，臣亦择君矣。臣与公孙述同县，少相善。臣前至蜀，述陛戟而后进臣。臣今远来，陛下何知非刺客奸人，而简易若是？"帝复笑曰："卿非刺客，顾说客耳。"援曰："天下反覆，盗名字者不可胜数。今见陛下，恢廓大度，同符高祖，乃知帝王自有真

---

① 《后汉书》卷一五《来歙传》，中华书局，1965年，第589页。
② 《后汉书》卷一三《公孙述传》，中华书局，1965年，第539－540页。
③ 《后汉书》卷一五《来歙传》，中华书局，1965年，第586页。
④ 《后汉书》卷一五《来歙传》，中华书局，1965年，第590页。

也。"帝甚壮之。援从南幸黎丘，转至东海。及还，以为待诏，使太
中大夫来歙持节送援西归陇右。①

　　刘秀不以马援为"刺客奸人"，而戏称其为"说客"，固然是豁达大度
的表现，但也反映出当时利用使者进行刺杀活动可能较为普遍。及至汉
末，《三国志•蜀书》卷五《诸葛亮传》裴注引《蜀记》还记载了一则刺
客使者故事：

　　　　曹公遣刺客见刘备，方得交接，开论伐魏形势，甚合备计。稍欲
　　亲近，刺者尚未得便会。既而亮入，魏客神色失措。亮因而察之，亦
　　知非常人。须臾，客如厕，备谓亮曰："向得奇士，足以助君补益。"
　　亮问所在，备曰："起者其人也。"亮徐叹曰："观客色动而神惧，视
　　低而忤数，奸形外漏，邪心内藏，必曹氏刺客也。"追之，已越墙而
　　走。难曰：凡为刺客，皆暴虎冯河，死而无悔者也。刘主有阴知人之
　　鉴，而惑于此客，则此客必一时之奇士也。又语诸葛云"足以助君补
　　益"，则亦诸葛之流亚也。凡如诸荀之俦，鲜有为人作刺客者矣。时
　　主亦当惜其器用，必不投之死地也。且此人不死，要应显达为魏，竟
　　是谁乎？何其寂蔑而无闻！②

　　尽管此处记载颇有些离奇之处，但结合前述来歙与马援的史例来看，
未必完全不可能。何况即使以刘备之善于识人，也有失误的时候。所谓
"奇士"刺客，未必就是"诸葛之流亚"。既然行刺未成功，也就不值得宣
扬开来了，这与其日后是否"显达为魏"似乎没有必然联系。

　　西汉刘向所著《说苑•奉使》，是汉代文献中较早记述使者活动的专
章。值得注意的是，刘向将历史上著名的三位刺客专诸、要离、聂政三人
均置于此篇中作为范例叙事，似乎别有深意。李纪祥先生指出：刘向视上
述三人皆为受君命而外使完成使命的"臣子""大夫"也。这些受君之命
"出境可以安社稷、利国家者"，皆属刘向"四科"中"专之可也"的一
科，所执行的奉使任务则为"专之可者，谓救危除患也"。专诸、要离、
聂政，正是为君王"救危除患"的"刺客/奉使之臣"。③ 而在班固的《汉

　　① 《后汉书》卷二四《马援传》，中华书局，1965年，第830页。
　　② 《三国志•蜀书》卷五《诸葛亮传》，中华书局，1959年，第917-918页。
　　③ 李纪祥：《秦汉时期刺客叙事的变迁——由〈史记•刺客列传〉到"汉武梁祠画像"中
的"要离刺庆忌"》，《文史哲》2013年第1期。

书》卷二〇《古今人表》中，这类刺客使者则进一步被区分等级。有学者认为："刺客并没有因忠诚而受到一致赞扬，而是无规则地分散在第三等至第七等，甚至获得了否定性的评价。"①　这对于我们更深入地理解汉人对于"间使"事功的评价，也具有一定启示意义。

① 任鹏：《武梁祠的刺客画像研究》，《清华大学学报（哲学社会科学版）》2012 年第 3 期，第 139 页。

参考文献

一、基本史料

（一）传世文献

司马光：《资治通鉴》，中华书局，1956 年。

班固：《汉书》，中华书局，1962 年。

范晔：《后汉书》，中华书局，1965 年。

刘义庆撰，张艳云校点：《世说新语》，辽宁教育出版社，1997 年。

徐天麟：《西汉会要》，上海人民出版社，1977 年。

徐天麟：《东汉会要》，上海古籍出版社，1978 年。

孙星衍等辑：《汉官六种》，中华书局，1990 年。

王鸣盛：《十七史商榷》，商务印书馆，1959 年。

王先谦：《汉书补注》，中华书局，1983 年。

王先谦：《后汉书集解》，中华书局，1984 年。

严可均辑：《全上古三代秦汉三国六朝文》，中华书局，1958 年。

杜佑：《通典》，中华书局，1958 年。

欧阳询等编，汪绍楹校：《艺文类聚》，上海古籍出版社，1982 年。

司马迁：《史记》，中华书局，1959 年。

陈寿：《三国志》，中华书局，1959 年。

常璩撰，任乃强校注：《华阳国志校补图注》，上海古籍出版社，1987 年。

二十五史刊行委员会编：《二十五史补编》，中华书局，1955 年。

刘琳校注：《华阳国志校注》，巴蜀书社，1984 年。

卢弼集解：《三国志集解》，中华书局，1982 年。

孙诒让撰，王文锦、陈玉霞点校：《周礼正义》，中华书局，1987 年。

（二）出土文献

北京大学出土文献研究所编：《北京大学藏西汉竹书（壹）》，上海古籍出版社，2015 年。

北京大学出土文献研究所编：《北京大学藏西汉竹书（贰）》，上海古籍出版社，2012 年。

北京大学出土文献研究所编：《北京大学藏西汉竹书（叁）》，上海古籍出版社，2015 年。

北京大学出土文献研究所编：《北京大学藏西汉竹书（肆）》，上海古籍出版社，2015 年。

北京大学出土文献研究所编：《北京大学藏西汉竹书（伍）》，上海古籍出版社，2014 年。

长沙市文物考古研究所编：《长沙走马楼三国吴简·嘉禾吏民田家莂》，文物出版社，1999 年。

长沙市文物考古研究所编：《长沙走马楼三国吴简·竹简（壹）》，文物出版社，2003 年。

长沙市文物考古研究所编：《长沙走马楼三国吴简·竹简（贰）》，文物出版社，2006 年。

长沙简牍博物馆编：《长沙走马楼三国吴简·竹简（叁）》，文物出版社，2008 年。

长沙简牍博物馆编：《长沙走马楼三国吴简·竹简（肆）》，文物出版社，2011 年。

长沙简牍博物馆编：《长沙走马楼三国吴简·竹简（伍）》，文物出版社，2018 年。

长沙简牍博物馆编：《长沙走马楼三国吴简·竹简（陆）》，文物出版社，2017 年。

长沙简牍博物馆编：《长沙走马楼三国吴简·竹简（柒）》，文物出版社，2013 年。

长沙简牍博物馆编：《长沙走马楼三国吴简·竹简（捌）》，文物出版社，2015 年。

长沙市文物考古研究所编：《长沙东牌楼东汉简牍》，文物出版社，2006 年。

陈松长主编：《岳麓书院藏秦简（壹）》，上海辞书出版社，2010 年。

陈松长主编：《岳麓书院藏秦简（贰）》，上海辞书出版社，2011 年。

陈松长主编：《岳麓书院藏秦简（叁）》，上海辞书出版社，2013 年。

陈松长主编：《岳麓书院藏秦简（肆）》，上海辞书出版社，2015 年。

陈松长主编：《岳麓书院藏秦简（伍）》，上海辞书出版社，2017 年。

陈松长主编：《岳麓书院藏秦简（陆）》，上海辞书出版社，2020 年。

陈伟主编：《秦简牍合集》（释文注释修订本），武汉大学出版社，2014 年。

甘肃简牍保护研究中心编：《肩水金关汉简（壹）》，中西书局，2011 年。

甘肃简牍保护研究中心编：《肩水金关汉简（贰）》，中西书局，2012 年。

甘肃简牍保护研究中心编：《肩水金关汉简（叁）》，中西书局，2013 年。

甘肃简牍保护研究中心编：《肩水金关汉简（肆）》，中西书局，2015 年。

甘肃简牍保护研究中心编：《肩水金关汉简（伍）》，中西书局，2016 年。

甘肃简牍博物馆编：《地湾汉简》，中西书局，2017 年。

甘肃省文物考古研究所编：《居延新简——甲渠候官》，中华书局，1994 年。

胡平生、张德芳：《敦煌悬泉汉简释粹》，上海古籍出版社，2001 年。

湖南省文物考古研究所编：《里耶秦简（壹）》，文物出版社，2012 年。

湖南省文物考古研究所编：《里耶秦简（贰）》，文物出版社，2017 年。

连云港市博物馆编：《尹湾汉墓简牍》，中华书局，1997 年。

马怡、张荣强等编：《居延新简释校》，天津古籍出版社，2013 年。

睡虎地秦墓竹简整理小组：《睡虎地秦墓竹简》，文物出版社，1978 年。

孙家洲主编：《额济纳汉简释文校本》，文物出版社，2007 年。

谢桂华、李均明、朱国炤：《居延汉简释文合校》，文物出版社，1987 年。

张德芳：《敦煌马圈湾汉简集释》，甘肃文化出版社，2013 年。

张德芳：《悬泉汉简（壹）》，中西书局，2019 年。

张家山二四七号汉墓竹简整理小组：《张家山汉墓竹简〔二四七号墓〕》（释文修订本），文物出版社，2006 年。

赵超：《汉魏南北朝墓志汇编》，天津古籍出版社，1992 年。

二、研究论著

彼得·布劳：《社会生活中的交换与权力》，孙非、张黎勤译，华夏出版社，1988 年。

川胜义雄：《六朝贵族制社会研究》，徐谷梵、李济沧译，上海古籍出版社，2008 年。

大庭脩：《汉简研究》，徐世虹译，广西师范大学出版社，2001 年。

大庭脩：《秦汉法制史研究》，林剑鸣等译，上海人民出版社，1991 年。

宫崎市定：《宫崎市定论文选集》，中国科学院历史研究所翻译组编译，商务印书馆，1963 年。

谷川道雄：《中国中世社会与共同体》，马彪译，中华书局，2002 年。

山根幸夫：《中国史研究入门》，社会科学文献出版社，田人隆、黄正建等译，2000 年。

守屋美都雄：《中国古代的家族与国家》，钱杭、杨晓芬译，上海古籍出版社，2010 年。

藤田丰八：《西域研究》，杨鍊译，山西人民出版社，2015 年。

西嶋定生：《中国古代帝国的形成与结构——二十等爵制研究》，武尚清译，中华书局，2004 年。

羽田亨：《西域文明史概论》，耿世民译，中华书局，2005 年。

长泽和俊：《丝绸之路史研究》，钟美珠译，天津古籍出版社，1990 年。

彼得·伯克：《历史学与社会学理论》，姚朋等译，上海人民出版社，2001 年。

崔瑞德、鲁惟一：《剑桥中国秦汉史》，中国科学出版社，1992 年。

安作璋：《西汉与西域关系史》，山东人民出版社，1959 年。

安作璋：《两汉与西域关系史》，齐鲁书社，1979 年。

卜宪群：《秦汉官僚制度》，社会科学文献出版社，2002 年。

岑仲勉：《汉书西域传地里校释》，中华书局，1987 年。

陈梦家：《汉简缀述》，中华书局，1980 年。

陈苏镇：《〈春秋〉与"汉道"——两汉政治与政治文化研究》，中华书局，2011 年。

陈长琦：《中国古代国家与政治》，文物出版社，2002 年。

陈直：《汉书新证》，天津人民出版社，1979 年。

陈直：《居延汉简研究》，天津古籍出版社，1986 年。

陈竺同：《两汉和西域等地的经济文化交流》，上海人民出版社，1957 年。

崔明德：《两汉民族关系思想史》，人民出版社，2007 年。

崔明德：《中国古代和亲通史》，人民出版社，2007 年。

杜正胜：《编户齐民——传统政治社会结构之形成》，台北联经出版事业公司，1990 年。

韩树峰：《汉魏法律与社会》，社会科学文献出版社，2011 年。

侯旭东：《北朝村民的生活世界——朝廷、州县与村里》，商务印书馆，2005 年。

侯旭东：《宠：信—任型君臣关系与西汉历史的展开》，北京师范大学出版社，2018 年。

黎虎：《汉代外交体制研究》，商务印书馆，2014 年。

黎虎：《汉唐外交制度史》（增订本），中国社会科学出版社，2019 年。

李大龙：《两汉时期的边政与边吏》，黑龙江教育出版社，1995 年。

李俊：《中国宰相制度》，台湾商务印书馆，1966 年。

李开元：《汉帝国的建立与刘邦集团》，三联书店，2000 年。

厉声、李国强主编：《中国边疆史地研究综述》，黑龙江教育出版社，2002 年。

梁启超：《中国历史研究法》，上海古籍出版社，1987 年。

廖伯源：《历史与制度——汉代政治制度试释》，商务印书馆，1998 年。

廖伯源：《简牍与制度——尹湾汉墓简牍官文书考证》，广西师范大学出版社，2005 年。

廖伯源：《使者与官制演变——秦汉皇帝使者考论》，文津出版社，2006 年。

廖伯源：《秦汉史论丛》，中华书局，2008 年。

林剑鸣：《汉武帝》，三秦出版社，2001 年。

凌文超：《走马楼吴简采集簿书整理与研究》，广西师范大学出版社，2015 年。

凌文超：《吴简与吴制》，北京大学出版社，2019 年。

刘俊文主编：《日本学者研究中国史论著选译》，中华书局，1992 年。

刘俊文主编：《日本中青年学者论中国史》，上海古籍出版社，1995 年。

栾保群、吕宗力校点：《日知录集释》，花山文艺出版社，1990 年。

罗丰：《胡汉之间——丝绸之路与西北历史考古》，文物出版社，2004 年。

罗彤华：《汉代的流民问题》，学生书局，1989 年。

罗新：《王化与山险：中古边裔论集》，北京大学出版社，2018 年。

马大正主编：《西域考察与研究》，新疆人民出版社，1994 年。

马大正主编：《西域考察与研究续编》，新疆人民出版社，1998 年。

马大正：《中国边疆经略史》，中州古籍出版社，2000 年。

马曼丽：《中国西北边疆发展史研究》，黑龙江教育出版社，2001 年。

马晓娟：《历代正史"西域撰述"探略》，学苑出版社，2014 年。

马新：《两汉乡村社会史》，齐鲁书社，1997 年。

马植杰：《三国史》，人民出版社，1993 年。

孟彦弘：《出土文献与汉唐典制研究》，北京大学出版社，2015 年。

牟发松编：《社会与国家关系视野下的汉唐社会变迁》，华东师范大学出版社，2006 年。

牟发松：《汉唐历史变迁中的社会与国家》，上海人民出版社，2011 年。

宁志新：《隋唐使职制度研究（农牧工商编）》，中华书局，2005 年。

彭卫：《古道侠风》，中国青年出版社，1998年。

裘锡圭：《古代文史研究新探》，江苏古籍出版社，1992年。

裘锡圭：《古文字论集》，中华书局，1992年。

瞿同祖：《中国法律与中国社会》，中华书局，1981年。

荣新江：《丝绸之路与东西文化交流》，北京大学出版社，2015年。

沈刚：《秦汉时期的客阶层研究》，吉林文史出版社，2003年。

宋超：《和亲史话》，社会科学文献出版社，2012年。

宋超：《秦汉史论丛》，中国社会科学出版社，2012年。

孙闻博：《秦汉军制演变史稿》，中国社会科学出版社，2016年。

唐长孺：《魏晋南北朝隋唐史三论——中国封建社会的形成和前期的变化》，武汉大学出版社，1992年。

陶希圣：《辩士与游侠》，商务印书馆，1930年。

田继周：《秦汉民族史》，四川民族出版社，1996年。

田余庆：《秦汉魏晋史探微》，中华书局，2004年。

汪桂海：《汉代官文书制度》，广西教育出版社，1999年。

王子今：《秦汉交通史稿》，中央党校出版社，1994年。

王子今：《邮传万里：驿站与邮递》，长春出版社，2004年。

王子今：《秦汉社会史论考》，商务印书馆，2006年。

王子今：《秦汉边疆与民族问题》，中国人民大学出版社，2011年。

王子今：《中国古代交通文化论丛》，中国社会科学出版社，2015年。

王子今：《匈奴经营西域研究》，中国社会科学出版社，2016年。

王子今：《长沙简牍研究》，中国社会科学出版社，2017年。

邢义田：《秦汉史论稿》，东大图书公司，1987年。

邢义田：《地不爱宝：汉代的简牍》，中华书局，2011年。

邢义田：《画为心声：画像石、画像砖与壁画》，中华书局，2011年。

邢义田：《天下一家：皇帝、官僚与社会》，中华书局，2011年。

邢义田：《治国安邦：法制、行政与军事》，中华书局，2011年。

严耕望：《中国地方行政制度史——秦汉地方行政制度》，上海古籍出版社，2007年。

严耕望：《中国地方行政制度史——魏晋南北朝地方行政制度》，上海古籍出版社，2007年。

阎步克：《士大夫政治演生史稿》，北京大学出版社，1994 年。

阎步克：《品位与职位》，中华书局，2002 年。

阎步克：《从爵本位到官本位——秦汉官僚品位结构研究》，三联书店，2009 年。

阎步克：《中国古代官阶制度引论》，北京大学出版社，2010 年。

杨鸿年：《汉魏制度丛考》，武汉大学出版社，2005 年。

殷晴：《丝绸之路与西域经济——十二世纪前新疆开发史稿》，中华书局，2007 年。

余太山：《西域通史》，中州古籍出版社，1996 年。

余太山：《两汉魏晋南北朝与西域关系史研究》，商务印书馆，2011 年。

余太山：《两汉魏晋南北朝正史西域传研究》，商务印书馆，2013 年。

余太山：《两汉魏晋南北朝正史西域传要注》，商务印书馆，2013 年。

臧知非：《秦汉赋役与社会控制》，三秦出版社，2012 年。

曾问吾：《中国经营西域史》，商务印书馆，1936 年。

张传玺：《秦汉问题研究》，北京大学出版社，1985 年。

张德芳：《悬泉汉简研究》，甘肃文化出版社，2009 年。

张继海：《汉代城市社会》，社会科学文献出版社，2006 年。

张维华：《西汉西域都护通考》，齐鲁书社，1980 年。

中国社会科学院考古所编著：《中国考古学·秦汉卷》，中国社会科学出版社，2010 年。

中国文物研究所等编：《尹湾汉墓简牍综论》，科学出版社，1999 年。

中华书局编辑部编：《云梦秦简研究》，中华书局，1981 年。

周长山：《汉代城市研究》，人民出版社，2001 年。

周振鹤：《西汉政区地理》，人民出版社，1987 年。

周振鹤：《中国地方行政制度史》，上海人民出版社，2005 年。

邹水杰：《两汉县行政研究》，湖南人民出版社，2008 年。

三、相关论文

（一）学位论文

陈佳佳：《外来文明与汉晋洛阳社会》，陕西师范大学硕士学位论文，

2011 年。

崔丽芳：《西汉使匈奴、西域使者研究》，兰州大学硕士学位论文，2006 年。

黄尧慧：《两汉时期中央王朝与西域关系之演变》，湘潭大学硕士学位论文，2018 年。

蒋非非：《两汉官吏构成研究》，北京师范大学博士论文，1993 年。

刘永强：《两汉时期的西域及其经济开发研究》，西北师范大学博士学位论文，2009 年。

刘增贵：《汉代豪族研究——豪族的士族化与官僚化》，台湾大学博士论文，1984 年。

任艳荣：《"张骞凿空西域"历史现象再探讨》，中央民族大学硕士学位论文，2009 年。

申远：《汉代中郎将研究》，湘潭大学硕士学位论文，2008 年。

特日格乐：《西北简牍所见汉匈关系若干问题研究》，内蒙古大学博士学位论文，2007 年。

王宏谋：《贵霜帝国及其与两汉的关系》，西北师范大学硕士学位论文，2004 年。

王树金：《秦汉邮传制度考》，西北大学硕士学位论文，2005 年。

谢绍鹢：《秦汉西北边地治理研究》，西北大学博士学位论文，2010 年。

张琼：《汉武帝应对侍从群体研究》，华中师范大学硕士学位论文，2007 年。

朱翠翠：《秦汉符信制度研究》，上海师范大学硕士学位论文，2009 年。

朱文：《西汉派外使者研究》，东北师范大学硕士学位论文，2009 年。

（二）期刊论文

陈成军：《试谈西汉巡行使者的职能和作用》，《中国历史博物馆馆刊》2000 年第 1 期。

陈昭容：《战国至秦的符节——以实物形态为主》，《"中央研究院"历史语言研究所集刊》第 66 本第 1 分，1995 年。

陈直：《汉晋过所通考》，《历史研究》1962 年第 6 期。

俄琼卓玛：《汉代西域译长》，《西域研究》2006 年第 2 期。

付金才：《论战国时期秦国的间谍战》，《石家庄学院学报》2011 年第 4 期。

高荣：《敦煌悬泉汉简所见河西的羌人》，《社会科学战线》2010 年第 10 期。

葛志毅：《汉代的博士奉使制度》，《历史教学》1996 年第 10 期。

龚维英：《试析韩非之死》，《中国史研究》1983 年第 2 期。

何芳川：《古代来华使节考论》，《北京大学学报》2005 年第 3 期。

贺灵：《西域地名的文化意义》，《西域研究》2003 年第 1 期。

侯旭东：《传舍使用与汉帝国的日常统治》，《中国史研究》2008 年第 1 期。

侯旭东：《从朝宿之舍到商铺——汉代郡国邸与六朝邸店考论》，《清华大学学报（哲学社会科学版）》2011 年第 5 期。

侯旭东：《汉代律令与传舍管理》，载《简帛研究（二〇〇七）》，广西师范大学出版社，2010 年。

侯旭东：《西北汉简所见"传信"与"传"》，《文史》2008 年第 3 辑。

湖南省文物考古研究所：《湖南龙山里耶秦代简牍选释》，《中国历史文物》2003 年第 1 期。

湖南省文物考古研究所：《湖南龙山里耶战国——秦代古城一号井发掘简报》，《文物》2003 年第 1 期。

吉家友：《间谍战在秦统一中的应用及效果》，《信阳师范学院学报（哲学社会科学版）》2013 年第 3 期。

贾雪枫：《汉使身份考》，《文史杂志》2002 年第 6 期。

蒋非非：《汉代功次制度初探》，《中国史研究》1997 年第 1 期。

冷鹏飞：《刘邦、赵高勾结琐谈》，《北京大学学报（哲学社会科学版）》1984 年第 3 期。

黎虎：《汉代外交使节的选拔》，《兰州大学学报（社会科学版）》2002 年第 6 期。

黎虎：《和亲女的常驻使节作用——以汉代为中心》，《江汉论坛》2011 年第 1 期。

黎虎：《解忧公主与王昭君比较研究》，《西域研究》2011 年第 1 期。

李炳泉:《十年来大陆两汉与西域关系史研究综述》,《西域历史》2009 年第 4 期。

李大龙:《西汉派往西域的使者述论》,《民族研究》1990 年第 6 期。

李均明:《汉简所反映的关津制度》,《历史研究》2002 年第 3 期。

李开元:《说赵高不是宦阉——补〈史记·赵高列传〉》,《史学月刊》2007 年第 8 期。

李楠、王建光:《试论张骞通西域时的语言翻译》,《兰台世界》2011 年第 22 期。

李正周:《从悬泉简看西汉护羌校尉的两个问题》,《鲁东大学学报(哲学社会科学版)》2009 年第 5 期。

梁锡峰:《汉代乘传制度探讨》,《河南师范大学学报》2004 年第 2 期。

刘宾:《古代中原人的西域观念》,《西域研究》1993 年第 1 期。

刘国防:《西汉护羌校尉考述》,《中国边疆史地研究》2010 年第 3 期。

刘太祥:《汉代巡行使的职能和作用》,《史学月刊》1997 年第 1 期。

刘太祥:《秦汉帝王顾问官制度》,《南都学坛》2010 年第 1 期。

刘志平:《从〈焦氏易林〉看汉代人的"西域"认知》,《西域研究》2019 年第 4 期。

施新荣、赵欣:《张骞西使研究概述》,《中国史研究动态》2002 年第 1 期。

孙家洲:《"反间":秦统一进程中的成功策略》,《咸阳师范学院学报》2017 年第 5 期。

孙闻博:《〈史记〉所见"匈奴西域"考——兼论〈史记·大宛列传〉的撰作特征》,《西域研究》2019 年第 4 期。

唐晓军:《汉简所见关传与过所的关系》,《西北史地》1994 年第 3 期。

陶新华:《汉代的"发兵"制度》,《史学月刊》2000 年第 2 期。

王宏谋:《月氏西迁与张骞西使新论》,《石河子大学学报(哲学社会科学版)》2003 年第 4 期。

王庆宪:《西汉遣往匈奴、乌孙的和亲使者》,《云南师范大学学报(哲学社会科学版)》2002 年第 6 期。

王子今：《张骞和苏武：汉代外交的双子星座》，《光明日报》2006年4月4日。

王子今：《秦汉时期的环渤海地区文化》，《社会科学辑刊》2000年第5期。

王子今：《"西域"名义考》，《清华大学学报（哲学社会科学版）》2010年第3期。

王子今：《秦汉"酒徒"散论》，《西北大学学报（哲学社会科学版）》2010年第6期。

王子今、郭诗梦：《秦"郑国渠"命名的意义》，《西安财经学院学报》2011年第3期。

王子今、乔松林：《〈汉书〉的海洋纪事》，《史学史研究》2012年第4期。

王子今：《匈奴西域"和亲"史事》，《咸阳师范学院学报》2012年第5期。

王子今、乔松林：《"译人"与汉代西域民族关系》，《西域研究》2013年第1期。

夏增民：《遣使巡行制度与汉代儒学传播》，《华中科技大学学报（社会科学版）》2008年第4期。

谢绍鹢：《江苏尹湾汉简所见的武库与使节辨析》，《西域研究》2009年第2期。

熊剑平：《浅析战国时期纵横家的间谍活动》，《军事历史》2010年第3期。

徐心希：《"上计制度"的历史考察》，《福建师范大学学报（哲学社会科学版）》1992年第4期。

阎步克：《从〈秩律〉论战国秦汉间禄秩序列的纵向伸展》，《历史研究》2003年第5期。

阎步克：《乐府诗〈陌上桑〉中的"使君"与"五马"——兼论两汉南北朝车驾等级制的若干问题》，《北京大学学报（哲学社会科学版）》2011年第2期。

杨际平：《汉代内郡的吏员构成与乡、亭、里关系——东海郡尹湾汉简研究》，《厦门大学学报》1998年第4期。

杨建新：《"西域"辩正》，《新疆大学学报（哲学社会科学版）》1981年第1期。

袁延胜：《悬泉汉简"户籍民"探析》，《西域研究》2011年第4期。

张鹤泉：《东汉持节问题探讨》，《史学月刊》2003年第2期。

赵克尧：《汉代的"传"，乘传与传舍》，《江汉论坛》1984年第12期。

赵岩：《论汉代边地传食的供给——以敦煌悬泉置汉简为考察中心》，《敦煌学辑刊》2009年第2期。

郑玲童：《论秦国统一过程中的间谍战》，《秦汉研究》2008年第1期。

郑雅坤：《谈我国古代的符节（牌）制度及其演变》，《西北大学学报（哲学社会科学版）》1985年第1期。

朱慈恩：《汉代传舍考述》，《南都学坛》2008年第3期。

邹水杰：《秦汉"长吏"考》，《中国史研究》2004年第3期。

邹水杰：《东汉诏除郎初探——以荫任除郎与上计拜郎为中心》，《南都学坛》2012年第1期。

图书在版编目（CIP）数据

使于四方：秦汉使者与帝国的社会治理和边疆经略/
李斯著 . -- 北京：中国人民大学出版社，2024.6
国家社科基金后期资助项目
ISBN 978-7-300-32872-0

Ⅰ.①使… Ⅱ.①李… Ⅲ.①中国历史-秦汉时代
Ⅳ.①K232

中国国家版本馆 CIP 数据核字（2024）第 106811 号

国家社科基金后期资助项目
使于四方：秦汉使者与帝国的社会治理和边疆经略
李斯　著
Shi yu Sifang：Qin-Han Shizhe yu Diguo de Shehui Zhili he Bianjiang Jinglüe

出版发行	中国人民大学出版社	
社　　址	北京中关村大街 31 号	**邮政编码**　100080
电　　话	010 - 62511242（总编室）	010 - 62511770（质管部）
	010 - 82501766（邮购部）	010 - 62514148（门市部）
	010 - 62515195（发行公司）	010 - 62515275（盗版举报）
网　　址	http://www.crup.com.cn	
经　　销	新华书店	
印　　刷	唐山玺诚印务有限公司	
开　　本	720 mm×1000 mm　1/16	**版　　次**　2024 年 6 月第 1 版
印　　张	14 插页 2	**印　　次**　2025 年 9 月第 2 次印刷
字　　数	232 000	**定　　价**　69.00 元